# Hyperbolische Stabwerke

Matthias Beckh

# Hyperbolische Stabwerke

Šuchovs Gittertürme als Wegweiser in den modernen Leichtbau

Edition DETAIL

# Impressum

Gedruckt mit Unterstützung von:

Werner Konrad Marschall und Dr.-Ing. Horst Karl Marschall
Stiftung (Dr. Marschall Stiftung), München

Autor

Matthias Beckh

Redaktion

Cornelia Hellstern (Projektleitung), Eva Schönbrunner

Redaktionelle Mitarbeit

Kirsten Rachowiak

Zeichnungen

Ralph Donhauser, Nicola Kollmann

Covergestaltung

Cornelia Hellstern

Herstellung/DTP

Simone Soesters

Reproduktion

ludwig:media, Zell am See

Druck und Bindung

Aumüller Druck, Regensburg

Bibliografische Information der Deutschen Nationalbibliothek. Die Deutsche Nationalbibliothek verzeichnet diese Publikation in der Deutschen Nationalbibliografie; detaillierte bibliografische Daten sind im Internet über http://dnb.d-nb.de abrufbar.

© 2012, erste Auflage
DETAIL – Institut für internationale Architektur-Dokumentation GmbH & Co. KG, München
www.detail.de

ISBN: 978-3-920034-69-0

# Inhalt

# Vorwort

Die Bauten des großen russischen Ingenieurs Vladimir Grigor'evič Šuchov gehören zu den weltweit anspruchsvollsten und eigenständigsten Konstruktionen in der Geschichte des Stahlbaus. Die äußerst filigranen Konstruktionen, wie z.B. seilverspannte Bögen, doppelt gekrümmte Gitterschalen und vor allem die Gittertürme üben auf den Betrachter eine große Faszination aus. Sie entstanden aus dem Bestreben, mit möglichst wenig Materialaufwand eine ingenieurtechnische Aufgabe zu bewältigen. Zugleich sind sie Zeugnisse der außerordentlichen Kreativität und Schaffenskraft eines umfassend gebildeten und auf der Höhe der damaligen Zeit stehenden Konstrukteurs.

Viele Konstruktionen des heutigen Ingenieurbaus hat Šuchov damit vorweggenommen. Andere seiner Strukturen haben bis heute keine moderne Entsprechung gefunden oder wurden in ihrer Bildkraft und ihrer überzeugenden technischen Effizienz nicht wieder erreicht. Hierzu gehören ohne Zweifel die Gittertürme, allen voran der inzwischen durch viele Bildveröffentlichungen bekannte Stromleitungsmast an der Oka (NiGRES-Turm) mit 130 m Höhe und der Šabolovka-Radioturm in Moskau mit 150 m Höhe, der ursprünglich mit einer Höhe von 350 m Höhe geplant war (Abb. 1). Den ersten hyperbolischen Gitterturm baut Šuchov 1896 für die Allrussische Ausstellung in Nižnij Novgorod. In den darauffolgenden Jahren entstehen zahlreiche Türme mit dieser neuartigen Konstruktionsweise, deren Geometrie durch wenige Basisparameter definiert wird und die sich als äußerst leistungsfähig erweist. Die filigranen Turmkonstruktionen dienen als Wasser- oder Leuchttürme, Stromleitungsmasten und Feuerwehr-Wachtürme – einige von ihnen sind noch heute in Betrieb.

In seiner am Lehrstuhl für Tragwerksplanung an der Fakultät für Architektur der Technischen Universität München entstandenen Dissertation analysiert Matthias Beckh nun erstmals auf systematische Weise diese hyperbolischen Gittertürme und untersucht die gegenseitige Abhängigkeit zwischen Form, Struktur und Tragverhalten. Es wird deutlich, wie Šuchov bereits damals die Parametrisierung der Strukturen als Teil des Entwurfsprozesses nutzte. Durch die Anwendung heutiger Analysemethoden lässt sich nicht nur ein konkreter Zugewinn an wissenschaftlicher Erkenntnis über die Gitterstrukturen erreichen, es gelingt Matthias Beckh auch, die Leistungen Šuchovs in den historischen Kontext einzuordnen und als wesentlichen Teil der Bautechnikgeschichte zu würdigen. Darüber hinaus zeigt er die Bezüge zu heutigen Konstruktionen. All dies macht die vorliegende Publikation für ein breites Publikum wertvoll und interessant.

Matthias Beckh war bereits an den ersten Forschungsarbeiten über Šuchovs Bauten beteiligt, die der Lehrstuhl zusammen mit Rainer und Erika Graefe sowie Murat Gappoev von der staatlichen Universität für Bauwesen in Moskau durchführte. Dazu zählen die Untersuchung der Gitterschalen für die Stahlwerke in Vyksa und die erfolgreichen Bemühungen, den stark geschädigten NiGRES-Turm an der Oka zu sichern und zu erhalten.

Nicht zuletzt dank dieser Anstrengungen gelang es, mit dem Forschungsprojekt »Konstruktionswissen der frühen Moderne – V. G. Šuchovs Strategien des sparsamen Eisenbaus« eine finanzielle Grundlage für eine interdisziplinäre Zusammenarbeit zu schaffen. An diesem Forschungsprojekt sind neben dem Lehrstuhl für Tragwerksplanung auch der Lehrstuhl für Baugeschichte, historische Bauforschung und Denkmalpflege der TU München (Prof. Manfred Schuller), das Institut für Denkmalpflege und Bauforschung der ETH Zürich (Prof. Uta Hassler) und der Lehrstuhl für Baugeschichte und Denkmalpflege der Universität Innsbruck (Prof. Rainer Graefe) beteiligt. Im Rahmen des Forschungsprojekts werden u. a. vertiefte baugeschichtliche Studien, detaillierte Bauaufnahmen und Aufmaße entstehen. Windkanalversuche sollen weitere nützliche Erkenntnisse über die zu treffenden Lastannahmen auch von modernen Gitterstrukturen liefern. Finanziert wird das Projekt von der Deutschen Forschungsgemeinschaft, dem Schweizerischen Nationalfonds und dem österreichischen Fonds zur Förderung der wissenschaftlichen Forschung (FWF), denen hiermit ausdrücklich für die Unterstützung gedankt sei.

Rainer Barthel
im Juni 2012

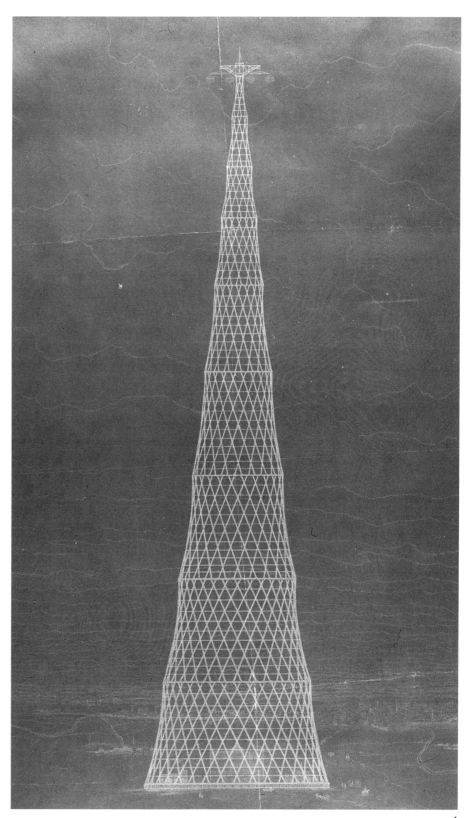

1  Šabolovka-Radioturm, Blaupause des ersten
   nicht realisierten Entwurfs mit einer Höhe von
   350 m aus dem Jahr 1919

# Einführung

»Ingenieur-Ästhetik, Baukunst: beide im tiefsten Grunde dasselbe, eins aus dem anderen folgend, das eine in voller Entfaltung, das andere in peinlicher Rückentwicklung.
Der Ingenieur, beraten durch das Gesetz der Sparsamkeit und geleitet durch Berechnungen, versetzt uns in Einklang mit den Gesetzen des Universums. Er erreicht die Harmonie.«

Le Corbusier (1887–1965) in Vers une architecture, 1923

Ziel dieser Arbeit ist es, vertiefte Kenntnisse über das Tragverhalten hyperbolischer Stabwerke zu erlangen. Kernpunkt der Untersuchungen sind die ab 1896 erstmals gebauten hyperbolischen Gittertürme des russischen Ingenieurs Vladimir G. Šuchov. Diese Konstruktionsform, die in der Baugeschichte keinerlei Vorläufer hat, zeichnet sich durch hohe Stabilität und Materialökonomie aus. Hinzu kommt die große Bildkraft der gespinstartigen Strukturen, der man sich nur schwer entziehen kann. Auch heute findet Šuchovs Tragsystem in abgewandelter Form in der Architektur, beispielsweise als Tragwerk von Hochhäusern, Verwendung.

Die vorliegende Publikation analysiert erstmals ausführlich die statische Wirkungsweise dieser Strukturen. Hierzu wird die Regelfläche eines einschaligen Hyperboloids in drei unterschiedlichen Vernetzungsvarianten zum offenen Stabwerk aufgelöst und auf ihr Tragverhalten hin untersucht. Anschließend werden die Abhängigkeiten der Traglasten von den formbestimmenden Basisparametern sowie die Wechselwirkungen zwischen Tragwirkung und Form dargestellt. Einen weiteren Schwerpunkt bildet die Auswertung und Analyse von Šuchovs Turmberechnungen und statischen Modellannahmen. Seine historischen Berechnungen werden mit den Ergebnissen aktueller Berechnungen verglichen. Ferner wird Šuchovs Entwurfsprozess rekonstruiert und die Entwicklung der von ihm gebauten Wassertürme aufgezeigt. Die konstruktive Durchbildung der von Šuchov gebauten Türme ist nur am Rande Thema, da sich ein derzeit laufendes Forschungsvorhaben genauer damit auseinandersetzt.

## Stand der Forschung

In Russland entstanden schon zu Šuchovs Lebzeiten zahlreiche Bücher und Textbeiträge, die sich mit seinem Werk befassten. Eine herausragende Stellung nehmen hierbei die Schriften von Šuchovs Biografen Grigorij M. Kovel'man ein. Weitere wichtige Beiträge, die einen guten Überblick über die mannigfaltigen Leistungen Šuchovs geben, stammen z.B. von I.J. Konfederatov [1], A.E. Lopatto [2] und Aleksandr Išlinskij [3]. Das Kapitel »Entwurf und Berechnung der Türme von Šuchov« (S. 66ff.) geht im Einzelnen auf die relevanten russischen Veröffentlichungen ein, die sich mit der Statik der

Türme und den verwendeten Berechnungsverfahren beschäftigen. Im deutschsprachigen Raum tritt das Werk von Šuchov erst durch das 1989 von Rainer Graefe, Ottmar Pertschi und Murat Gappoev herausgegebene Buch »Vladimir Šuchov. 1853–1939. Die Kunst der sparsamen Konstruktion« [4] in das Bewusstsein des Fachpublikums. Die zahlreichen Beiträge deutscher und russischer Autoren würdigen das umfangreiche Schaffen Šuchovs architektur- und technikgeschichtlich.

Form und Geometrie hyperbolischer Stabwerke wurden bislang nur ansatzweise untersucht. Eine Einführung in die Thematik bietet der Beitrag »Zur Formfindung bei Šuchovs mehrstöckigen Gittertürmen aus Hyperboloiden« von Jos Tomlow [5]. Seine Betrachtungen, denen zum Teil geschätzte Abmessungen und geometrische Kennwerte zugrunde liegen, diskutieren die Formgebung sowohl aus formaler und als auch aus geometrisch-konstruktiver Sicht. Der Zusammenhang von Geometrie und Tragwirkung wird allerdings nicht untersucht. Aufbauend auf diesem Beitrag diskutiert auch Daniel Günther in seiner Diplomarbeit die Bildungsgesetze und geometrischen Zusammenhänge von Šuchovs Türmen. Allerdings werden einige wesentliche Abhängigkeiten nicht thematisiert. Zwar wertet er erstmals eine Entwurfstabelle von Šuchov aus, die Einblick in seine stark systematisierte Entwurfsweise gibt, doch auch diese Analyse lässt die statische Wirkungsweise der Türme und deren Einfluss auf die Formgebung außer Acht. [6]

Peter de Vries diskutiert in einem Beitrag die Steifigkeiten von einfachen hyperbolischen Stabwerken und zeigt darin als Einziger eine Verbindung von Geometrie und Tragverhalten auf. Die Betrachtungen beziehen sich allerdings nicht auf Šuchov, sondern auf hyperbolische Stabwerke einfacher Bauart, deren Zwischenringe stets an den Kreuzungspunkten angeordnet sind. Die Ergebnisse sind daher für die statische Bewertung von Gittertürmen nach Šuchovscher Bauart nur von untergeordneter Relevanz. [7]

Abschließend ist festzustellen, dass die geometrischen Zusammenhänge von Šuchovs Gittertürmen zwar verschiedentlich untersucht wurden, eine Analyse der Tragwirkung sowie der Wechselwirkung zwischen Form und Tragverhalten bislang jedoch nicht stattfand. Es ist aber offensichtlich, dass sich Form und Struktur der von

Šuchov gebauten Türme nicht allein aus geometrisch-konstruktiven, sondern insbesondere aus statischen Überlegungen entwickelt haben. Eine umfassende Analyse der Tragwirkung der von Šuchov verwendeten Stabanordnung, der Wechselwirkungen zwischen Form und Tragverhalten sowie der daraus abgeleiteten Entwurfs-methodik stand daher noch aus. Des Weiteren gab es bislang auch keine Untersuchungen zu alternativen Stabanordnungen auf der Fläche eines einschaligen Hyperboloids.

### Überblick

In einzelnen Kapiteln beschäftigt sich die vorliegende Publikation zunächst mit der Einordnung der Türme in das historische Umfeld des Bauens mit Eisen. Darauf folgen Untersuchungen zu den geo-metrischen Beziehungen hyperbolischer Stabwerke, der Wirkungs-weise ihrer Lastabtragung sowie den Wechselwirkungen zwischen Form und Tragverhalten. Weitere Themenschwerpunkte sind die Durchführung von statischen Berechnungen und Parameterstudien, die Analyse der originalen statischen Berechnungen und der ge-bauten hyperbolischen Gittertürme von Šuchov.
Überbegriff für die in diesem Buch untersuchten Strukturen ist der Ausdruck »hyperbolisches Stabwerk«. Geht es um die von Šuchov verwendete Bauweise, wird auf den Begriff »hyperbolischer Gitter-turm« zurückgegriffen, der in diesem Zusammenhang weit öfter Anwendung findet und sich in der Fachliteratur etabliert hat.

Im Kapitel »Hyperbolische Stabwerke im Bauwesen« (S. 14ff.) steht die Geschichte des Bauens mit hyperbolischen Stabwerken im Vor-dergrund – und damit das Werk des großen russischen Ingenieurs Vladimir G. Šuchov. Nach einem knappen Abriss über die histori-sche Entwicklung des Bauens mit Eisen liegt der Schwerpunkt auf Šuchovs vielgestaltigen Beiträgen im Bereich der Baukonstruktion und seinen wichtigsten hyperbolischen Gittertürmen.
Der Beitrag »Geometrie und Form hyperbolischer Stabwerke« (S. 24ff.) behandelt Form und Geometrie hyperbolischer Stabwerke. Auf die mathematischen Grundlagen zur exakten Beschreibung einschaliger Hyperboloide folgt die Darstellung hyperbolischer Stabwerke und deren Parametrisierung.

Darauf aufbauend geht das Kapitel »Statik und Berechnungs-verfahren« (S. 32ff.) auf die prinzipielle Wirkungsweise der Last-abtragung vertikaler und horizontaler Einwirkungen und die Beschreibung der Wechselwirkungen zwischen Geometrie und Tragverhalten ein. Anschließend zeigt es die theoretischen Grund-lagen zur Bestimmung der Grenztragfähigkeit auf.
Der Abschnitt »Wechselwirkungen zwischen Form und Tragver-halten« (S. 50ff.) stellt die Ergebnisse umfangreicher Parameter-studien zum Tragverhalten hyperbolischer Stabwerke dar. Drei verschiedene Arten der Vernetzung eines einschaligen Hyperbol-oids werden untersucht und deren Ergebnisse verglichen. Darauf folgen Berechnungen zu vier von Šuchov gebauten Wassertürmen.
Das Kapitel »Entwurf und Berechnung der Türme von Šuchov« (S. 66ff.) widmet sich den baustatischen Berechnungen Šuchovs für den Bau der Türme und analysiert sie anschließend. Basierend auf der vergleichenden Auswertung der Statik von fünf unterschied-lichen Wassertürmen wird Šuchovs Entwurfsprozess rekonstruiert. Anhand der Analyse von historischen Tabellen aus Moskauer Archi-ven, die die Eckdaten zahlreicher Türme zusammenfassen, wird deren Entwicklung über die mehr als drei Jahrzehnte dauernde Verwendung aufgezeigt.
Die statisch-konstruktive Analyse des NiGRES-Turms an der Oka steht im gleichnamigen Kapitel im Mittelpunkt (S. 96ff.). Das 1929 fertiggestellte Ensemble der einst vier Stromleitungsmasten zeigt Šuchovs Turmbauweise in seiner Vollendung. Heute ist nur mehr dieser eine 130 m hohe Mast erhalten.
Eine Zusammenfassung der Ergebnisse liefert das Kapitel »Resü-mee« (S. 112f.): Es legt die offenen Fragen dar und skizziert den weiteren Forschungsbedarf.
Das letzte Kapitel »Türme im Vergleich« (S. 114ff.) enthält neben ausführlichen Tabellen neu erstellte Zeichnungen zu 18 Türmen. Es bleibt zu hoffen, dass die Auseinandersetzung mit Šuchovs Konstruktionsform durch die vorliegende Publikation Anstoß zu neuen Anwendungen in der Architektur gibt.

**2** Blick in das Innere des NiGRES-Turms an der Oka, Dserschinsk (RUS) 1929

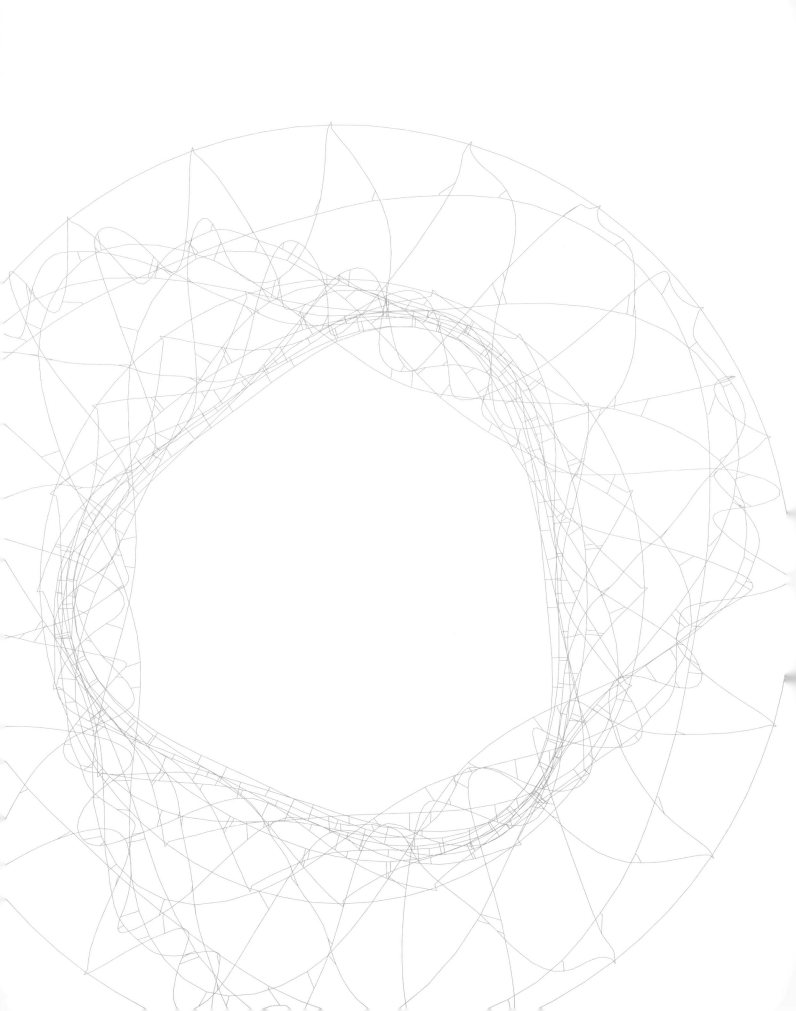

# Hyperbolische Stabwerke im Bauwesen

Das Bauen mit hyperbolischen Stabwerken geht auf den russischen Ingenieur und Universalgelehrten Vladimir Grigor'evič Šuchov (1835–1939) zurück. Nach einem kurzen Abriss über die vorangegangene Entwicklung des Bauens mit Eisen wird die Entstehung dieser Bauweise im Folgenden aufgezeigt.

## Entwicklung des Bauens mit Eisen im 19. Jahrhundert

An der Schwelle zum 19. Jahrhundert entstehen in Westeuropa zahlreiche neue Tragwerkstypen. Die Voraussetzungen dafür schaffen die seit Ende des 18. Jahrhunderts rasch voranschreitende Industrialisierung und das Material, aus dem die neuen Werkzeuge und Maschinen bestehen – Eisen. Bedingt durch neue Produktionsweisen steht dieser Werkstoff nun auch dem Bauwesen in ausreichender Menge zur Verfügung. Nachdem beim Bau von Gebäuden jahrtausendelang Stein und Holz vorherrschten, können Architekten und Ingenieure Eisen jetzt nicht nur als bloßes Verbindungsmittel, sondern als eigenständiges Material einsetzen. Seine charakteristischen Eigenschaften, insbesondere die hohe Festigkeit, die Zähigkeit des Schmiedeeisens und, im Gegensatz dazu, die Sprödigkeit des Gusseisens verlangen nach neuen, materialgerechten Konstruktionsarten und Detailpunkten. Zugleich stellt das beginnende 19. Jahrhundert vielfältige, bisher ungekannte Bauaufgaben an Architekten und Ingenieure. Weiträumige Bahnhofshallen, große Ausstellungsgebäude für die aufkommenden Industrieschauen und gläserne Passagen erfordern neue konstruktive Lösungen, um die oft erheblichen Spannweiten zu überbrücken. Der neue Werkstoff mit seiner hohen Festigkeit ermöglicht es, relativ leichte und filigrane Tragwerke zu verwirklichen.

Doch das Konstruieren mit Eisen muss sich erst langsam entwickeln. Bis zur Mitte des 19. Jahrhunderts bilden sich durch vorsichtiges Herantasten neue Tragwerkstypen und Konstruktionsweisen heraus, wobei sich die ersten eisernen Dachtragwerke typologisch noch stark an den Vorgängern aus Holz orientieren. Allerdings erfordert die Herstellung der Eisenkonstruktionen ein Umdenken bei Entwurf und Planung: Die notwendige fabrikseitige Vorfertigung der Tragwerksglieder und Detailpunkte verlagert den Schwerpunkt des Entstehungsprozesses von der Baustelle in die Werkstatt; die Montage ersetzt die herkömmlichen handwerklichen Abläufe auf dem Bauplatz. Darüber hinaus zwingen die teuren und aufwendigen Gussformen und Knotenpunkte zur Wiederholung möglichst vieler gleicher Elemente. Überlegungen zu Fügungen und schnellen Aufbauprozessen bestimmen zunehmend den Entwurf und führen zu neuartigen Bauweisen, Systemen und Detailpunkten: »Repetitive elements and standardized connections characterize a system approach to design that implies organizing component hierachies rather than composing forms«, wie Tom F. Peters in »Building the Nineteenth Century« schreibt. [1] Modulartig aufgebaute »Baukastensysteme« wie der Kristallpalast für die Weltausstellung 1851 in London versinnbildlichen diese Entwicklung (Abb. 1). Die Konstruktionen verfügen zunehmend über differenziert ausgebildete Details, die nicht nur der Kontinuität der Form und der Kraftübertragung gerecht werden, sondern auch die unterschiedlichen Anforderungen erfüllen, die sich beispielsweise aus Temperaturschwankungen oder Montageablauf ergeben. [2]

Zu den zahlreichen progressiven Bauten, die bis Mitte des Jahrhunderts entstehen, zählen u. a. die Rippenkuppel der Getreidehalle (Halle au blé) von François-Joseph Bélanger und François Brunet in Paris (1811), die Gießhalle der Sayner Hütte in Bendorf von Carl Ludwig Althans (1830) oder das Palmenhaus in den Kew Gardens in London von Richard Turner (1848), deren Tragwerke noch primär in Gusseisen ausgebildet sind. Entwicklungen aus dem Brückenbau werden auch für den Hochbau aufgegriffen, beispielsweise gusseiserne Bogenbinder, die meist aus mehreren Segmenten zusammengesetzt sind. Zeitgleich entstehen neue Systeme wie der Wiegmann-Polonceau-Träger, der in zahllosen Bahnhofs- und Markthallen Anwendung findet, oder seine Weiterentwicklung zum Sichelbinder, den Richard Turner erstmals in der Lime Street Station in Liverpool (1849) verwendet. [3]

»Mit den vierziger Jahren geht die erste, überwiegend vom Gusseisen bestimmte Epoche des Eisenbaus zu Ende«, wie Werner Lorenz in »Konstruktion als Kunstwerk« vermerkt. [4] Bedingt durch die Entwicklung des Bessemer- (1856) und des Siemens-Martin-Verfahrens (1864) stehen Schmiedeeisen und später Stahl kostengünstig und in ausreichender Menge zur Verfügung. Ab 1845

gelingt das Walzen von Doppel-T-Profilen, die sich in der Folge rasch verbreiten. Neben diesen technisch-industriellen Fortschritten kommen wichtige Impulse aus der Baustatik, die sich zunehmend als eigenständige Disziplin herausbildet. Außer Claude Louis Naviers herausragender Schrift »Mechanik der Baukunst« (1826 im französischen Original erschienen [5]), die ab der Jahrhundertmitte in den meisten europäischen Sprachen vorliegt, ist vor allem die Fachwerktheorie von Johann Wilhelm Schwedler und Carl Culmann (1851) [6] sowie die ebenfalls von Culmann entwickelte grafische Statik (1862) für diese Entwicklung maßgeblich. Durch den technischen und wissenschaftlichen Innovationsschub entstehen zwischen 1850 und 1880 zahlreiche neue Tragsysteme, deren Abmessungen nicht mehr wie zuvor weitestgehend empirisch oder intuitiv, sondern rechnerisch ermittelt werden. Den Mittelpunkt der Entwicklung bilden die zahllosen neuen Fachwerksysteme, die in dieser Zeit entstehen. »Tasteten sich die fünfziger Jahre noch an das neue System heran, so begann in den sechziger Jahren die klassische Zeit des Fachwerkbinders im Hochbau.« [7] Die Bahnhofshallen dieser Zeit in Metropolen wie London (z. B. St. Pancras oder Victoria Station) und Paris veranschaulichen deutlich die Fortschritte in Spannweite und Materialaufwand. Weitere neue Tragsysteme, die sich aufgrund ihrer statischen Bestimmtheit einfach berechnen lassen und deshalb schnelle Verbreitung finden, sind der Gerberträger oder der Dreigelenkbogen, der im Hochbau 1865 erstmals von Schwedler realisiert und in Charles Louis Ferdinand Duterts und Victor Contamins Galerie des Machines (Abb. 2) für die Weltausstellung 1889 in Paris eindrücklich inszeniert wurde [8]. Im Jahr 1863 gelingt Schwedler schließlich mit seinen »Schwedlerkuppeln« der Durchbruch zur räumlichen Stabwerksschale.

Im letzten Viertel des 19. Jahrhunderts ist in Westeuropa ein Abflachen der Innovationskurve im Eisen- und Stahlbau zu beobachten. Zwar erreichen die Spannweiten und Gebäudehöhen immer neue Rekorde, die Entwicklung eines Kanons neuer Tragwerke erscheint jedoch weitgehend abgeschlossen, ihr Entwurf beherrschbar. Das Augenmerk der Ingenieure in Westeuropa ist jetzt vor allem auf einen neuen Werkstoff gerich-

tet, der sich in dieser Zeit rasant entwickelt: der Eisenbeton. Dass von den neuartigen Ingenieurskonstruktionen des 19. Jahrhunderts und deren Ästhetik wichtige Impulse für die Architektur und deren Erneuerung ausgingen, lässt sich durch ein Zitat Henry van de Veldes belegen. Dieser schreibt 1899 zur Rolle der Ingenieure, dass »es eine Klasse von Menschen gibt, denen man den Titel Künstler nicht länger vorenthalten kann. Diese Künstler, die Schöpfer der neuen Architektur, sind die Ingenieure. Die außerordentliche Schönheit, die den Werken der Ingenieure eigen ist, beruht auf der Unbewußtheit ihrer künstlerischen Möglichkeiten – so wie die Schöpfer der Schönheit unserer Kathedralen sich der Großartigkeit ihres Werkes nicht bewußt waren«. [9]

### Das Werk des Leichtbaupioniers Vladimir G. Šuchov

Im letzten Viertel des 19. Jahrhunderts beginnt das Wirken des russischen Ingenieurs und Erfinders Vladimir G. Šuchov, der zu einem der wichtigsten Vorreiter des Strukturleichtbaus und des modernen Bauens mit Eisen und Stahl avanciert. Für die Entwicklung des Strukturleichtbaus kommt Šuchov die gleiche Bedeutung zu, die überragende Ingenieure wie Robert Maillart oder Pier Luigi Nervi bei der Herausbildung des modernen Stahlbetonbaus haben. Was Šuchovs außergewöhnliche Vielseitigkeit betrifft, ist er jedoch am ehesten mit ähnlich universell agierenden Ingenieuren des ausgehenden 19. Jahrhunderts vergleichbar, etwa Alexander Graham Bell oder Gustave Eiffel. Eine Fülle von Konstruktionsprinzipien, die im heutigen Stahlbau zum Einsatz kommen, findet ihren Ursprung in Šuchovs Werk.

1 Kristallpalast, London (GB) 1851, Joseph Paxton, Innenansicht aus »The Crystal Palace Exhibition Illustrated Catalogue«, London 1851
2 Galerie de Machines, Paris (F) 1889, Charles Louis Ferdinand Dutert, Victor Contamin

3   schematischer Schnitt (a) und Innenaufnahme (b) der Passagendächer der
    »Oberen Handelsreihen«, Moskau (RUS) Entwurf ab 1890
4   Überdachung einer Pumpstation als netzförmige Gitterschale, Grosny (RUS)
    um 1890
5   3-D-Visualisierung der doppelt gekrümmten Gitterschale, Vyksa (RUS) 1897

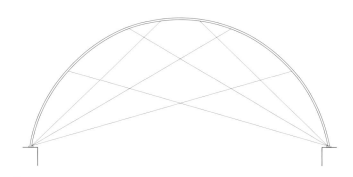

a

b                                                                        3

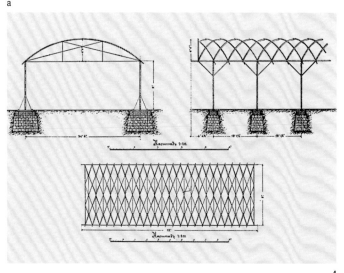

4

5

So verwirklicht er die erste zweisinnig gekrümmte Gitterschale, baut die ersten Hängedächer und entwickelt überaus filigrane Bogentragwerke, die durch dünne Zugelemente ausgesteift werden. Doch es ist nicht allein die technische Raffinesse, die seine Bauten so faszinierend macht. Die zarten, fast entmaterialisiert wirkenden Strukturen haben einen hohen ästhetischen Reiz, dem man sich nur schwer entziehen kann. In seiner Heimat wurde Šuchov mit den wichtigsten Staatspreisen bedacht und ist in der russischen Bevölkerung auch heute noch bekannt. Außerhalb Russlands ist sein vielgestaltiges und außergewöhnliches Werk jedoch weitgehend unbekannt geblieben. Erst durch die 1989 von Rainer Graefe, Murat Gappoev und Ottmar Pertschi herausgegebene Publikation »Vladimir G. Šuchov. 1853–1939. Die Kunst der sparsamen Konstruktion« [10] erwecken Šuchovs Bauten auch in Westeuropa das Interesse eines breiteren Fachpublikums.

## Biografischer Abriss

Die Jugend Šuchovs, der 1853 in der Kleinstadt Grajvoron nahe der ukrainischen Grenze geboren wird, fällt in eine Zeit großer gesellschaftlicher und wirtschaftlicher Umbrüche in Russland. So führt Alexander II. im rückständigen Zarenreich zahlreiche Reformen durch, er schafft u. a. 1861 die Leibeigenschaft ab und reformiert die Universitäten. Die staatsmonopolistische Politik bewirkt einen spürbaren Aufschwung in der Montan- und Schwerindustrie und die in Russland erst spät einsetzende Industrialisierung gewinnt deutlich an Fahrt. In dieser Zeit des raschen Wandels beginnt der 18-jährige Šuchov ein Studium am Polytechnikum in Moskau, das aus den staatlichen Handwerksschulen hervorgegangen ist und über ein sehr fortschrittliches Lehrprogramm verfügt. Neben einem umfassenden Studium der Mathematik und Physik beinhaltet die Ausbildung auch eine gründliche Lehre in den eigenen Werkstätten. 1878, zwei Jahre nach seinem Abschluss als »Mechanik-Ingenieur«, beginnt Šuchov mit seiner Tätigkeit bei der Ingenieurgesellschaft von Alexander V. Bari in Moskau, den er auf der Weltausstellung in Philadelphia kennengelernt hat und dessen Firma er sein Leben lang verbunden bleiben wird. Schon bald nach seiner Einstellung steigt Šuchov zum Chefingenieur auf und wird nach der Verstaatlichung des Unternehmens 1918 zum Firmenleiter ernannt. [11] Sein erster Arbeitsauftrag bei der Firma Bari führt ihn in die russische Kolonie Aserbaidschan, wo er in kurzer Zeit entscheidende Beiträge zum Aufbau der russischen Erdölindustrie leistet: Er entwickelt eine industrielle Anlage zum thermischen Cracken von Rohöl, konzipiert die erste russische Pipeline und realisiert die weltweit erste Leitung für vorgewärmtes Masut, ein Raffinationsdestillat. Daneben plant und baut er die ersten zylindrischen Erdöltanks, deren prinzipielle Bauweise auch heute noch verwendet wird. Zurückgekehrt nach Moskau arbeitet er in gleicher Intensität weiter. 1879 patentiert Šuchov eine Düse zur Verbrennung von Masut, 1885 plant er die ersten russischen Tankschiffe. Wenige Jahre später reicht er Patente für Rohrkessel in horizontaler und vertikaler Bauweise ein, die in der Folge zahlreiche Preise erhalten. Die Fülle seiner technischen Neuerungen und Erfindungen scheint nahezu grenzenlos, ebenso die Weite seiner Betätigungsfelder. Ab dem Jahr 1890 wendet sich Šuchov vermehrt dem Hochbau zu. Seine wegweisendsten Neuerungen auf dem Gebiet der Bautechnik sollen im Folgenden aufgezeigt werden. [12]

## Bogentragwerke

Für das Warenhaus »Obere Handelsreihen«, das sich direkt neben dem Roten Platz im Zentrum Moskaus befindet, entwirft Šuchov ab 1890 die tonnenförmigen Passagendächer (Abb. 3). Deren halbkreisförmige Bogenelemente überbrücken 15 m Spannweite und verfügen über ein raffiniertes Aussteifungssystem: Šuchov ordnet an den Kämpfern jeweils drei dünne Zugstäbe an, die fächerförmig an den Bogen anschließen.

Um die Wirkungsweise dieser völlig neuartigen Konstruktionsweise zu verstehen, muss man sich das Verformungsverhalten eines Bogens vor Augen führen. Während Bogentragwerke für gleichmäßig verteilte Lasten besonders leistungsfähig sind, bewirken asymmetrische Lasten wie Wind oder eine einseitige Schneelast ein seitliches Ausweichen des Trägers; nur die Biegesteifigkeit leistet dann der Verformung Widerstand. Die höhere Steifigkeit der Bögen lässt sich allerdings nur durch entsprechend größere Querschnitte erreichen, weshalb die Konstruktion relativ schwer wird. Die strahlenförmige Anordnung von Zugstäben verhindert genau diese Verformung. In der Folge ist es möglich, die Abmessungen der Querschnitte gering zu halten. Šuchov konstruiert nahezu alle seine Bogentragwerke nach diesem Prinzip. Nachdem diese Konstruktionsweise in Vergessenheit geraten war, greifen verschiedene Tragwerksplaner sie in den 1990er-Jahren wieder auf und entwickeln sie weiter. Beispiele hierfür sind die Überdachung des Bahnhofs in Chur von Peter Rice oder auch die radial ausgesteiften Bogenelemente, die Jörg Schlaich häufig für seine Stabwerkschalen benutzt.

## Gitterschalen

Ebenfalls im Jahr 1890 baut Šuchov die ersten netzförmigen Gitterschalen. Während der Berliner Ingenieur Johann Wilhelm Schwedler bei seinen Stabwerkschalen, den sogenannten Schwedlerkuppeln, alle Tragwerkselemente nach ihrer Beanspruchung differenziert ausbildet, bestehen Šuchovs Gitterschalen aus durchgängig gleichen Elementen. Für die Überdachung einer Pumpstation in Grosny lässt er zwei Lagen von Kreisbogensegmenten aus Stahlprofilen schräg von Randträger zu Randträger verlaufen, sodass im Grundriss ein rautenförmiges Netz entsteht (Abb. 4). Die aus Z-Profilen gefertigten Träger sind an den Kreuzungsstellen vernietet, die Schubkräfte werden durch horizontal verlaufende Rundstäbe kurzgeschlossen. Auch das strahlenförmige Aussteifungssystem der Bogentragwerke, das die nur einseitig gekrümmten Flächen stabilisiert, kommt hier wieder zum Einsatz. [13] Der Auftrag für die temporären Ausstellungshallen der Allrussischen Ausstellung in Nižnij Novgorod verhilft dieser Bauweise endgültig zum Durchbruch. Für die große Industrieschau kann die Firma Bari vier große Hallen mit Gitterschalen realisieren, die mehr als 16 000 m² Ausstellungsfläche überdachen. Die als »Dächer ohne Dachstuhl« [14] apostrophierten Konstruktionen erreichen bis zu 32 m Spannweite. Mit variierenden Spannweiten, Stichhöhen und unterschiedlich vielen Zugstäben werden in Russland in dieser Bauweise zahlreiche Lager- und Werkshallen errichtet, wie Aufzeichnungen der Firma Bari belegen. Eine völlig neue Qualität erreicht eine Halle, die Šuchov 1897 in der auf Metallerzeugung spezialisierten Industriestadt Vyksa plant. Das in Grosny entwickelte Konstruktionsprinzip einer tonnenförmigen

6  zweisinnig gekrümmtes Glasdach des Britisch Museums als Beispiel einer
   modernen Netzschale, London (GB) 2000, Foster and Partners
7  Querschnitt der Hängedach-Rotunde auf der Allrussischen Ausstellung in
   Nižnij Novgorod (RUS) 1896
8  Zeichnung zu Šuchovs Patentantrag Nr. 1896

6

Gitterschale wird hier über einen parabelförmigen Obergurt geführt – die weltweit erste doppelt gekrümmte Gitterschale ist entstanden. Durch die Analyse von Tragwerk und historischen Berechnungen konnte allerdings nachgewiesen werden, dass die doppelte Krümmung der Gitterschale aus konstruktiven und nicht aus statischen Gründen gewählt wurde. [15] Heute bedarf die seit 20 Jahren nicht mehr genutzte, stark vernachlässigte Halle dringend der Sanierung. Sie wurde in den letzten Jahren ausführlich dokumentiert und untersucht [16], Pläne für Sanierungs- und Nutzungskonzepte sind derzeit im Gespräch. Dass die ungewöhnlich leichte Konstruktion auch 110 Jahre nach ihrer Errichtung nichts von ihrer Eleganz eingebüßt hat, vermittelt eine Visualisierung des Innenraums (Abb. 5, S. 16). [17]

### Hängedächer

1895 meldet Šuchov ein Patent für netzförmige Hängedächer an, für die er das System seiner druckbeanspruchten Gitterschalen auf zugbeanspruchte Konstruktionen überträgt: Zwischen einem oberen Zug- und einem unteren Druckring spannt er zwei Lagen von schräg verlaufenden Flachstählen, die er gegenläufig anordnet. Im Grundriss zeigt sich wiederum das charakteristische rautenförmige Muster. Es entsteht die weltweit erste gegensinnig gekrümmte, zugbeanspruchte Konstruktion aus Stahl. Wie schon die Gitterschalen kann Šuchov bei der Allrussischen Ausstellung auch diesen Tragwerkstyp zum Einsatz bringen und überspannt mit vier Hängedachkonstruktionen mehr als 10 000 m² Ausstellungsfläche. Am spektakulärsten ist die Rotunde mit einem Durchmesser von 68 m, die aus einer Kombination von zwei Hängedächern besteht (Abb. 7). Zwischen einem höheren, von 16 Fachwerkstützen getragenen inneren Ring und einem Druckring auf der Außenseite sind zwei Scharen von Flacheisen gespannt, deren feines Netz eine Spannweite von 21,5 m überbrückt. Die Abmessungen der 640 Bandeisen betragen lediglich 50 × 5 mm. Auch der innere Bereich der Rotunde wird von einer zugbeanspruchten Konstruktion überdacht. Hier allerdings besteht das Tragwerk nicht aus einem Netz, sondern aus einer dünnen Membran. Eine hängende Kalotte aus vernieteten, nur 1,6 mm dicken Blechen überspannt die 25 m Durchmesser. So kommen

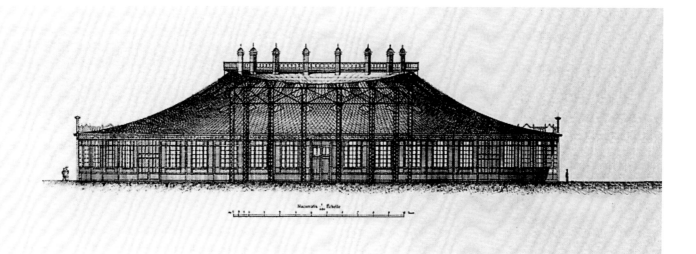

bei diesem Bau gleich zwei zugbeanspruchte Konstruktionen zum Einsatz, deren horizontale Auflagerkräfte sich teilweise aufheben. [18] Trotz ihres sehr geringen Konstruktionsgewichts werden in den Jahren nach der Allrussischen Ausstellung keine weiteren netzförmigen Hängedächer mehr realisiert. Die Bauweise scheint in Vergessenheit geraten zu sein, bis knapp 60 Jahre später der polnisch-amerikanische Architekt Matthew Nowicki in Raleigh 1953 das berühmte Seilnetz der Dorton Arena baut, das den Weg für die Seilnetze Frei Ottos ebnet.

## Hyperbolische Gittertürme von Vladimir G. Šuchov

Im Jahr 1896 entwickelt Šuchov erneut einen Tragwerkstyp, der in der Baugeschichte ohne Vorläufer ist: den hyperbolischen Gitterturm. Die doppelt gekrümmte Fläche eines einschaligen Hyperboloids kann durch die Rotation einer windschiefen Geraden um eine vertikale Achse erzeugt werden. Šuchov macht sich dieses Prinzip zu eigen und legt ein Netz aus zwei gegensinnig verlaufenden Stabscharen auf diese Fläche.

Die so entstandene Konstruktion ist relativ leicht und ausgesprochen leistungsfähig; zudem lässt sie sich auf einfache und schnelle Weise montieren. Aus diesen Gründen, aber auch wegen ihrer prägnanten Gestalt kommt sie in Russland und seinen Kolonien vielfach zum Einsatz – vor allem zahllose Wassertürme entstehen nach diesem Prinzip. Die Bauweise kommt aber auch bei Schrot und Leuchttürmen sowie Sende- und Hochspannungsmasten zum Einsatz. Ferner wird sie auf Schiffen der russischen und amerikanischen Marine [19] für Aussichtsmasten verwendet.

### Patent Nr. 1896

Am 11. Januar 1896 reicht Šuchov in Moskau einen Patentantrag für seine neuartige Turmkonstruktion ein, der am 12. März 1899 bewilligt wird (Abb. 8). Den Inhalt des Patents beschreibt er mit folgenden Worten: »Ein gitterförmiger Turm, der sich dadurch auszeichnet, dass sein Tragwerk aus sich überkreuzenden geradlinigen Holzbalken, Eisenrohren oder Winkeleisen besteht, die auf den Leitlinien des Rotationskörpers verlaufen, dessen Gestalt der Turm hat. Sie sind miteinander an den Kreuzungsstellen

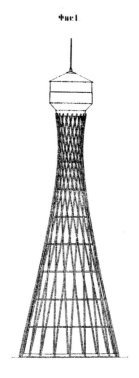

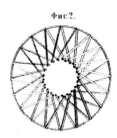

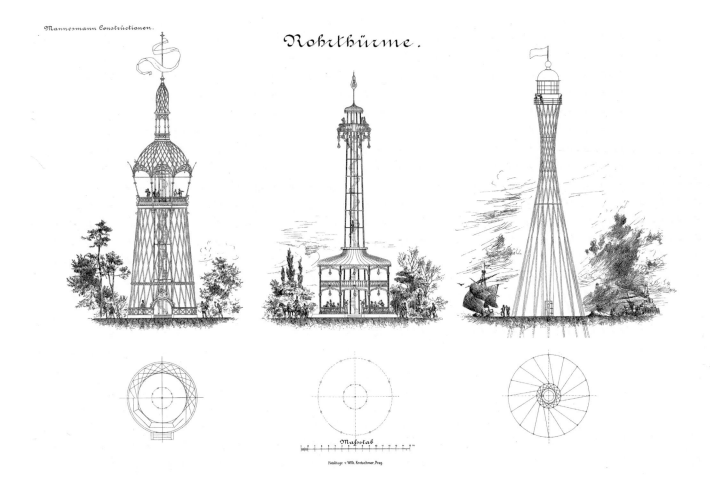

**9** Mannesmann-Rohrtürme, nicht datiert
**10** erster hyperbolischer Gitterturm von Šuchov auf der Ausstellung in Nižnij Novgorod (RUS) 1896 (a) und am heutigen Standort im südrussischen Polibino (b)
**11** Wassertürme in Kolomna (RUS) 1902 (a), Nikolaev (UA) 1907 (b), Charkiw (UA) 1912 (c) und Džebel (TM) 1912 (d)

vernietet und außerdem durch waagrechte Ringe verbunden.« [20]
Zu den Vorzügen dieser Bauweise schreibt Šuchov: »Der auf diese
Weise gebaute Turm stellt eine stabile Konstruktion dar, die bei
sehr geringem Materialaufwand äußeren Kräften widersteht. Haupt-
verwendung könnte diese Konstruktion als Wasserturm oder
Leuchtturm finden.« [21]
Wie Šuchov zu seiner Erfindung gelangt ist, lässt sich nicht mehr
genau rekonstruieren. Grigorij M. Kovel'man schreibt dazu: »Über
das Hyperboloid dachte ich lange nach. Da fand offensichtlich
im Unterbewusstsein eine Arbeit statt, die aber nicht direkt auf ihn
hinauslief.« [22] Neben der Theorie, dass ein kleines Weidenkörb-
chen in Form eines Hyperboloids, das Šuchov in seinem Büro als
Papierkorb nutzte, als Inspirationsquelle gedient haben könnte,
dürfte auch die fundierte Lehre während des Studium den Grund-
stein hierfür gelegt haben. Šuchov erinnert sich, dass »in den
Vorlesungen zur analytischen Geometrie über die Hyperboloide
gesagt wurde, sie seien ein gutes Training für den Verstand, aber
von keinem praktischen Nutzen«. [23] Eine andere Vermutung geht
dahin, dass die von dem russischen Mathematiker Nikolai Lobat-
schewski 1829 entwickelte nicht euklidische Geometrie eine wichtige Inspirationsquelle für Šuchov darstellte. [24] Diese These, die
nicht weiter belegt wird, lässt sich allerdings nur schwer verifizie-
ren. Am wahrscheinlichsten ist die Annahme, dass er durch weiterge-
hende Überlegungen zu seinen zuvor entwickelten Hängedächern
zum hyperbolischen Gitterturm gelangte: Ersetzt man die gekrümmten Bandeisen seines Rotundendachs durch gerade Stäbe,
so ergibt sich die neue Form von selbst.

## Rohrtürme von Mannesmann

Im Jahr 1885 erfinden die Brüder Reinhard und Max Mannesmann
das Schrägwalzverfahren zur Herstellung nahtloser Rohre. Diese
Erfindung macht die kleine Remscheider Feilenfabrik in kurzer Zeit
zu einem Großunternehmen mit weltweiten Niederlassungen und
Handelsbeziehungen. Im Nachlass von Reinhard Mannesmann,
der sich im Archiv des Deutschen Museums in München befindet,
existiert eine Zeichnung von Aussichtstürmen aus Rohrprofilen, von
denen zwei die Form eines Hyperboloids aufweisen (Abb. 9). Die
Zeichnung, die nicht datiert ist, müsste nach Auskunft des Archivs
zwischen 1890 und 1895 entstanden sein und wurde bereits in
Schriften von Ruthild Brandt-Mannesmann und Berthold Burkhardt
veröffentlicht [25]. Inwiefern die Zeichnung damals Verbreitung
findet, lässt sich nicht mehr feststellen.

Bedenkt man die enorme Bedeutung, die nahtlose Rohre insbesondere im Maschinenbau haben – im Gegensatz zu den ge-
schweißten sind sie zuverlässiger und können auch hohen Drücken
standhalten – und die Tatsache, dass Mannesmann die Röhren für
die erste Pipeline von Balachna nach Cherny Gorod liefert – mit
Bari als ausführender Firma für die Gebrüder Nobel – so ergeben
sich klare Überlappungsbereiche mit den Wirkungssphären
Šuchovs. [26] Möglicherweise kennt Šuchov die Entwürfe für die
Mannesmann-Rohrtürme, Belege gibt es hierfür jedoch nicht. Die
Mannesmann-Rohrtürme selbst werden anscheinend nie realisiert;
der Entwurf dient wohl eher der Demonstration für die vielfältigen
Einsatzbereiche des neuen Produkts. Unstrittig ist in jedem Fall,
dass Šuchov hyperbolische Gittertürme zum ersten Mal baut.

a

b

10

a

b

c

d

11

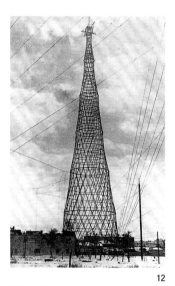 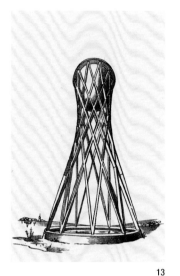  

12                         13                                           14                          15

## Wassertürme

Kurz nach dem Einreichen des Patentantrags 1896 kann Šuchov den ersten Turm mit seinem neuen Konstruktionsprinzip verwirklichen. Für die Allrussische Ausstellung in Nižnij Novgorod errichtet er einen Wasserturm von 25,6 m Höhe, dessen Schaft mit 80 geraden Stäben aus Winkelprofilen gefertigt ist (Abb. 10a, S. 21). Der Turm, der der Firma Bari als Schaustück dient, erregt großes Aufsehen bei den Besuchern und in der internationalen Fachpresse. Besonderen Gefallen findet der Moiré-Effekt, der die Struktur bewegt erscheinen lässt. [27] Nach der Ausstellung wird der Turm auf ein Anwesen im südrussischen Polibino transloziert, wo er bis heute steht (Abb. 10b, S. 21).

Nach dem Bau dieses Prototyps setzt in den folgenden Jahren ein regelrechter Boom ein. Einigen Quellen zufolge werden über 200 Türme nach der neuen Konstruktionsweise in allen Teilen Russlands errichtet; die genaue Zahl lässt sich allerdings nicht mehr ermitteln. Zwei Gründe sind für diese Entwicklung ausschlaggebend: Zum einen die wirtschaftliche Bauweise der Türme, die konkurrierende Systeme oft deutlich unterbietet, wie z. B. der Wasserturm in Nikolaev zeigt, für den die Firma Bari in einem Bieterverfahren den Zuschlag gewinnen kann. Zum anderen ist auch die hohe architektonische Qualität der Türme für den Erfolg entscheidend: »Die Suche nach neuen ingenieurmäßigen Lösungen wurde dadurch gefördert, dass gut situierte Städte im 19. Jahrhundert diese Zweckbauten als architektonische Reize einsetzten. In den ein- bis zweistöckig bebauten Städten Russlands mussten hohe Wassertürme, Masten und Leuchttürme zur Verschönerung der Städte dienen.« [28] Der an prominenter Stelle neben der Kirche errichtete Wasserturm in Kolomna (Abb. 11a, S. 21) untermauert diese Aussage. Vielleicht belegt das historische Foto auch eine in Russland etwas unvoreingenommenere und offenere Haltung gegenüber den neuartigen Ingenieurskonstruktionen als in den westlichen Ländern der damaligen Zeit, in denen die Errichtung eines modernen Zweckbaus im historischen Zentrum einer geschichtlich bedeutsamen Stadt wohl eher auf Widerstand gestoßen wäre. Trotz der Vielzahl errichteter Türme und der ihnen zugrunde liegenden stark systematisierten Entwurfsverfahren gleicht kaum ein Turm

exakt dem anderen. Geometrie und Tragglieder sind auf jedes Bauvorhaben spezifisch abgestimmt. Die Kapitel »Wechselwirkungen zwischen Form und Tragverhalten« (S. 50ff.) und »Entwurf und Berechnung der Türme von Šuchov« (S. 66ff.) widmen sich ausführlich der Konstruktion, Statik und dem Entwurf der Wassertürme sowie deren Entwicklung.

## Mehrstöckige Türme

Neben den einstöckigen Türmen baut Šuchov auch Turmkonstruktionen, die sich aus mehreren übereinander angeordneten Hyperboloid-Segmenten zusammensetzen. Erstmals findet die mehrstöckige Bauweise bei dem 1911 erbauten Wasserturm in Jaroslavl' Anwendung. Am oberen Ende der beiden aus je 30 Vertikalstäben bestehenden Abschnitte ist jeweils ein Hängebodenbehälter angeordnet. Der Turm erreicht eine Gesamthöhe von 39,1 m am obersten Ring. Ein handschriftliches Berechnungsfragment zu diesem Turm wird im Kapitel »Statische Berechnungen für den zweistöckigen Wasserturm in Jaroslavl'« (S. 79f.) besprochen.

### Šabolovka-Radioturm

Kurz nach der Revolution, im Jahr 1919, gelingt der Sprung in eine neue Größenordnung: Šuchov plant für den Komintern-Radiosender Šabolovka im Zentrum von Moskau einen Sendeturm, der die Provinzen medial an die Hauptstadt anbinden soll. Der erste Entwurf sieht einen 350 m hohen Turm vor, der aus neun Hyperboloid-Abschnitten besteht (Abb. 1, S. 9). Im Unterschied zu den anderen mehrstöckigen Türmen reduziert sich die Anzahl der Vertikalstäbe hier kontinuierlich von 72 im ersten auf 12 im neunten Segment. [29] Durch die gleichmäßige Abnahme der Stabzahlen entstehen an den Übergängen zwischen den einzelnen Abschnitten Exzentrizitäten. Dieses konstruktive Problem hätte durch unterhalb der Hauptringe angeordnete Aufspreizungen überbrückt werden müssen. Ein Mangel an Baustahl verhindert jedoch die Ausführung dieses kühnen Entwurfs in voller Größe. Realisiert und 1922 fertiggestellt wird schließlich eine 150 m hohe Variante (Abb. 12). Sie verfügt in den unteren vier Segmenten über 48 Stäbe, in den letzten beiden Abschnitten halbiert sich die Anzahl auf 24. Art und

16

Größe der Stahlprofile sind in jedem Abschnitt der jeweiligen Beanspruchung angepasst. Die Montage erfolgt mithilfe des sogenannten Teleskopverfahrens, bei dem das nächsthöhere Hyperboloidsegment zuerst im Schaft zusammengebaut und alsdann mit kleinen Holzkränen an das obere Ende des letzten Abschnitts gehoben wird.

Das einst höchste Bauwerk Russlands wird nach seiner Fertigstellung als »Trompete der Radiorevolution« [30] gefeiert und findet Eingang in die zeitgenössische Literatur und darstellende Kunst. Der Turm bleibt für viele Jahrzehnte das höchste Bauwerk in Moskau. Auch heute noch ist er für die Silhouette dieser Stadt prägend.

*NiGRES-Türme an der Oka*

Die vielleicht schönsten Turmkonstruktionen Šuchovs bilden die ab 1927 errichteten NiGRES-Türme, ein im Südwesten von Nižnij Novgorod an der Oka gelegenes Ensemble von vier paarweise angeordneten Hochspannungsmasten. Diese sind in der Höhe gestaffelt und erreichen am Ufer eine Höhe von 130 m, um die Leiterseile fast 1000 m freispannend über das Wasser zu führen. Nie zuvor waren die Details so selbstverständlich einfach, die Konstruktion so zeitlos elegant wie bei diesem Spätwerk Šuchovs. Konstruktion und Tragwerk dieses Turms werden im Kapitel »NiGRES-Turm an der Oka« (S. 96ff.) ausführlich erläutert.

**Hyperbolische Stabwerke nach Šuchov**

Nach Šuchovs Tod 1939 werden hyperbolische Stabwerke nur noch selten gebaut. Vereinzelt gibt es jedoch in den vergangenen 70 Jahren Bauten, die sich – zumindest formal – an Šuchovs Erfindung orientieren. Am bekanntesten sind die Wasserturmstudie des spanischen Ingenieurs Eduardo Torroja (Abb. 13) und der nicht realisierte Hochhausentwurf von Ieoh Ming Pei für Midtown Manhattan aus dem Jahr 1954 (Abb. 14). Allerdings entstehen in den letzten Jahren einige Hochhäuser, deren Tragwerke auf hyperbolischen Stabwerken basieren. Aktuelle Bauten beispielsweise in Ghuangzhou – der höchste Fernsehturm der Welt mit 610 m (Abb. 16) – oder in Doha (Abb. 17) zeigen die ungebrochene Faszination dieser Strukturen.

17

# Geometrie und Form hyperbolischer Stabwerke

1

Obwohl die Form hyperbolischer Stabwerke auf den ersten Blick komplex erscheint, lässt sich ihre Geometrie und die Lage der Stäbe mit nur wenigen Basisparametern eindeutig festlegen. Die zugehörigen Bildungsgesetze zeigt dieses Kapitel auf.

## Grundlagen und Einordnung

Einschalige Hyperboloide gehören zu den Flächen zweiter Ordnung, auch Quadriken genannt. Im Folgenden werden ihre wichtigsten Grundlagen und geometrischen Beziehungen, sofern sie für die Thematik von Relevanz sind, zusammengefasst.

### Kegelschnitte

Alle ebenen, quadratischen Kurven (Parabel, Hyperbel und Ellipse) lassen sich mithilfe von Kegelschnitten darstellen. Unter Kegelschnitten versteht man die Schnittkurven, die sich aus der Durchdringung einer Ebene mit einem Kegel ergeben (Abb. 1). Bezeichnet man den halben Öffnungswinkel des Kegels mit $\alpha$ und den Winkel zwischen Schnittebene und Kegelachse mit $\beta$, kann folgendes Verhältnis formuliert werden:

$$\nu = \frac{\cos \beta}{\cos \alpha} \qquad \text{(F 01)}$$

Ist $\nu > 1$, so ist die erzeugte Schnittkurve eine Hyperbel, ist $\nu = 1$, so ist die Schnittkurve eine Parabel und bei $\nu < 1$ eine Ellipse. Die griechische Namensgebung der Kegelschnitte basiert auf dem Verhältnis $\nu$ zur Zahl eins: Bei der Hyperbel (»Überschuss«) übertrifft, bei der Ellipse unterschreitet (»Mangel«), bei der Parabel erreicht (»Zusammenfall«) der Quotient $\nu$ die Zahl eins. Die Entdeckung der Kegelschnitte wird dem griechischen Mathematiker Menaechemus, einem Mitglied der platonischen Akademie, zugeschrieben; ihre wichtigsten Eigenschaften hat der griechische Mathematiker Apollonios von Perge in seinem Buch »Konika« festgehalten [1].

### Flächen zweiter Ordnung

Als Fläche zweiter Ordnung oder Quadrik bezeichnet man die Menge aller Punkte $X = (x_1, x_2, ..., x_n)$, die eine Gleichung der folgenden Form in Normalenschreibweise erfüllen:

$$p(x) = x^T A x + a^T x + \beta = 0,$$
$$\text{mit } X = (x_1, ..., x_n) \in R_n, \qquad \text{(F 02)}$$
$$A = A^T \in R^{n \times n}, a \in R^n, \beta \in R$$

Von den insgesamt 17 Flächen zweiter Ordnung sind fünf doppelt gekrümmt, vier einfach gekrümmt, die übrigen Ebenen, Geraden, Punkt oder leere Menge. Die doppelt gekrümmten Flächen zweiter Ordnung lassen sich nach Art ihrer Generierung in zwei Gruppen einteilen: doppelt gekrümmte Rotationsflächen (Abb. 2) und doppelt gekrümmte Translationsflächen (Abb. 3). Durch die Translation einer Hyperbel entlang einer zweiten lässt sich das zweischalige Hyperboloid erzeugen; die Translation einer Parabel entlang einer zweiten erzeugt das elliptische Paraboloid. Dreht man die Richtung einer dieser beiden Parabeln um, so entsteht das hyperbolische Paraboloid. Mittels der Rotation einer Hyperbel lassen sich ebenfalls das ein- und zweischalige Hyperboloid erzeugen. Durch die Drehung einer Parabel um ihre Symmetrieachse erhält man die Fläche eines Rotationsparaboloids. Die Rotation einer Ellipse um eine ihrer beiden Symmetrieachsen wiederum erzeugt das Rotationsellipsoid. [2]

### Einschaliges Hyperboloid

Es gibt drei verschiedene Arten, die Oberfläche eines einschaligen Hyperboloids eindeutig zu beschreiben (Abb. 5, S. 26). Die erste Möglichkeit besteht darin, eine windschiefe Gerade um eine Achse zu rotieren, die zweite ist die Rotation einer Hyperbel um eine Achse und die dritte Möglichkeit die Angabe von drei beliebigen zueinander windschiefen Geraden, die die Oberfläche eines einschaligen Hyperboloids stets eindeutig bestimmen.
Entsprechend der Form der Gleichung F 02 wird das einschalige Hyperboloid (Abb. 4 b) in Normalenschreibweise [3] mit folgender Gleichung definiert:

$$\frac{x^2}{a^2} + \frac{y^2}{b^2} - \frac{z^2}{c^2} = 1 \qquad \text{(F 03)}$$

Die ersten beiden Glieder entsprechen der Ellipsengleichung und beschreiben die Form des Hyperboloids im Grundriss.

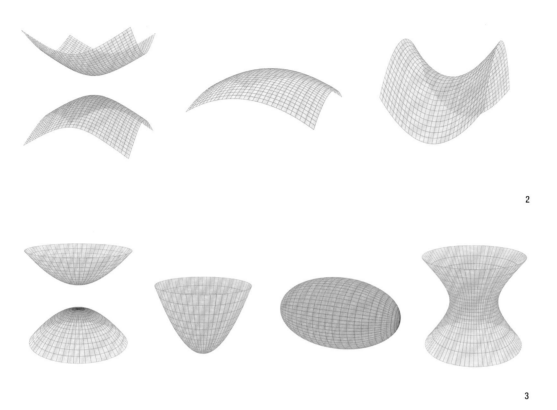

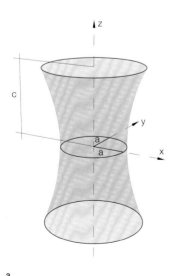

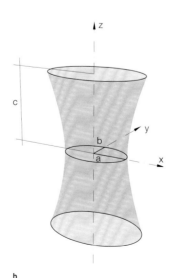

a

b

4

1   Kegelschnitte (v. li. n. re.): Hyper-
    bel, Parabel und Ellipse
2   doppelt gekrümmte Rotations-
    flächen zweiter Ordnung: zwei-
    schaliges Hyperboloid, Rotations-
    paraboloid, Rotationsellipsoid und
    einschaliges Hyperboloid
3   doppelt gekrümmte Translations-
    flächen zweiter Ordnung: zwei-
    schaliges Hyperboloid, elliptisches
    Paraboloid und hyperbolisches
    Paraboloid
4   Achsen des Rotationshyperboloids
    (a) und des allgemeinen einschali-
    gen Hyperboloids (b)

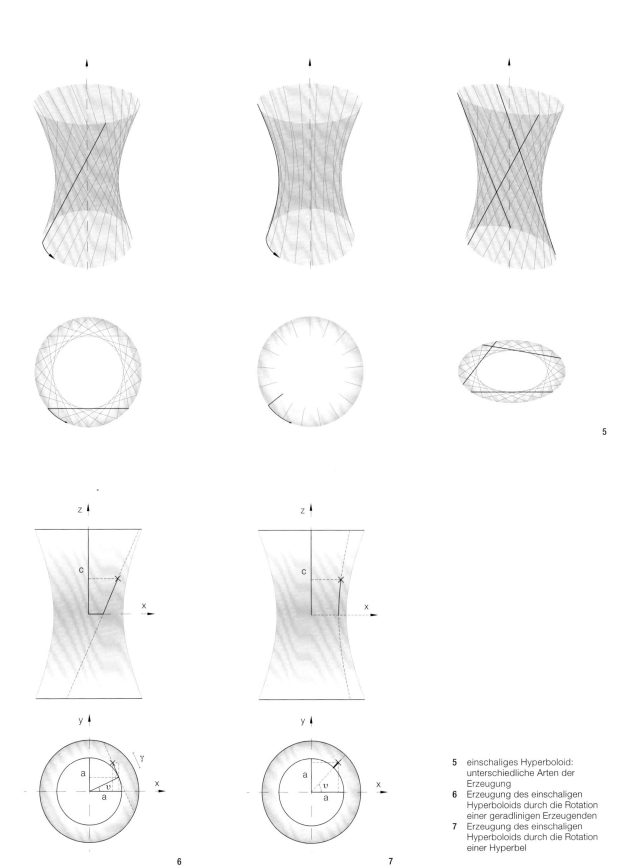

5 einschaliges Hyperboloid:
  unterschiedliche Arten der
  Erzeugung
6 Erzeugung des einschaligen
  Hyperboloids durch die Rotation
  einer geradlinigen Erzeugenden
7 Erzeugung des einschaligen
  Hyperboloids durch die Rotation
  einer Hyperbel

Für einen Hyperboloid mit kreisförmigem Grundriss ist b gleich a zu setzen, wodurch sich die Gleichung entsprechend vereinfacht. Die Variablen a und b bestimmen also die Halbachsen der »Taille« in x- und y-Richtung. Die Variable c bestimmt die Einschnürung in der Ansicht des Hyperboloids. Je größer c ist, desto geringer ist die Einschnürung ausgeprägt.

Neben der Normalen- sind auch verschiedene Parameterschreibweisen möglich, um die Oberfläche des allgemeinen einschaligen Hyperboloids zu beschreiben, etwa die folgende gebräuchliche Darstellung mit Zylinderkoordinaten:

$$
\begin{aligned}
x &= a \sqrt{1 + u^2} \cos \upsilon \\
y &= b \sqrt{1 + u^2} \sin \upsilon \\
z &= c\,u \\
\upsilon &\in [0, 2\pi], \ u \in N
\end{aligned}
\tag{F04}
$$

Im Fall des Rotationshyperboloids (Abb. 4a, S. 23) sind beide Halbachsen gleich groß, die Normalenschreibweise vereinfacht sich also zu:

$$
\frac{x^2}{a^2} + \frac{y^2}{a^2} - \frac{z^2}{c^2} = 1
\tag{F05}
$$

Der Radius eines beliebigen, in der Höhe z geführten Schnitts ergibt sich somit zu:

$$
R = a\sqrt{1 + \frac{z^2}{c^2}}
\tag{F06}
$$

*Erzeugung durch Rotation einer windschiefen Geraden*
Das einschalige Hyperboloid lässt sich durch die Rotation einer geradlinigen Erzeugenden um eine zur Rotationsachse windschief stehende Gerade erzeugen (Abb. 6). Durch Umformung der Gleichung F05 erhält man zwei allgemeine Geradengleichungen für die beiden Scharen gegensinnig drehender Erzeugender. [4]

Mit den freien Parametern u und v haben die Gleichungen in Normalenschreibweise die Form:

$$
\frac{x}{a} + \frac{z}{c} = u\left(1 + \frac{y}{b}\right), \quad u\left(\frac{x}{a} - \frac{z}{c}\right) = 1 - \frac{y}{b};
\tag{F07}
$$

$$
\frac{x}{a} + \frac{z}{c} = v\left(1 - \frac{y}{b}\right), \quad v\left(\frac{x}{a} - \frac{z}{c}\right) = 1 + \frac{y}{b};
\tag{F08}
$$

Eine Parameterdarstellung, mit der sich jeder Punkt auf der Oberfläche des Hyperboloids beschreiben lässt, folgt den Linien der erzeugenden Geraden. Die Lage eines beliebigen Punkts lässt sich dann über den Winkel $\upsilon$, unter dem die entsprechende Erzeugende den Taillenkreis tangiert, und der Horizontalprojektion $\gamma$ dieser Erzeugenden bestimmen. Da es zwei Scharen erzeugender Geraden gibt, lässt sich jeder Punkt über zwei Geraden ansteuern. Die Koordinaten der Punkte ergeben sich zu:

$$
\begin{aligned}
x &= a\,(\cos \upsilon \pm \gamma \sin \upsilon) \\
y &= a\,(\sin \upsilon \pm \gamma \cos \upsilon) \\
z &= c\gamma
\end{aligned}
\tag{F09}
$$

Die Halbachse c ist also gleichbedeutend mit der Steigung der geradlinigen Erzeugenden.

*Erzeugung durch Rotation einer Hyperbel*
Das einschalige Hyperboloid kann ferner durch die Rotation einer Hyperbel mit der Gleichung

$$
\frac{x^2}{a^2} - \frac{z^2}{c^2} = 1
\tag{F10}
$$

um die vertikale z-Achse erzeugt werden (Abb. 7). Daraus lässt sich die auf der Sinus und Kosinus Hyperbolicus basierende Parameterdarstellung [5] ableiten.

$$
\begin{aligned}
x\,(u, \mathbf{v}) &= a \cos \upsilon \cosh \xi \\
y\,(u, \mathbf{v}) &= a \sin \upsilon \cosh \xi \\
z\,(u, \mathbf{v}) &= c \sinh \xi
\end{aligned}
\tag{F11}
$$

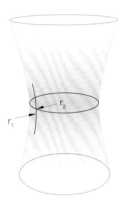

8

Gaußsche Krümmung K

$-3 \cdot 10^{-4}$ ▬▬▬▬▬▬▬▬▬ $-20 \cdot 10^{-4}$

9

*Gaußsche Krümmung*

Räumliche Flächen werden nach der Gaußschen Krümmung in drei Gruppen eingeteilt: Elliptische Flächen (z.B. Kuppelformen) besitzen ein positives Gaußsches Krümmungsmaß (synklastische Krümmung), da die beiden Hauptkrümmungsradien auf der gleichen Seite der Fläche liegen. Hyperbolische Flächen (Sattelflächen) hingegen besitzen ein negatives Gaußsches Krümmungsmaß (antiklastische Krümmung); die beiden Hauptkrümmungsradien liegen auf verschiedenen Seiten der Fläche. Die dritte Gruppe bilden parabolische Flächen (z.B. Zylinder und Kegelschalen), deren Krümmungsmaß K = 0 ist, da diese Flächen nur in einer Richtung eine Krümmung aufweisen. Diese nur einfach gekrümmten Flächen sind im Gegensatz zu den doppelt gekrümmten Flächen stets abwickelbar.

Die Oberfläche des einschaligen Hyperboloids ist antiklastisch, also gegensinnig gekrümmt (Abb. 8). Die Gaußsche Krümmung K ist daher über die gesamte Fläche stets negativ. Sie ist definiert als das Produkt der beiden Hauptkrümmungen $k_1$ und $k_2$:

$$K = k_1 \, k_2 = \frac{1}{r_1} \, \frac{1}{r_2} \qquad \text{(F 12)}$$

Für eine bestimmte Höhenlage z kann die Gaußsche Krümmung [6] berechnet werden zu:

$$K(x, y, z) = -\frac{c^6}{(c^4 + a^2 \, z^2 + c^2 \, z^2)^2} \qquad \text{(F 13)}$$

Die maximale Gaußsche Krümmung ergibt sich demnach an der Taille zu $K = -c^2$. Bei Abb. 9 ist zu erkennen, dass mit stärkerer Einschnürung die maximale Gaußsche Krümmung zwar ansteigt, sich diese aber zunehmend auf den Bereich der Taille konzentriert und an den Rändern wieder rückläufig wird.

## Geometrie des hyperbolischen Stabwerks

Aufbauend auf den allgemeinen mathematischen Beziehungen des vorangegangenen Abschnitts lassen sich Geometrie und Form der hyperbolischen Stabwerke bestimmen.

### Grundlegende Beziehungen

Als Ausgangspunkt für diese Bestimmung dienen zwei parallele Kreise (oder Ellipsen), die im Abstand H übereinander angeordnet werden. Jeder dieser Kreise wird durch n Stabpaare in n gleiche Abschnitte unterteilt. Die so entstandenen Bogenabschnitte spannen zum Kreismittelpunkt hin den Radiantenwinkel ψ auf (Abb. 10).

$$\psi = 360°/n \qquad \text{(F 14)}$$

Eine Schar von geraden Stäben wird nun zwischen den beiden Kreisen (oder Ellipsen) derart angeordnet, dass die Anfangs- und Endpunkte im Grundriss jeweils um einen Drehwinkel φ verschoben sind. Eine zweite Schar von Geraden wird, in entgegengesetzter Richtung mit dem Winkel φ verdreht, hinzugefügt. Beträgt der Drehwinkel φ ein Mehrfaches des Radiantenwinkels ψ, so liegen die Einteilungen der beiden Kreise in der Draufsicht genau übereinander.

$$\varphi = k\psi/2 \tag{F15}$$
$$K_\varphi = \varphi/\psi \tag{F16}$$
$$n_{SP} = 2K_\varphi - 1 \tag{F17}$$

Je größer der Drehwinkel, je stärker also die Anfangs- und Endpunkte der Geraden verdreht sind, umso ausgeprägter wird die für das Hyperboloid charakteristische Einschnürung in der Ansicht (Abb. 11, S. 30). Die maximale Einschnürung ist bei einer Verdrehung von 180° erreicht: Alle Geraden schneiden sich nun in einem Punkt im Zentrum – das Hyperboloid ist zum Doppelkegel geworden.
Mit steigender Verdrehung nimmt nicht nur die Einschnürung zu, sondern auch die Anzahl der Kreuzungspunkte der Geraden $n_{SP}$, die den Hyperboloiden in $n_{SP}$-1 Abschnitte unterteilen.

Die Basisgeometrie des hyperbolischen Stabwerks lässt sich also eindeutig durch fünf unabhängige Formparameter bestimmen:

· unterer Radius $R_U$
· oberer Radius $R_O$
· Höhe H
· Stabzahl n
· Drehwinkel $\varphi$

Das Verhältnis von unterem zu oberem Radius wird im Folgenden als Formparameter $K_F$ definiert.

### Lage der Koordinaten
Über die Geradengleichung lassen sich nun die Koordinaten des Stabwerks herleiten (Abb. 12, S. 31). Die Anfangs- und Endpunkte einer Erzeugenden haben in Vektorschreibweise die Form:

$$A = \begin{bmatrix} R_u \cos\psi_A \\ R_u \sin\psi_A \\ 0 \end{bmatrix} \tag{F18}$$

$$B = \begin{bmatrix} R_o \cos(\psi_A + \varphi) \\ R_o \sin(\psi_A + \varphi) \\ H \end{bmatrix}$$

Die Erzeugende E der Hyperboloidfläche hat somit die Form:

$$E_{Hyp} = \begin{bmatrix} R_u \cos\psi_A \\ R_u \sin\psi_A \\ 0 \end{bmatrix} + \lambda \begin{bmatrix} R_o \cos(\psi_A + \varphi) - R_u \cos\psi_A \\ R_o \sin(\psi_A + \varphi) - R_u \sin\psi_A \\ H \end{bmatrix} \tag{F19}$$
mit $\lambda \in \{0,1\}$ und $\psi_A \in \{0°, 360°\}$

Um die Gleichungen der beiden gegensinnig verlaufenden Stabscharen zu erhalten, wird der Endpunkt mit +$\varphi$ oder -$\varphi$ gegenüber dem Anfangspunkt verdreht. Die einzelnen Stäbe sind durch das m-fache des Radiantenwinkels $\psi$ definiert:

8    gegensinnige Hauptkrümmungsradien des einschaligen Hyperboloids
9    zur Taille hin zunehmende Gaußsche Krümmung des einschaligen Hyberboloids
10   Einteilung des Radiantenwinkels bei kreisförmigem oder elliptischem Grundriss

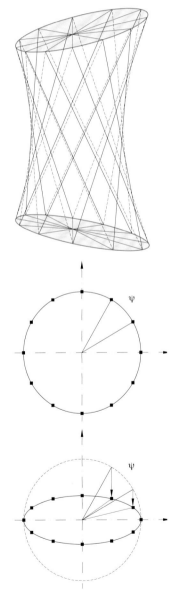

10

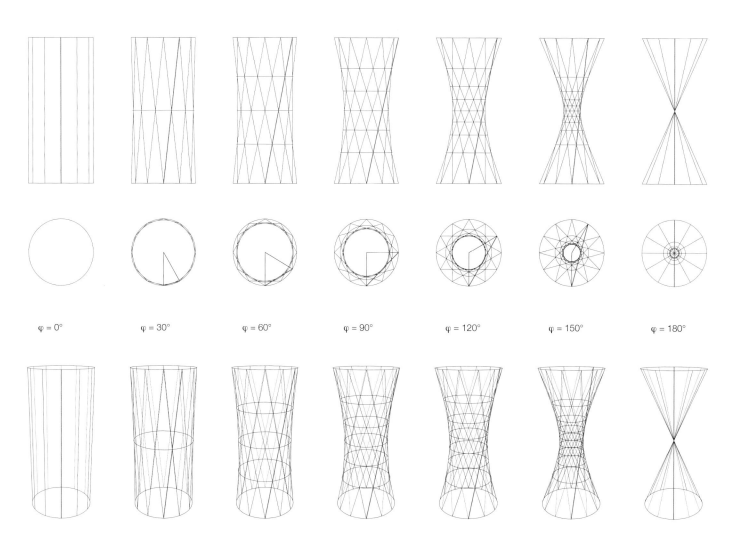

$\varphi = 0°$     $\varphi = 30°$     $\varphi = 60°$     $\varphi = 90°$     $\varphi = 120°$     $\varphi = 150°$     $\varphi = 180°$

11

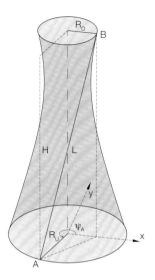
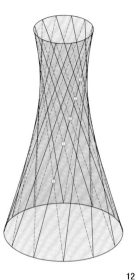
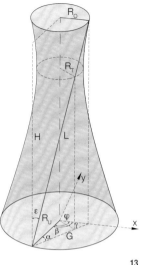

**11** Einfluss des Drehwinkels auf die Geometrie in Ansicht, ufsicht und Axonometrie
**12** Lage und Anzahl der Schnittpunkte
**13** Lage der Erzeugenden im Raum

$$g_m = \begin{bmatrix} R_U \cos(m\psi) \\ R_U \sin(m\psi) \\ 0 \end{bmatrix} + \lambda \begin{bmatrix} R_O \cos(\varphi + m\psi) - R_U \cos(m\psi) \\ R_O \sin(\varphi + m\psi) - R_U \sin(m\psi) \\ H \end{bmatrix} \qquad (F20)$$

mit $m \in \mathbb{N} \cap \{0, 1, ..., n-1\}$

$$h_m = \begin{bmatrix} R_U \cos(m\psi) \\ R_U \sin(m\psi) \\ 0 \end{bmatrix} + \mu \begin{bmatrix} R_O \cos(-\varphi + m\psi) - R_U \cos(m\psi) \\ R_O \sin(-\varphi + m\psi) - R_U \sin(m\psi) \\ H \end{bmatrix} \qquad (F21)$$

mit $m \in \mathbb{N} \cap \{1, 2, ..., n\}$

Für die Ermittlung der Schnittpunkte der Geradenscharen wird diejenige Gerade der ersten Schar festgehalten, für die $m = 0$ ist. Durch Gleichsetzung von F20 und F21 lassen sich die in Abb. 13 bezeichneten Schnittpunkte bestimmen. Aus der dritten Zeile folgt die Gleichheit der Geradenparameter $\lambda$ und $\mu$. Für die zweite Zeile ergibt sich der Geradenparameter $\mu$ somit zu:

$$\mu_i = \frac{R_U \sin(i\psi)}{R_U \sin(i\psi) + R_O [\sin(\varphi) - \sin(i\psi - \varphi)]} \qquad (F22)$$

mit $i \in \mathbb{N} \cap \{1, 2, ..., n_{SP}\}$

Da im Falle von $i\psi = 180°$ sowohl Zähler als auch Nenner des Bruchs zu null werden, muss die Lage der Schnittpunkte mittels der Regel von L'Hospital [7] ermittelt werden.

$$\mu_i = \frac{R_U \psi \cos(i\psi)}{-R_O \psi \cos(i\psi - \varphi) + R_U \psi \cos(i\psi)} \qquad (F23)$$

mit $i \in \mathbb{N} \cap \{1, 2, ..., n_{SP}\}$

### Geometrie des Stabnetzes

Aus den zuvor eingeführten Basisparametern lassen sich weiterhin alle geometrischen Werte und Abmessungen des Stabnetzes herleiten. Mittels einfacher R Beziehungen ist es möglich, die Länge des Stabs in der Grundrissprojektion G, seine wahre Länge L sowie die Stabneigung gegenüber der vertikalen Achse $\varepsilon$ abzuleiten (Abb. 13):

$$G = \sqrt{R_U^2 + R_O^2 - 2 R_U R_O \cos\varphi} \qquad (F24)$$

$$L = \sqrt{G^2 + H^2} \qquad (F25)$$

$$\varepsilon = \arctan(G/H) \qquad (F26)$$

Im Grundrissdreieck $R_O - G - R_U$ lässt sich der Winkel $\alpha$ bestimmen zu:

$$\alpha = \arcsin \cdot \left( \frac{R_O \sin\varphi}{G} \right) \qquad (F27)$$

Und mit diesem der Taillenradius $R_T$ zu:

$$R_T = R_U \sin\alpha \qquad (F28)$$

Die Höhe der Taillenlage $H_T$ ergibt sich aus der Stabneigung zu:

$$H_T = \frac{R_U \cos\alpha}{\tan\varepsilon} \qquad (F29)$$

Für eine beliebige Höhenlage h ergibt sich somit der zugehörige Radius:

$$r(h) = \sqrt{R_U^2 + \left(\frac{h}{H} G\right)^2 - 2 R_U \left(\frac{h}{H} G\right) \cos\alpha} \qquad (F30)$$

Im Grundriss wird nun ferner der Taillenwinkel $\beta$ eingeführt, der die Öffnung zwischen dem Anfangspunkt und dem Taillenpunkt der Erzeugenden misst:

$$\beta = \arccos \frac{R_T}{R_U} \quad \text{bzw.} \quad \beta = 90° - \alpha \qquad (F31)$$

Falls der obere Ring nicht mit der Taille zusammenfällt, $R_O$ also ungleich $R_T$ ist, ergibt sich der Differenzwinkel $\gamma$ aus dem Abstand zwischen Taillenwinkel $\beta$ und Drehwinkel $\varphi$:

$$\varphi = \beta \pm \gamma \qquad (F32)$$

# Statik und Berechnungsverfahren

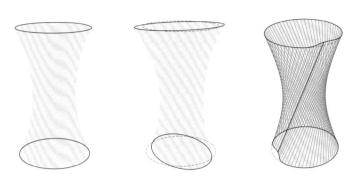

1

Hyperbolische Stabwerke nehmen eine Sonderstellung zwischen Schalentragwerk (bzw. Stabwerkschale) und räumlichem Stabwerk ein. Abhängig von Vernetzungsweise und Maschengröße variieren Tragwirkung und Charakteristika der Lastabtragung. Das prinzipielle Tragverhalten unter vertikaler oder horizontaler Belastung lässt sich einfach am räumlichen Stabwerk herleiten. Die grundlegenden Berechnungsverfahren für die Bestimmung der Grenztragfähigkeit orientieren sich an etablierten Methoden zur Analyse von Stabwerkschalen.

## Problem der dehnungslosen Verformungen
Alle Schalentypen mit geraden Erzeugenden (also Regelflächen) können sich dehnungslos verformen. Hierzu gehören z.B. Zylinder, Kegel, Hyperboloid, Konoid und hyperbolisches Paraboloid. Grundlegendes zu dieser Problematik findet sich vor allem in älteren Veröffentlichungen zur Schalenstatik wie z.B. Lajos Kollars »Die dehnungslosen Formänderungen von Schalen« von 1974 [1]. Dehnungslose Verformungen bedeuten, dass sich die Mittelfläche eines Schalentragwerks deformieren kann, ohne Membrankräfte zu wecken. Es treten in diesem Fall also keine Dehnungen auf; die Gleitung bleibt ebenfalls bei null. Lediglich die untergeordnete Biege- und Torsionssteifigkeit der Schale kann der Verformung Widerstand leisten. Abb. 1 zeigt die beiden kritischen Fälle dehnungsloser Verformungen beim einschaligen Hyperboloid: das Ovalisieren der Ränder sowie das radiale Verschieben einer geradlinigen Erzeugenden. Besondere Bedeutung kommt beim einschaligen Hyperboloid deswegen der Randausbildung der Schale zu, deren Biegesteifigkeit die dehnungslosen Verformungen unterbinden muss. [2]

## Prinzipielles Tragverhalten
Im Folgenden wird die Lastabtragung eines einstöckigen hyperbolischen Gitterturms nach Šuchovscher Bauart aufgezeigt. Hierfür werden exemplarisch vertikal und horizontal am oberen Ring angreifende Punktlasten betrachtet. Die Stabkräfte lassen sich einfach mittels der im vorangegangenen Kapitel aufgezeigten Beziehungen aus der Geometrie herleiten.

## Vertikale Lastabtragung
Vertikale Punktlasten, die an den oberen Stabenden angreifen, werden am oberen Ring umgeleitet in die Stabkräfte $F_S$ (Abb. 2) und in durch die Schrägstellung der Stäbe bedingte Ringkräfte $N_O$:

$$F_S = \frac{F}{\cos \varepsilon} \tag{F01}$$

Ein für die Tragwirkung wichtiger Aspekt ist die Lage der Taille oder Einschnürung. Je nach Basisgeometrie verfügt das Hyperboloid über eine tatsächliche oder eine ideelle Taille, die sich dann über dem oberen Ring befindet (Abb. 3c). Da die Erzeugenden den Taillendurchmesser in der Aufsicht tangieren, kann der Drehwinkel $\varphi$ unterteilt werden in die Winkel $\beta$ und $\gamma$, die die Lage der Einschnürung in der Horizontalprojektion festlegen:

$$\varphi = \beta \pm \gamma \tag{F02}$$

Die Lage der Taille hat einen wichtigen Einfluss auf die Stabbeanspruchungen unter vertikaler Belastung: Besitzt der Turm eine Einschnürung, unterschneiden die geraden Stäbe in der Aufsicht den oberen Ring. Das bedeutet, dass eine an den oberen Stabenden angreifende Vertikalkraft (z.B. das Eigengewicht eines Wasserbehälters) horizontale Zugkräfte in den oberen Ring induziert. Der obere Ring wirkt als Zugband und verhindert, dass die Stäbe nach außen fallen (Abb. 3a). Liegt die Taille indes über dem oberen Ring – d.h. das Hyperboloid verfügt über keine Einschnürung – so lehnen sich die Stäbe von außen an den oberen Ring an: Unter Eigengewicht ist dieser nun durch Druckkräfte beansprucht (Abb. 3c). Eine dritte Möglichkeit besteht darin, dass $\gamma$ gleich null ist, die Taille des Turms also mit dem oberen Abschluss zusammenfällt (Abb. 3b). Bei diesem Grenzfall entstehen bei paarweiser Stabanordnung keine Kräfte im oberen Ring unter Eigengewicht. Zwei gegenläufige Stäbe bilden im Grundriss eine Linie – an ihrem oberen Ende heben sich die Horizontalkräfte auf. Die Ringkräfte lassen sich aus den geometrischen Beziehungen rasch ableiten.

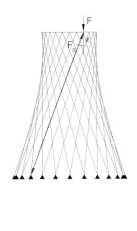
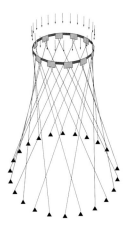

1 charakteristische dehnungslose
  Verformungen des durch eine
  geradlinige Erzeugende generier-
  ten einschaligen Hyperboloids:
  Ovalisieren der Ränder und Paral-
  lelverschiebung der Geraden
2 vertikale Lastabtragung
3 Zusammenhang zwischen Drehwinkel und Lage der Taille
  a Taille unterhalb des oberen
    Rings
  b Taille fällt mit oberem Ring
    zusammen
  c Taille oberhalb des oberen
    Rings
4 Normalkräfte am oberen Ring:
  Ringzug (a), horizontale Anteile
  der Stäbe heben sich auf (b),
  Ringdruck (c),

2

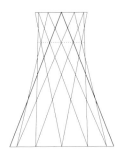
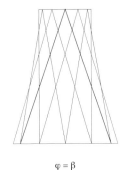

$\varphi = \beta + \gamma$        $\varphi = \beta$        $\varphi = \beta - \gamma$

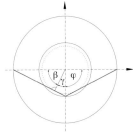
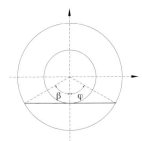
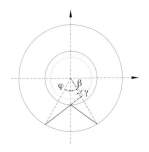

a      b      c      3

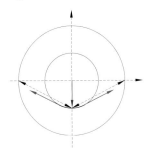

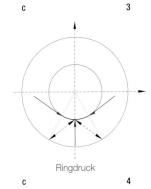

Ringzug      keine Kraft im Ring      Ringdruck

a      b      c      4

**5** Aufteilung der Stabkraft in normal und tangential wirkende Anteile am unteren und oberen Ring

**6** Normalkraft im oberen Ring in Abhängigkeit des Drehwinkels φ am Beispiel der geometrischen Eckdaten des Wasserturms in Nikolaev

**7** Normalkraftverläufe unter horizontaler Kopflast unter der Annahme eines biege- und dehnsteifen oberen Rands. Die Normalkräfte der einzelnen Stäbe verlaufen, ungeachtet der Kreuzungspunkte, konstant über die Höhe des Turms. Eventuell vorhandene Zwischenringe sind in diesem Fall – bis zum Erreichen der Knicklasten der Stäbe – unbeansprucht. (Die Zwischenringe sind in der Zeichnung nicht dargestellt.)

**8** Ermittlung der Stabkräfte unter Einwirkung einer horizontalen Kopflast

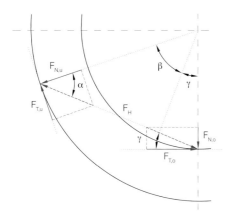

5

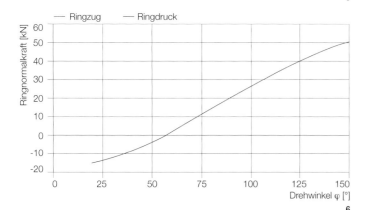

6

7

Die horizontale Komponente des durch die Normalkraft F beanspruchten Stabs ergibt sich zu:

$$F_H = F_S \sin \varepsilon \qquad (F\,03)$$

Durch die Winkel α und γ lässt sich diese Horizontalkomponente an den beiden Stabenden in einen radial und einen tangential auf die Ringe wirkenden Anteil zerlegen (Abb. 5). Die im Ring wirkende Kraft ergibt sich nun primär aus den normal wirkenden Anteilen. Werden diese senkrecht auf den Ring wirkenden Anteile zu einer gleichmäßigen Belastung zusammengefasst, lässt sich die Ringnormalkraft auf einfachem Wege mithilfe der Kesselformel berechnen. Zu dieser Kraft kommt noch der tangentiale Anteil, der aber untergeordnet ist und mit dem Wechsel der ankommenden Staborientierung alterniert. Die Kraftkomponenten des Stabs sowie die resultierenden Normalkräfte im oberen und unteren Ring ergeben sich somit zu:

oberer Ring:
$$F_{N,O} = F_H \sin \gamma \qquad (F\,04)$$
$$F_{T,O} = F_H \cos \gamma \qquad (F\,05)$$
$$p_O = n\,F_H \sin \gamma / (\pi R_O) \qquad (F\,06)$$
$$N_O = p_O\,R_O \pm 0{,}5\,F_H \cos \gamma \qquad (F\,07)$$

unterer Ring:
$$F_{N,U} = F_H \cos \alpha \qquad (F\,08)$$
$$F_{T,U} = F_H \sin \alpha \qquad (F\,09)$$
$$p_U = n\,F_H \cos \alpha / (\pi R_U) \qquad (F\,10)$$
$$N_U = p_U\,R_U \pm 0{,}5\,F_H \sin \alpha \qquad (F\,11)$$

Exemplarisch wurden für die Geometrie des Turms in Nikolaev mit einem $K_F$-Wert von 1,83, einer Gesamthöhe von 25,6 m und 48 Stäben die Normalkräfte im oberen Ring in Abhängigkeit vom Drehwinkel ermittelt. Hierbei wurden alle Stäbe am oberen Ende mit einer Vertikalkraft von 10 kN belastet. Abb. 5 zeigt den Kraftverlauf im oberen Ring bei variierendem Drehwinkel. Der Übergang von der Druck- zur Zugbeanspruchung erfolgt in diesem Fall bei φ = 56,9°; hier fällt der Taillenradius mit dem Radius des oberen Rings zusammen. Der tatsächliche Drehwinkel φ des Turms beträgt 82,5°, der obere Ring ist unter vertikalen Lasten also zugbeansprucht.

### Horizontale Lastabtragung

Dank des regelmäßigen Aufbaus des Stabwerks ist es auch unter horizontaler Belastung möglich, die auftretenden Stabkräfte mittels geometrischer Beziehungen herzuleiten. Aus dem allgemeinen Fall einer horizontalen Kopflast lässt sich die Lastabtragung einzelner horizontaler Knotenkräfte ableiten.

#### Horizontale Kopflast

Greift am Turmkopf eine Horizontallast an, so verteilt der obere Ring – in diesem Fall als biege- und dehnsteif idealisiert – die Last in die Stäbe gemäß ihrer geometrischen Steifigkeit. Hierbei bilden die am oberen Rand zusammenfallenden Stabpaare schräg im Raum liegende Zweibeine, die eine konstante Druck- bzw. Zugkraft erfahren (Abb. 7). Die Normalkräfte der einzelnen Stäbe verlaufen,

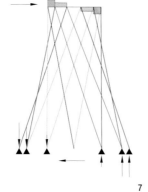

ungeachtet der Kreuzungspunkte, konstant über die Höhe des Turms. Eventuell vorhandene Zwischenringe (in der Zeichnung nicht dargestellt) sind in diesem Fall bis zum Erreichen der Knicklasten der Stäbe unbeansprucht.

In Abhängigkeit von der Lage der Verbindungslinie zwischen den Auflagerpunkten eines solchen Zweibeins ergibt sich dessen anteilige Beanspruchung aus der äußeren Last. Je mehr sich diese Verbindungslinie der Wirkungslinie der Kraft annähert, umso größer ist die Kraft in den zugehörigen Stäben. Die Aufteilung der Kräfte lässt sich über die geometrischen Steifigkeiten der Zweibeine bestimmen. Hierzu kann das Verschiebungsgrößenverfahren angewendet werden. Die Verschiebungssteifigkeit in horizontaler Richtung $I_H$ ermittelt sich aus der Summe der Stabdehnungen und -stauchungen in Kraftrichtung. Diese wiederum ergeben sich aus den Quadraten der Kosinusanteile des Winkels zwischen der Richtung der Horizontalkraft H und der Hypotenuse des jeweiligen Dreiecks im Grundriss. Der Winkel $\delta$ zwischen den Stäben des Zweibeins und der Verbindungslinie der Auflagerpunkte ergibt sich in der Grundrissprojektion für ein an der x-Achse beginnendes Dreieck zu:

$$\delta = \frac{180° - 2 \cdot \varphi}{2} \qquad (F\,12)$$

Für die Verbindungslinien der einzelnen Stabpaare ist der Winkel $\delta$ jeweils von den Vielfachen der Radiantenwinkel zu addieren bzw. zu subtrahieren. Die Verschiebungssteifigkeit des eingeebneten hyperbolischen Stabwerks errechnet sich somit zu:

$$I_H = \sum_{K=0}^{n/2} \cos^2 (k \cdot \psi + \delta) = \cos^2 (k \cdot \psi - \delta) \qquad (F\,13)$$

Aus dem Verhältnis der Steifigkeit eines Zweibeins zur Verschiebungssteifigkeit $I_H$ ergibt sich der auf das jeweilige Stabpaar entfallende Anteil der Kraft H und weiter die in der Ebene des Zweibeins wirkende Kraftkomponente $F_{S, tan}$:

$$F_{S, tan} = H \cdot \frac{\cos^2 (k \cdot \psi \pm \delta)}{I_H} \cdot \frac{1}{\cos (k \cdot \psi \pm \delta)} \qquad (F\,14)$$

Aus den Raumwinkeln $\gamma$ und $\varepsilon$ folgt schließlich die im Stab wirkende Kraft (Abb. 8):

$$F_S = \frac{F_{S, tan}}{2} \cdot \frac{1}{\cos \gamma} \cdot \frac{1}{\sin \varepsilon} \qquad (F\,15)$$

Die Lage der am stärksten beanspruchten Stabpaare bzw. Zweibeine ist somit vom Drehwinkel abhängig: Die Zweibeine, deren Verbindungslinie im Grundriss den kleinsten Winkel zur Wirkungslinie der Kraft einnehmen, erhalten die größte Beanspruchung. Bei einer geraden Anzahl von Stabpaaren und einem Drehwinkel von 90° fällt die Verbindungslinie im Grundriss mit der Wirkungslinie zusammen. Dieses Stabpaar, dessen Auflagerpunkte auf der x-Achse angeordnet sind, erhält folglich den größten Anteil der angreifenden Kraft und die größten Auflagerkräfte (Abb. 9, S. 36). Bei kleineren oder größeren Drehwinkeln weicht die Verbindungslinie der Zweibeine immer weiter von der Wirkungslinie der äußeren Kraft ab. In diesem Fall erhalten diejenigen Stabpaare die größte

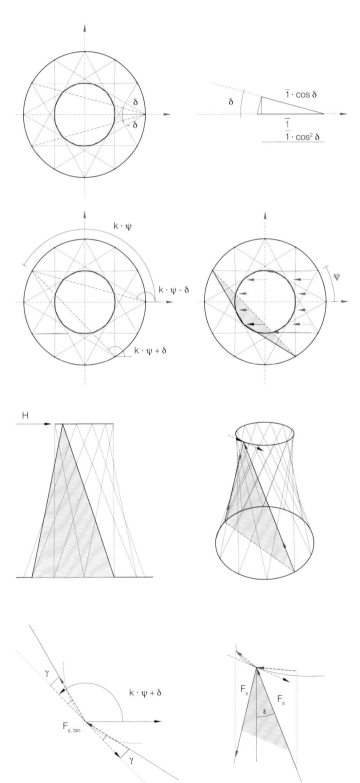

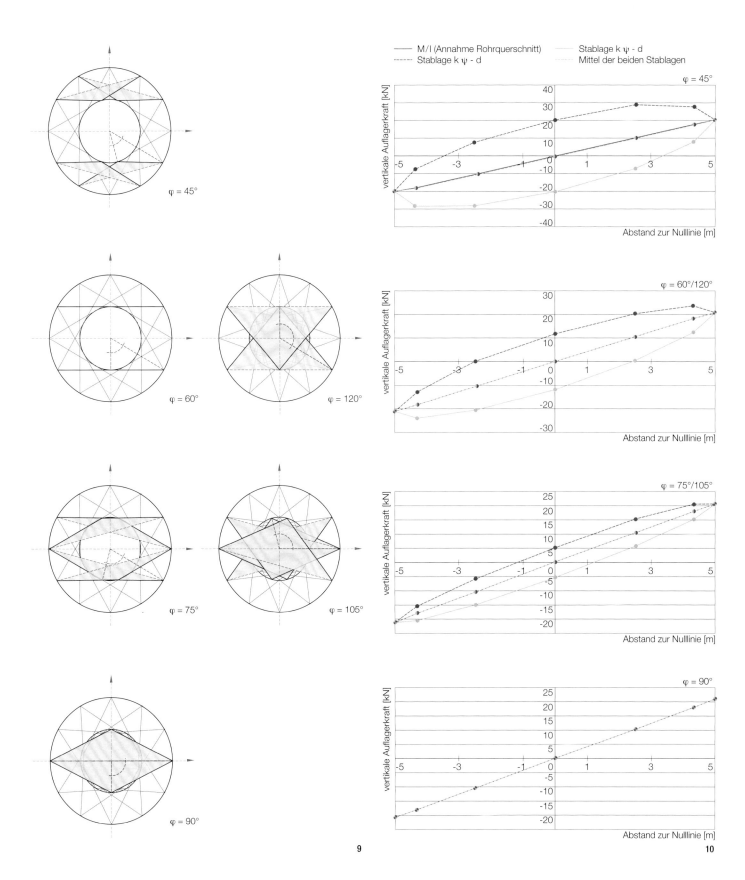

Beanspruchung – und in der Folge die maximalen Auflagerkräfte –, deren Verbindungslinie zur Wirkungsrichtung der äußeren Kraft den kleinsten Winkel einnimmt, sich ihr also am stärksten annähert. Zur Erläuterung sind in Abb. 9 die am stärksten beanspruchten Stabpaare grau schraffiert dargestellt. In Abb. 10 sind zur Verdeutlichung die vertikalen Auflagerkräfte für eine horizontale Kopflast von 100 kN für verschiedene Drehwinkel angetragen (n = 12; $K_F$ = 2,0; H = 12,5 m; $R_U$ = 5,0 m . Die Mittelwerte der vertikalen Auflagerkräfte von den am Fußpunkt zusammenlaufenden Stäben sind über den Querschnitt linear. Sie entsprechen damit den Ergebnissen, die man unter der Annahme eines schubsteifen Rohrquerschnitts erhält (siehe »Berechnung von Vladimir G. Šuchovs Gittertürmen«, S. 72ff.) – die Ergebnisverläufe sind also deckungsgleich. Allerdings unterscheiden sich die Kräfte in den paarweise an den Auflagerpunkten ankommenden Stäben deutlich. Während in der einen Stablage (kψ - δ) die Stab- und Auflagerkräfte über der linear ermittelten Linie liegen, liegen die Kräfte in der anderen Stablage (kψ + δ) um den gleichen Betrag darunter. Obwohl am Auflager der Abstand der Stäbe von der Nulllinie offensichtlich derselbe ist, unterscheiden sich die Stab- und Auflagerkräfte aufgrund der Orientierung der Stäbe im Raum. Eine Berechnung der Stabkräfte unter der Annahme eines schubsteifen Rohrquerschnitts liefert also die falschen Stabkräfte, wie sich den Ergebnissen in Abb. 10 entnehmen lässt. So liegen die vertikalen Auflagerkräfte bei einem Drehwinkel von 45° beispielsweise 33 % über dem mittels der Rohrquerschnittshypothese ermittelten Wert, bei einem Drehwinkel von 60° immer noch 13 % darüber. Anders als beim Tragverhalten eines schubsteifen Fachwerkrohrs sind im hier vorliegenden Fall also nicht zwingend die in Kraftrichtung am äußersten Rand der Gesamtstruktur liegenden Stäbe am meisten beansprucht.

*Horizontale Knotenlasten*

Greifen an jedem Knotenpunkt horizontale Punktlasten an, so übernehmen die Zwischenringe die Verteilung der Lasten zwischen den Stäben. Die Ringe sind auf der zum Wind gewandten Seite auf Druck beansprucht und auf der vom Wind abgewandten Seite auf Zug (Abb. 11a). Die Wirkungsweise gleicht der einer horizontalen Kopflast, allerdings hier in der vertikalen Überlagerung. Entsprechend der geometrischen Steifigkeit der an die Knotenpunkte angrenzenden Vertikalstäbe nehmen diese anteilsmäßig die Last auf, die Normalkraft steigt also an jedem Kreuzungspunkt schrittweise an (Abb. 11b und c).

Sind die Zwischenringe nicht wie in Abb. 11 an den Knotenpunkten angeordnet, sondern liegen dazwischen (Bauweise von Šuchov), werden die Stäbe zusätzlich durch Biegemomente beansprucht (siehe hierzu die weiteren Betrachtungen in den Kapiteln »Wechselwirkungen zwischen Form und Tragverhalten«, S. 50ff. und »NiGRES-Turm an der Oka«, S. 96ff.).

9  Drehwinkel und zugehörige Stabpaare, hellgrau hervorgehoben sind die am stärksten beanspruchten Zweibeine für eine Kopflast in x-Richtung.
10  Verteilung der vertikalen Auflagerkräfte über den Querschnitt bei unterschiedlichen Drehwinkeln und einer horizontalen Kopflast von 100 kN ($R_U$ = 5,0 m; $K_F$ = 2,0; n = 12; H = 12,5 m)
11  Einwirkung von horizontalen Knotenlasten: Belastung (a), Normalkraftverlauf und Auflagerkräfte (b), Normalkraftverlauf in den Zwischenringen, in Vergrößerung (c)

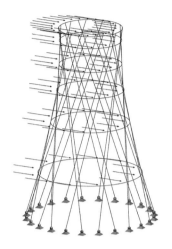

a

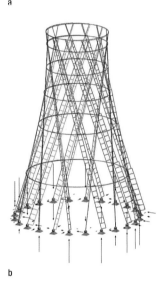

b

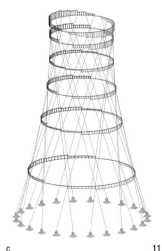

c

11

### Einfluss der Torsion

Sind die geradlinigen Erzeugenden des Hyperboloids aus Stahlwinkeln gefertigt, wie dies bei vielen von Šuchov realisierten Türmen der Fall ist, werden die Profile über ihre gesamte Länge tordiert (Abb. 12). Da die Profile typischerweise tangential an den unteren und oberen Ring angreifen, ist der Winkel der Stabverdrehung identisch mit dem Drehwinkel $\varphi$ der Erzeugenden des Hyperboloids. Für wölbfreie offene Winkel- oder U-Profile errechnet sich das aus der Stabverdrehung resultierende Torsionsmoment und die zugehörige Torsionsspannung nach den grundlegenden Saint-Venantschen Beziehungen zu:

$$M_T = \varphi \, \frac{\pi}{180} \, \frac{1}{L} \, G \, I_T \qquad\qquad (F\,16)$$

$$\tau = \frac{M_T \, t}{I_T} = \varphi \, \frac{\pi}{180} \, \frac{1}{L} \, G \, t \qquad\qquad (F\,17)$$

Der erste von Šuchov für die Allrussische Ausstellung in Nižnij Novgorod gebaute Turm z. B. weist folgende Werte auf: freie Stablänge im Raum: L = 2628 cm, $\varphi$ = 90°, Stabquerschnitt ∟ 7,5/7,5/1, 0 cm mit $I_T$ = 5 cm³. Aus den obigen Beziehungen leitet sich ein konstantes Stabmoment $M_T$ von 0,24 KNm und eine resultierende Schubspannung von 4,84 kN/cm² ab. In den Berechnungen wurde der Einfluss der Torsionseigenspannung ausgespart, da der Einfluss relativ gering ist. Es ist derzeit auch nicht belegt, ob die Stäbe bei der Montage in ihre Stellung gebracht wurden, oder ob sie bereits im Werk plastisch vorgeformt wurden.

### Theoretische Grundlagen zur Bestimmung der Grenztragfähigkeit

Druckbeanspruchte Stabwerke und Schalentragwerke müssen neben ihrem grundsätzlichen Tragverhalten auch auf ihr Stabilitätsverhalten hin untersucht werden. Aufgrund der meist sehr schlanken Abmessungen der Tragglieder ist Stabilitätsversagen öfter als Spannungsversagen bestimmend für die Grenzlast des Tragwerks. Seit Anfang der 1990er-Jahre ist eine Vielzahl von Publikationen erschienen, die sich mit der Stabilität und der Grenztragfähigkeit

von Gitterschalen bzw. Stabwerksschalen beschäftigen. In älteren Arbeiten finden sich häufig Ansätze, die versuchen, die Fragestellungen auf das Stabilitätsverhalten einer Kontinuumsschale zurückzuführen. [3] Dies hätte theoretisch den Vorteil, dass es möglich wäre, auf die umfangreiche Literatur zur Schalenstatik zurückzugreifen. Allerdings divergieren die verwendeten Methoden unterschiedlicher Autoren zur Verflächung des Stabwerks stark, ebenso wie die Ergebnisse, sodass sich diese Methodik nicht durchgesetzt hat. Die zunächst gemiedene Möglichkeit, Gitterschalen als komplexes Stabwerk in Gänze zu modellieren, ist aufgrund der zunehmenden verfügbaren Rechenleistung inzwischen das übliche Verfahren. Wegweisende Veröffentlichungen der letzten Jahre sind im Umfeld der Universität Stuttgart entstanden. Die Publikation »Untersuchungen zum Tragverhalten von Netzkuppeln« z. B. beschreibt grundlegende Problematiken und das prinzipielle Vorgehen des Ingenieurbüros schlaich bergermann und partner bei der Berechnung ihrer Stabwerksschalen. [4] Darauf aufbauend folgen mehrere Publikationen aus dem gleichen Umfeld, die das Vorgehen verfeinern und ergänzen. [5] Hervorzuheben ist außerdem die Dissertation von Jürgen Graf zur Berechnung von Translationsnetzschalen [6] sowie Arbeiten, die die entwickelte Methodik zur Berechnung von Stabwerksschalen auf Freiformflächen übertragen, wie z. B. die der neuen Messe in Mailand [7].

Das prinzipielle Vorgehen zur Bestimmung der Grenztragfähigkeit der hier durchgeführten Berechnungen und Parameterstudien orientiert sich an diesen Arbeiten und überträgt die etablierten Verfahren auf hyperbolische Stabwerke mit ihrer vergleichsweise höheren Gesamtsteifigkeit. Im Folgenden sollen die theoretischen Grundlagen für die statischen Berechnungen dargestellt werden.

### Spannungs- und Stabilitätsversagen

Die Beurteilung des Tragverhaltens von Stabwerksschalen oder räumlich komplexer Stabwerke erfolgt in der Regel mithilfe von Last-Verschiebungs-Diagrammen (L-V-Diagramme), bei denen die Last F bis zum Versagen bei Erreichen der Grenzlast $F_{krit}$ gesteigert wird. Je nach dem Verlauf der Last-Verschiebungs-Diagramme unterscheidet man Spannungs- und Stabilitätsversagen.

**12** Torsion der Winkelprofile, Wasserturm für die Allrussische Ausstellung in Nižnij Novgorod (RUS) 1896, am heutigen Standort in Polibino

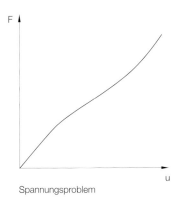

Spannungsproblem

a

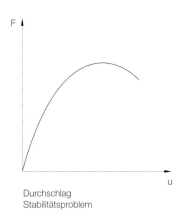

Durchschlag
Stabilitätsproblem

b

Verzweigung
Stabilitätsproblem

c

13

Daneben kann auch das Einzelstabknicken, also lokales Stabilitätsversagen, die erreichbare Grenzlast definieren (Abb. 13) [8].

*Spannungsproblem*
Falls jedem Lastniveau genau ein Verschiebungszustand zugeordnet werden kann, handelt es sich um ein Spannungsproblem. Nach Ekkehard Ramm [9] lassen sich entsprechend den Spannungs-Dehnungs-Linien drei charakteristische Fälle unterscheiden (Abb. 14):
a  System mit zunehmender Steifigkeit, z. B. eine membrangelagerte Platte unter Querlast
b  System mit abnehmender Steifigkeit, z. B. ein gezogenes Gummiband
c  Kombination aus a und b, z. B. eine sehr flache, nicht zu dünne Kugelschale

Bei Spannungsproblemen bestimmt das Erreichen der Materialfestigkeit die Grenzlast des Tragwerks.

*Stabilitätsproblem*
Im Gegensatz zum Spannungsproblem sind beim Stabilitätsproblem mehrere Gleichgewichtslagen zu einem Lastniveau möglich. Bei flächigen Stabwerken lassen sich drei verschiedene Arten von Stabilitätsversagen unterscheiden:

Einzelstabknicken
In diesem Fall versagt die Gitterschale bzw. das Stabwerk lokal durch das Knicken eines einzelnen, stark druckbeanspruchten Stabs, z. B. in Auflagernähe oder bei konzentrierter Lasteinleitung.

Knotendurchschlagen (lokale Stabilität)
Knotendurchschlagen bezeichnet das Versagen von Teilbereichen der Struktur aufgrund des Durchschlagens einzelner Knoten aus der Schalenmittelfläche, wodurch das System zumindest bereichsweise instabil wird. Die Struktur verliert in diesem Bereich an Steifigkeit, sodass es zu einer Änderung des Tragverhaltens und einer Umverteilung des Lastflusses kommt, der eventuell weitere Laststeigerungen zulässt.

In einzelnen Veröffentlichungen finden sich Ersatzmodelle für die Untersuchung lokaler Stabilität. [10] Hierbei werden Teilbereiche aus der Gitterschale herausgeschnitten und gesondert untersucht. Schwierigkeiten ergeben sich jedoch aus der Modellierung der Auflagerbedingungen. Die Steifigkeit der Reststruktur wird entweder vernachlässigt, wodurch das Modell wenig wirklichkeitsnah ist, oder deren Berechnung gestaltet sich durch die Modellierung der Randsteifigkeiten so aufwendig, dass die Vorteile einer Betrachtung des Teilsystems nicht mehr bestehen.

Beulen (globale Stabilität)
Unter Beulen versteht man das großwellige Stabilitätsversagen der Struktur in ihrer Gesamtheit.

Lineares Tragverhalten und Stabilitätsanalyse
Das Gleichgewicht eines diskretisierten Systems lässt sich allgemein beschreiben durch:

$$\underline{\underline{K}}\,\underline{u} = \underline{F}$$ (F 18)

$\underline{\underline{K}}$  Steifigkeitsmatrix
$\underline{u}$  Vektor der Knotenverschiebungen
$\underline{F}$  Vektor der äußeren Lasten

Durch Umformung kann das Gleichungssystem direkt gelöst werden. Die Knotenverschiebungen ergeben sich dann zu:

$$\underline{u} = \underline{\underline{K}}^{-1}\,\underline{F}$$ (F 19)

Das Gleichgewicht wird am unverformten System gebildet. Da die Systemsteifigkeit unabhängig vom Verschiebungszustand ist, die Abbildung also linear verläuft, lassen sich unterschiedliche Lastfälle überlagern.

*Lineare Eigenwertanalyse*
Stabilitätsversagen einer Struktur tritt dann auf, wenn einem bestimmten Lastniveau auf der Last-Verschiebungs-Kurve keine

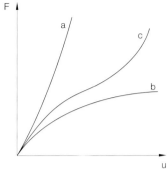

Last-Verschiebungs-Charakteristik

**14**

**13** charakteristische Last-Verschiebungskurven: Spannungsproblem (a), Durchschlag Stabilitätsproblem (b), Verzweigungsproblem (c)
**14** Last-Verschiebungs-Charakteristik von Systemen mit Spannungsproblemen
a System mit zunehmender Steifigkeit, wie z. B. eine membrangelagerte Platte unter Querlasl
b System mit abnehmender Steifigkeit, wie z. B. ein gezogenes Gummiband
c Kombination aus a und b wie z. B. eine sehr flache, nicht zu dünne Schale,
bei Spannungsproblemen bestimmt das Erreichen der Materialfestigkeit
die Grenzlast des Tragwerks.

eindeutige Lösung mehr zugeordnet werden kann. Am Verzwei-
gungspunkt gilt, dass neben dem Grundzustand des Gleichge-
wichts $u_g$ ein weiterer benachbarter Gleichgewichtszustand mit
dem gleichen Lastniveau und der Verschiebung $u_n$ existiert:

$$\underline{K} \cdot \underline{u}_g = \lambda \cdot F$$

$$\underline{K} \cdot \underline{u}_n = \lambda \cdot F \tag{F 20}$$

$$\underline{K} \cdot [\underline{u}_g - \underline{u}_n] = \underline{K} \cdot \Delta\underline{u} = 0 \tag{F 21}$$

Für die nicht triviale Lösung $\Delta u \neq 0$ gilt demnach:

$$\det (\underline{K}) = 0 \tag{F 22}$$

Für Stabilitätsanalysen muss die Steifigkeitsmatrix K um Anteile
erweitert werden, die die Grundverformung und den Belastungs-
zustand widerspiegeln. Die geometrische Steifigkeitsmatrix wird
durch die Gleichgewichtsbedingung am ausgelenkten System
mithilfe des Prinzips der virtuellen Verschiebungen ermittelt:

$$\underline{\underline{K}} = \underline{K}_e + \underline{K}_u + \underline{K}_g \tag{F 23}$$

$\underline{K}_e$ linear-elastische Steifigkeitsmatrix
$\underline{K}_u$ Anfangsverschiebungsmatrix
$\underline{K}_g$ geometrische Steifigkeitsmatrix

Wird der Zustand der Anfangsverschiebung vernachlässigt, vereinfacht sich die Systemsteifigkeit zu:

$$\underline{K} = \underline{K}_e + \underline{K}_g \tag{F 24}$$

Das Eigenwertproblem ergibt sich dann zu:

$$[\underline{K}_e + \lambda \cdot \underline{K}_g] \cdot \Phi = 0 \tag{F 25}$$

Die Lösung der Gleichung liefert als kleinsten Eigenwert den kriti-
schen Lastfaktor $\lambda_k$ und damit die kritische Last $F_{krit} = \lambda_k \cdot F$. Der zu
$\lambda_k$ gehörende Eigenvektor $\Phi$ bestimmt die Form der Beulfigur.

Dieses Verfahren wird als klassische lineare Stabilitätsuntersu-
chung bezeichnet.

### Nichtlineares Tragverhalten und Stabilitätsanalyse

Im Fall von geometrisch nichtlinearem Verhalten können sowohl
die Systemsteifigkeit als auch die Lasten vom Verschiebungszustand abhängen. Gleichung F 18 erweitert sich damit zu:

$$\underline{K}(\underline{u})\, \underline{u} = \underline{F}(\underline{u}) \tag{F 26}$$

Da beide Seiten der Gleichung von der Belastungsgeschichte
abhängen, muss die Lösung schrittweise ermittelt werden. Zur
Lösung nichtlinearer Gleichungssysteme unterscheidet man allgemein zwischen inkrementellen, iterativen und inkrementell-itera-
tiven Verfahren. Inkrementelle Verfahren erhöhen die Belastung
stufenweise und nehmen für jeden Lastschritt ein lineares Verhalten
an. Allerdings summiert sich der durch diese Näherung entstandene Fehler mit steigender Anzahl von Lastschritten. Deswegen
sind rein inkrementelle Verfahren zur Lösung von nichtlinearen
Problemen nicht akzeptabel. Im Gegensatz dazu bringen iterative
Verfahren die Belastung in einem einzigen Schritt auf und bestimmen den Verschiebungsvektor durch Iteration. Dieses Verfahren
benötigt jedoch häufig viele Iterationsschritte. Darüber hinaus ist
es unmöglich, nicht eindeutige Lösungen, die von der Belastungsgeschichte abhängen, wiederzugeben (z. B. das Durchschlagprob-
lem beim Schalenbeulen). Aus diesen Gründen haben sich in der
Praxis inkrementell-iterative Verfahren etabliert. Hierbei wird die
Belastung stufenweise aufgebracht und nach jedem Lastschritt
eine Iteration mit einem numerischen Verfahren durchgeführt. [11]
Neben den lastgesteuerten Verfahren kann es auch sinnvoll sein,
die Last-Verformungs-Kurve weggesteuert oder über das Bogen-
längenverfahren zu berechnen. Nur mit diesen Verfahren lassen
sich genauere Aussagen über das Nachbeulverhalten von Schalentragwerken ermitteln. Da Untersuchungen zum Nachbeulverhalten
für die vorliegende Arbeit nicht von Interesse waren und diese Verfahren bei der verwendeten Software nicht zur Verfügung standen,
sollen sie hier nicht näher erläutert werden.

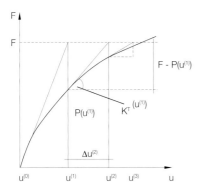

a

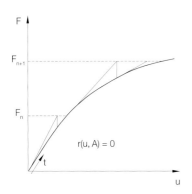

b                                    15

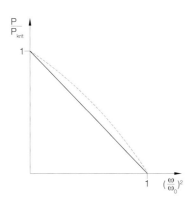

16

## Newton-Raphson-Verfahren

Eines der am häufigsten bei Finite-Elemente-Programmen verwendeten Verfahren zum Lösen von nichtlinearen Finite-Elemente-Gleichungen ist das lastgesteuerte Newton-Raphson-Verfahren. [12] Es basiert auf der Aufstellung der Tangentenmatrix $K_T$, die aus einer Taylorreihen-Entwicklung ermittelt wird. Gegenüber anderen Verfahren zeichnet es sich durch eine sehr schnelle Konvergenz aus und ist die Grundlage für viele weitere Gleichungslöser. Das zu lösende Gleichungssystem lautet:

$$\underline{\underline{K}}(\underline{u}) \cdot \underline{u} - \underline{F} = 0 \qquad\qquad\text{(F27)}$$

Die Linearisierung von F27 erfolgt durch die Entwicklung einer Taylorreihe, wobei Terme höherer Ordnung vernachlässigt werden. Für den k-ten Iterationsschritt ergibt sich so:

$$(\underline{\underline{K}}(\underline{u}) \cdot \underline{u})^{(k-1)} - \underline{F} + \left(\frac{d\,(\underline{\underline{K}}(\underline{u}) \cdot \underline{u})}{d\,\underline{u}}\right)^{(k-1)} \cdot \Delta\underline{u}^k = \underline{0} \qquad\text{(F28)}$$

Wird die Tangentensteifigkeit über

$$\underline{\underline{K}}_T(\underline{u}^{(k-1)}) = \left(\frac{d\,(\underline{\underline{K}}(\underline{u}) \cdot \underline{u})}{d\,\underline{u}}\right)^{(k-1)} \qquad\qquad\text{(F29)}$$

als die Steifigkeit des vorhergehenden Lastschritts definiert, so erhält man:

$$\underline{\underline{K}}_T(\underline{u}^{(k-1)}) \cdot \Delta\underline{u}^k = \underline{F} - \underline{P}(\underline{u}^{(k-1)}) \qquad\qquad\text{(F30)}$$

Die rechte Seite dieser Gleichung gibt die »Ungleichgewichts-kräfte« an, also diejenigen Kräfte, um die das System im (k-1)-ten Iterationsschritt vom Gleichgewicht abweicht. Der Vektor der inneren Kräfte im Iterationsschritt (k-1) wird ausgedrückt durch:

$$\underline{P}(\underline{u}^{(k-1)}) = (\underline{\underline{K}}(\underline{u}) \cdot \underline{u})^{(k-1)} \qquad\qquad\text{(F31)}$$

Aus F30 lässt sich das Verschiebungsinkrement ermitteln, sodass sich der neue Verschiebungszustand als

$$\underline{u}^{(k)} = \underline{u}^{(k-1)} + \Delta\underline{u}^{(k)} \qquad\qquad\text{(F32)}$$

ergibt. Die Iteration wird so lange wiederholt, bis das Verschiebungsinkrement $\Delta u_k$ eine Abbruchschranke unterschreitet. Das klassische Newton-Raphson-Verfahren wird in der Praxis oft als inkrementell-iteratives Verfahren eingesetzt, so auch bei den im Rahmen dieser Arbeit durchgeführten Berechnungen, in denen die Belastung schrittweise erhöht wurde (Abb. 15b).

## Nichtlineare Stabilitätsanalyse

Bei der nichtlinearen Berechnung wird der Durchschlagspunkt erreicht, wenn die Tangentensteifigkeit den Wert null erlangt, also am Scheitel der L-V-Kurve (Abb. 13b, S. 40). Durch eine weitere Laststeigerung kann hier kein Gleichgewicht mehr gefunden werden, die Berechnung kann an dieser Stelle nicht mehr konvergieren. Daher ergibt sich die Traglast aus der Belastung des letzten konvergierten Iterationsschritts. Die zur Bestimmung der Beulform notwendigen Knotenverschiebungen ergeben sich im Gegensatz zur linearen Beulanalyse nicht direkt aus der Berechnung. Es besteht allerdings ein direkter Zusammenhang zwischen der Belastung und der Eigenfrequenz eines Systems – so wie sich auch der Ton einer Saite je nach Spannung verändert. Um nun die Form der Beulfigur zu ermitteln, bietet sich die Interaktionsbeziehung von Stanley Dunkerley an, die das Verhältnis von Eigenfrequenz und Belastung von Systemen ausdrückt, deren Schwingungs- und Beulform zueinander affin sind. Aus diesem Bezug ergibt sich der Zusammenhang von Schwingungsform und kritischer Last (Abb. 16). Die Eigenfrequenz unter der Belastung aus dem letzten konvergierten Iterationsschritt ist nahezu null. Aus der Modalanalyse der mit der Traglast belasteten Struktur ergibt sich auf diese Weise die entsprechende Beulform.

Schwieriger ist das Auffinden von Verzweigungspunkten. Um diese nicht zu übersehen, muss nach jedem Lastschritt eine nachlaufende Eigenwertanalyse mit der aktuellen nichtlinearen Systemsteifigkeit angehängt werden. Der Schnittpunkt der L-V-Kurve mit dem Verlauf der kritischen Last aus der Eigenwertanalyse bildet in diesem Fall die Grenzlast (Abb. 13c, S. 40).

## Imperfektionen

Tragwerke können in der Praxis nicht in der idealisierten Plangeometrie errichtet werden. Die Abweichungen zwischen dem ausgeführten Tragwerk und den Sollabmessungen und Sollzuständen werden als Imperfektionen bezeichnet. Allgemein unterscheidet man:

- geometrische Imperfektionen
- strukturelle Imperfektionen

Unter geometrischen Imperfektionen werden Abweichungen von der Sollgeometrie und unplanmäßige Außermittigkeiten des Lastangriffs zusammengefasst. Zu den strukturellen Imperfektionen zählen beispielsweise durch Walzen oder Schweißen bedingte Eigenspannungen oder auch Werkstoffinhomogenitäten. Laut DIN 18800 sind für die statischen Nachweise geometrische Ersatzimperfektionen anzusetzen, die den Einfluss der geometrischen und strukturellen Imperfektionen simulieren. Im zweiten Teil der DIN 18800, »Stahlbauten. Stabilitätsfälle; Knicken von Stäben und Stabwerken«, finden sich Ersatzimperfektionen für Stäbe, Rahmen, Fachwerke und Bogentragwerke. Nach DIN 18800-2 [13] sind die entsprechenden Imperfektionen so anzusetzen, dass sie sich der zum niedrigsten Knickeigenwert gehörenden Verformungsfigur möglichst gut anpassen. Des Weiteren sind sie in ungünstigster Richtung anzusetzen. Für planmäßig gerade Stäbe und Stabwerke unterscheidet DIN 18800-2 Vorkrümmungen und Vorverdrehungen. Diese sind jedoch aufgrund der räumlichen Komplexität nicht auf die hier untersuchten hyperbolischen Stabwerke übertragbar. Der vierte Teil der Norm, »Stabilitätsfälle; Schalenbeulen«, lässt sich nicht auf Gitterschalen übertragen, da er nicht mit Ersatzimperfektionen arbeitet, sondern mit reduzierten Beulspannungen für die Kontinuumsschalen. Für die hyperbolischen Stabwerke, die im Grenzbereich von Schale und Stabwerk angesiedelt sind, ist es deswegen nicht trivial, geeignete Ersatzimperfektionen zu finden.

—— ideale Struktur ---- imperfekte Struktur

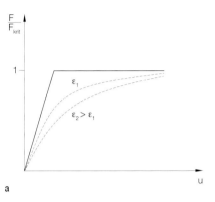

a

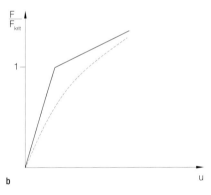

b

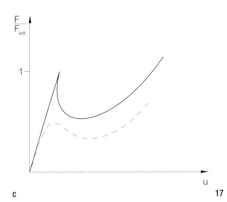

c

17

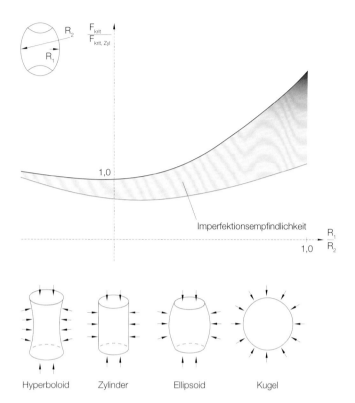

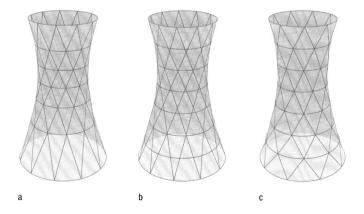

| Hyperboloid | Zylinder | Ellipsoid | Kugel |

**18**

18  Imperfektionsempfindlichkeit unterschiedlicher Schalentragwerke unter konstantem Außendruck
19  drei Varianten unterschiedlich vernetzter einschaliger Hyperboloide (a–c)
20  schematische Darstellung der Lastabtragung von horizontal auf das Gitter einwirkenden Knotenkräften
    a Abtragung der Last primär über Normalkräfte in den Ringen und Aufteilung in die Vertikalen nach geometrischer Steifigkeit
    b Beanspruchung der Vertikalen durch Biegemomente
    c Abtragung der Last über Normalkräfte in den Ringen und Vertikalen

| a | b | c |

**19**

### Wahl und Größe der Imperfektionsform

Wie stark die Traglast durch das Vorliegen von Imperfektionen abfällt, ist im Allgemeinen nicht exakt vorhersehbar, da dies neben der Grundgeometrie des Stabwerks bzw. der Schale auch von Art und Größe der Imperfektionsfigur abhängt. Es gilt daher, die Imperfektion zu finden, die zur kleinsten aufnehmbaren Traglast des jeweiligen Systems führt (Abb. 17, S. 43). Im Gegensatz zum Knickstab ist bei Schalentragwerken die maßgebliche Imperfektionsform nicht notwendigerweise affin zur ersten Beuleigenform. Der Suche und Wahl der ungünstigsten Imperfektionsform kommt deshalb eine besondere Bedeutung zu.

Bei der Berechnung von Gitterschalen hat sich inzwischen das folgende Verfahren durchgesetzt: Üblicherweise wird die zum niedrigsten Eigenwert gehörende Beuleigenform oder Kombinationen aus dieser und höheren Eigenwerten als maßgebende Imperfektionsform verwendet. Wird diese Verschiebung nun entsprechend skaliert auf das System aufgeprägt, wird das System forciert, in seine schwächste Lage auszuweichen. In selteneren Fällen, in denen die ersten Eigenwerte nahe zusammenliegen, kann es auch vorkommen, dass höhere Beuleigenformen oder Kombinationen aus diesen zu niedrigeren Traglasten führen. [14] Frühere Untersuchungen zum Stabilitätsverhalten von Stabwerksschalen, deren Imperfektionsfiguren auf Verformungsfiguren basieren, überschätzen die Traglast hingegen deutlich.

Es bietet sich an, für die Größe der Skalierung auf die Richtwerte der DIN 18800-2 zurückzugreifen. Orientiert man sich an den geometrischen Ersatzimperfektionen für eingespannte Bögen, so ergeben sich für Querschnitte der Knickspannungslinie c (Winkelprofile, Vollquerschnitte) L/400 in Bogenebene bzw. L/200 senkrecht zur Bogenebene. Bei räumlicher Belastung sind die Imperfektionen nur in einer, nämlich der ungünstigsten Richtung anzusetzen. In einigen Quellen wird die maximale Verschiebung auf 50 mm festgelegt, da davon auszugehen ist, dass eine Imperfektion dieser Größe mit dem bloßen Auge sichtbar ist und somit vermeidbar wäre. [15] Bei Stabwerken mit geraden Erzeugenden, wie den hier untersuchten hyperbolischen Stabwerken, erscheint diese Hypothese angemessen. Die Beuleigenform wird üblicherweise mithilfe der Maximumnorm skaliert und als Verschiebung spannungslos auf das System aufgetragen.

Die richtige Wahl der Imperfektionsgröße wird maßgeblich von der Versagensform bestimmt. Liegt globales Stabilitätsversagen mit großwelligen Verformungsmustern vor, so ist es sinnvoll, den Maximalwert als Bruchteil der Spannweite festzulegen. Bei Durchschlagproblemen hingegen, bei denen lokal begrenzt sehr große Verformungen auftreten, würden Spannweitenverhältnisse zu unrealistisch großen Lageabweichungen der einzelnen Stabelemente führen. In diesem Fall ist eine kleinere Skalierung vorzuziehen. Sicherheitshalber sollte anfangs stets von globalem Stabilitätsversagen ausgegangen werden. Zeichnet sich lokales Stabilitätsversagen ab, kann in einem zweiten Schritt mit verringerten Imperfektionen die Untersuchung wiederholt werden. [16] Laut DIN 18800-2 muss ferner die Steifigkeit von stabilitätsgefährdeten Systemen verringert werden, in dem der E-Modul durch $\gamma_M = 1{,}1$ dividiert wird.

*Zusammenhang zwischen Form und Imperfektionsempfindlichkeit*

Die Imperfektionsempfindlichkeit, also die Auswirkung der Formabweichungen auf die Traglast der Schale, hängt grundsätzlich auch von der Art der Gaußschen Krümmung K ab. Die Studie »Instability Behavior of Single Layer Reticulated Shells« stellt die Imperfektionsempfindlichkeiten von vier verschiedenen Schalentypen in Abhängigkeit des Verhältnisses ihrer Hauptkrümmungsradien ($R_1/R_2$) dar. [17]

Die Untersuchung zeigt die Grenzlasten $F_{krit}$ der von konstantem Außendruck belasteten Schalen im Vergleich zur Zylinderschale $F_{krit, zyl}$. Es zeigt sich, dass für Schalen mit positiver Gaußscher Krümmung die Grenzlast $F_{krit}$ der perfekten Geometrie zwar steil ansteigt, gleichzeitig aber die Imperfektionsempfindlichkeit überproportional zunimmt (Abb. 18). Für Schalen mit negativer Gaußscher Krümmung wie z. B. das einschalige Hyperboloid ist die Zunahme der Traglast der perfekten Geometrie hingegen vergleichsweise moderat, die Minderung der Traglast durch Imperfektionen jedoch mit zunehmender negativer Krümmung sehr gering, sodass die Traglasten der imperfekten Geometrien bei entsprechenden Proportionsverhältnissen wieder ähnlich sind. Die Gegenkrümmung der antiklastischen Flächen bewirkt also ein weniger ausgeprägtes Beulverhalten.

## Parameterstudien an unterschiedlich vernetzten Hyperboloiden

Für die Untersuchungen zum Tragverhalten werden im Folgenden drei unterschiedliche Vernetzungsvarianten vorgestellt: Zwischenringe an den Kreuzungspunkten, die Bauweise von Vladimir Šuchov und die Stabwerksschale (Abb. 19).

### Zwischenringe an den Kreuzungspunkten (Variante 1)

Bei der ersten Variante sind die Zwischenringe an den Kreuzungspunkten der Geraden angeordnet. Neben den oberen und unteren Ringen müssen bei dieser Variante die Zwischenringe biegesteif ausgeführt werden, um eine Kinematik der Struktur zu verhindern (Abb. 20 a). Horizontale Punktlasten, die auf die Knotenpunkte einwirken, teilen die Zwischenringe gemäß ihrer geometrischen Steifigkeit auf die darunterliegenden Dreiecksmaschen auf.

### Bauweise von Vladimir G. Šuchov (Variante 2)

Bei der von Šuchov realisierten Bauweise sind die Zwischenringe mit gleichen vertikalen Abständen über die Höhe angeordnet, unabhängig von der Lage der Kreuzungspunkte (Abb. 20 b). Neben einer biegesteifen Ausführung der oberen und unteren Ringe sowie der Zwischenringe sind in diesem Fall auch biegesteife Vertikalstäbe erforderlich, um eine Kinematik der Struktur zu verhindern.

### Stabwerksschale (Variante 3)

Bei der dritten untersuchten Variante sind die Vertikalstäbe nicht entlang der Erzeugenden des Hyperboloids orientiert. Die Zwischenringe sind gleichmäßig über die Höhe verteilt, die Kreuzungspunkte gegenüber der unteren Lage jeweils gleichmäßig versetzt. Dadurch ergeben sich an jedem Knoten Neigungswechsel der angrenzenden Stäbe (Abb. 20 c). Die doppelte Krümmung der Oberfläche des einschaligen Hyperboloids ist in diesem Fall also auch in der aufgelösten, vernetzten Struktur vorhanden. Durch

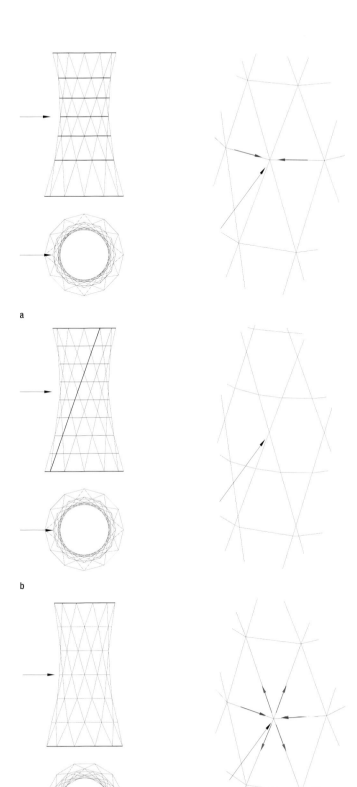

a

b

c

20

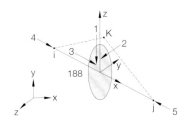

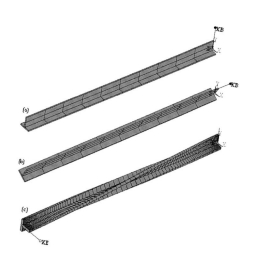

21     Balkenelement Beam 188 und Querschnittsorientierung
22     Stabquerschnitte und -anordnung der drei untersuchten Varianten
23     Mehrlagigkeit der Konstruktion, Anordnung der Gelenke am inneren Rand
         der Zwischenringe
24     Stabwerksmodell in Ansys, Anordnung der Gelenke am inneren Rand der
         Zwischenringe
25     Vergleich der linearen und nichtlinearen Grenzlastuntersuchungen am
         Beispiel der Variante 2 ($K_F$ = 1,0; ZR = 10; n = 24; $\varphi$ = 90°)

| | Variante 1 | Variante 2 | Variante 3 |
|---|---|---|---|
| Querschnitt der vertikalen Stäbe [mm] | L 120/120/12 | L 120/120/12 | Vollprofil Ø 60 |
| Querschnitt der Zwischenringe [mm] | L 80/80/10 | L 80/80/10 | Vollprofil Ø 60 |
| Querschnitt des oberen Rings [mm] | 2× L 120/120/12 | 2× L 120/120/12 | Vollprofil Ø 60 |
| Anordnung der Stäbe | mehrlagig | mehrlagig | in einer Ebene |
| Auflager am Fußpunkt | eingespannt | eingespannt | eingespannt |

22

diese Anordnung ließe sich die Variante auch mit Fachwerkstäben, die an den Knoten gelenkig gestoßen sind, realisieren. In dem Fall sind nur biegesteife Ringe an den Rändern erforderlich, um die zuvor erwähnten dehnungslosen Verformungen der Struktur zu unterbinden.

**Grundlagen der Parameterstudien**
Um tiefer gehende Kenntnisse über die Einflüsse der verschiedenen Entwurfsparameter zu erlangen, wurden umfangreiche Parameterstudien durchgeführt. Ihre Ergebnisse werden im Kapitel »Wechselwirkungen zwischen Form und Tragverhalten« (S. 50ff.) diskutiert. Im Folgenden wird auf die Modellbildung der drei Varianten eingegangen.

Finite-Elemente-Berechnung
Das verwendete Programm Ansys erlaubt es, im sogenannten Batch-Modus die Berechnungen der Parameterstudien mithilfe von in der programmeigenen Objektsprache Ansys Parametric Design Language (APDL) verfassten Textdateien zu steuern. Durch die Kombination von parametrisierter Eingabe und Schleifenoperationen ist die Variation der Entwurfsparameter steuerbar.
Für die Modellierung der Stabwerke wurden linienförmige Elemente des Typs Beam 188 verwendet, der auf der Balkentheorie von Timoshenko basiert und somit den Einfluss von Schubverformungen berücksichtigt. Die Elemente werden im Raum über die Start- und Endpunkte i und j definiert, die jeweils über drei Translations- und Rotationsfreiheitsgrade verfügen. Ein zusätzlicher dritter Knoten k definiert die Richtung der z-Achse und kann beispielsweise eine etwaige Verdrehung des Querschnitts über die Stablänge abbilden (Abb. 21). Die Geometrie und Lage der einzelnen Knotenpunkte wurden mithilfe der Geradengleichungen aus dem Kapitel »Geometrie des Stabnetzes« (S. 31) ermittelt. Die numerischen Berechnungen erfolgten physikalisch und geometrisch linear sowie nichtlinear mit dem Programm Ansys. Die nichtlinearen Berechnungen erfolgten lastgesteuert; hierbei wurde die Belastung in Schritten von 1/1000 der linearen ermittelten Traglast aufgebracht. Für die Stabnachweise ist das Verfahren Elastisch-Elastisch in Übereinstimmung mit der DIN 18800-1 zugrunde gelegt.

Modellbildung und Stabanordnung
Die Finite-Elemente-Modelle für die drei unterschiedlichen Varianten sind so programmiert, dass sich die für die Geometrie erforderlichen Entwurfsparameter leicht variieren lassen.

*Abmessungen*
Die Höhe wurde für alle untersuchten Typen auf 25 m festgelegt und nicht variiert. Der untere Ringradius beträgt in der Regel 5 m, der obere Radius variiert. Der Quotient aus unterem und oberem Radius wurde als Proportionalitätsfaktor $K_F$ definiert. Ebenso wurden Stabzahl n, Drehwinkel $\varphi$ und die Anzahl der Zwischenringe variiert.

*Material*
Bei allen untersuchten Varianten wurde Baustahl der Stahlgüte S 235 für die Modellierung der Querschnitte verwendet. Zumindest die bei früheren Türmen von Šuchov verwendeten Stahlsorten

verfügen nachweislich über ähnliche mechanische Eigenschaften wie S235. Für die hier vorgestellten Ergebnisse wurde ein linear-elastisches Materialmodell verwendet:

$E = 210\,000\ \text{N/mm}^2$
$\nu = 0,3$
$\rho = 7,85 \times 10^{-6}\ \text{kg/mm}^3$

### Stabquerschnitte

Für die Modellierung des ersten und zweiten Typs wurden Querschnitte angenommen, die Šuchov bei vergleichbaren Wassertürmen eingesetzt hat. Aufgrund der Durchgängigkeit der Vertikalstäbe wurde bei diesen Typen die Mehrlagigkeit der Konstruktion berücksichtigt. Bei der Modellierung des dritten Typs hingegen wurden Kreisvollprofile mit 60 mm Durchmesser verwendet, die in einer Ebene angeordnet sind, an den Knotenpunkten also gestoßen werden.

### Freiheitsgrade

Bei allen drei Varianten sind die Stäbe am Fußpunkt eingespannt und die Stäbe am oberen Ring biegesteif angeschlossen (Abb. 25).

### Varianten 1 und 2

Analog zur Ausbildung der Knotenpunkte bei Šuchov sind die Vertikalen an den Kreuzungspunkten biegesteif miteinander verbunden. An den Kreuzungspunkten wird die Verbindung der exzentrisch angeordneten Stäbe mittels beidseitig eingespannten Stabelementen aus Kreisvollprofilen (Durchmesser 60 mm) abgebildet. Diese bilden auch den Übergang von den Vertikalstäben zu den innen liegenden Zwischenringen. Die Verbindung der vom Vertikalstab auskragenden Elemente ist am Zwischenring gelenkig ausgeführt – bei den Šuchovschen Türmen ist der Zwischenring meist mit einer Schraube an der Kragkonsole befestigt (Abb. 23).

### Variante 3

Die Stäbe sind an den Knotenpunkten biegesteif angeschlossen. Eine Untersuchung der Einspannwirkung an den Stabenden erfolgt in Abb. 23 (S. 59).

### Lastannahmen

Die Modelle wurden getrennt auf ihr Stabilitätsverhalten unter vertikaler Last und einer Kombination aus vertikaler und horizontaler Belastung untersucht.
Für die Untersuchung rein vertikaler Lasten wurde eine Kopflast von 100 kN auf das System aufgebracht und auf die oberen Stabenden gleichmäßig verteilt. Bei den Berechnungen wurde das Eigengewicht der Struktur vernachlässigt, da vergleichende Berechnungen ergaben, dass der hieraus resultierende Fehler je nach Geometrie variiert und im Extremfall 1,3 % beträgt, im Schnitt jedoch unter 0,5 % liegt und somit vernachlässigbar ist. [18]
Da bei der linearen und nichtlinearen Stabilitätsanalyse alle Lasten mit dem Eigenwert skaliert werden, waren die horizontalen Einwirkungen ins Verhältnis zu den vertikalen Lasten zu setzen. Für die Untersuchung der kombinierten vertikal-horizontalen Lastfallkombination wurde deshalb die Horizontallast als 5 % der Vertikallast definiert und ebenfalls gleichmäßig am oberen Ring auf die Stabenden

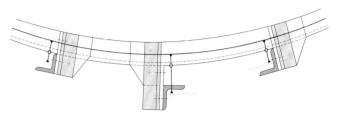

**23**

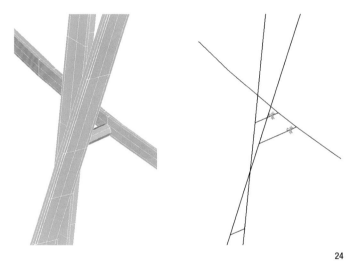

**24**

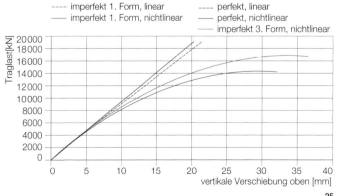

**25**

Statik und Berechnungsverfahren

verteilt. Dies entsprach bei einem beispielhaft untersuchten Turm der auf das Wasserreservoir einwirkenden Windkraft. Für die vertikale Traglast war fast ausschließlich Stabilitätsversagen ausschlaggebend; Spannungsprobleme hingegen traten bei schlanken Turmabmessungen unter einer kombinierten vertikalen und horizontalen Belastung auf und wurden hierbei für die Traglast bestimmend.

### Wahl der Imperfektionen bei den Traglastermittlungen

Für die Berechnungen wurden sowohl lineare als auch nichtlineare Traglastermittlungen durchgeführt, jeweils zweistufig an der perfekten und der imperfekten Geometrie.

Um die Imperfektionsform zu wählen, wurden die Auswirkungen von unterschiedlichen Beuleigenformen untersucht. Es zeigte sich allerdings, dass bei den Berechnungen stets die erste Eigenform zu den geringsten Traglasten führte. Die zweite Eigenform entspricht in der Regel der ersten um 90° gedreht und führt somit zur selben Traglast. Imperfektionsformen, die auf höheren Beuleigenformen beruhen, führten durchwegs zu größeren Traglasten.

Bei der linearen Beulanalyse verminderte sich die Traglast durch das Aufbringen der Imperfektionen um 5 bis 10% gegenüber der perfekten Geometrie. Die linearen Berechnungen fanden Anwendung, um bei der großen Anzahl unterschiedlicher Formparameter auf schnelle Weise die Auswirkungen auf die Traglast abzuschätzen. Des Weiteren wurden für ausgewählte Bereiche und für die Analyse der von Šuchov gebauten Wassertürme nichtlineare, lastgesteuerte Traglastberechnungen durchgeführt. Nach dem Berechnen der Traglast der perfekten Geometrie fand die Ermittlung der entsprechende Beulfigur mittels einer Modalanalyse der durch die Traglast beanspruchten Struktur statt; dies entspricht nach der Interaktionsbeziehung von Stanley Dunkerley der ersten Beuleigenform. Die skalierte Verformung wurde wie im linearen Fall auf die perfekte Geometrie aufgeprägt. In einem zweiten Schritt erfolgte dann die Bestimmung der realen Traglast der imperfekten Struktur. Beim Vergleich der linearen und nichtlinearen Berechnungen fällt auf, dass die Traglast für die perfekte Geometrie in beiden Fällen gleich ist (Abb. 25, S. 47); die Verläufe liegen exakt übereinander. Bei der imperfekten Geometrie ist indes die nichtlineare Traglast

deutlich geringer. Während die Abminderungen bei der linearen Berechnung bei maximal 10%, meist sogar deutlich darunter liegen, betragen diese bei der nichtlinearen Berechnung im Allgemeinen ca. 25%.

### Vorgehen bei der Traglastermittlung

Den Berechnungen liegt ein rein elastisches Materialmodell zugrunde. Unter Traglast wird in dieser Arbeit daher stets die elastische Grenzlast verstanden, ohne eine eventuelle Laststeigerung durch Lastumlagerungen im plastischen Bereich zu berücksichtigen. Die Ermittlung der maßgeblichen elastischen Traglast für den Stabilitätsfall erfolgt sowohl bei der linearen als auch bei der nichtlinearen Berechnung nach folgenden Schritten:

- Modellierung der perfekten Struktur mit dem Finite-Elemente-Programm Ansys
- Ermittlung der Beullast $P_{k1}$ auf linearem Wege oder Ermittlung der nichtlinearen Last-Verschiebungs-Kurve bis zur Grenzlast $P_{k1}$
- Ermittlung der Eigenwerte und der Eigenformen im Traglastzustand
- Normierung und Skalierung der Beuleigenformen; in der Regel wurde die erste Form verwendet und auf 50 mm skaliert
- Erzeugung der imperfekten Struktur
- Ermittlung der Beullast $P_{k2}$ der imperfekten Struktur auf linearem Wege oder Ermittlung der nichtlinearen Last-Verschiebungs-Kurve bis zur Traglast $P_{k2}$
- Ermittlung der Eigenformen auf direktem Wege bei der linearen Berechnung oder mithilfe der Modalanalyse des letzten konvergierten Lastschritts

Um bei der großen Anzahl von Berechnungen die hierfür benötigte Zeit zu minimieren, wurden den meisten Untersuchungen lineare Traglastanalysen zugrunde gelegt. Für ausgewählte Bereiche der Parameterstudien und bei den Traglastermittlungen der von Šuchov gebauten Türme kamen nichtlineare Berechnungen zum Einsatz.

**26** NiGRES-Turm an der Oka, Übergang vom dritten zum vierten Segment, Dserschinsk (RUS) 1929

# Wechselwirkungen zwischen Form und Tragverhalten

In diesem Kapitel werden die Ergebnisse der Parameterstudien vorgestellt, die die Einflüsse der einzelnen Formparameter auf das Tragverhalten erläutern. Die theoretischen und rechentechnischen Grundlagen wurden im Kapitel »Grundlagen der Parameterstudien« (S. 46ff.) bereits dargelegt. Einige Teilergebnisse basieren auf der Masterarbeit »Einfluss der Formparameter auf das Tragverhalten hyperbolischer Stabwerke« [1], die bereits im Artikel »Form und Tragverhalten hyperbolischer Gittertürme« publiziert wurden [2].

## Vergleich von Kreizylinderschale und Rotationshyperboloid

Um das Stabilitätsverhalten hyperbolischer Gitterstrukturen besser bewerten zu können, werden einfache Kontinuumsmodelle von Zylinderschalen mit drei unterschiedlichen Rotationshyperboloiden verglichen. Die qualitative Untersuchung soll Aussagen über die Eignung des einschaligen Hyperboloids zum Abtragen vertikaler Lasten liefern. Die vier unterschiedlichen Schalen haben eine Wandstärke von 50 mm und werden ohne besondere Ausbildung des oberen Rands modelliert. Die Modelle sind 25 m hoch, der Radius beträgt oben und unten 5 m; die Lagerung am Fußpunkt ist gelenkig ausgebildet.
Für eine vertikale Kopflast von 100 kN werden die kritischen Lastfaktoren zunächst linear ermittelt. Die in Abb. 1 dargestellten Ergebnisse zeigen, dass die ungestörte Zylinderschale die höchsten Traglasten aufweist. Sind die Modelle allerdings mit Imperfektionen behaftet, macht sich die antiklastische Krümmung der Hyperboloide positiv bemerkbar. Die Abminderung der Traglast wird mit zunehmender negativer Gaußscher Krümmung geringer. Bei moderaten Einschnürungen sind die Traglasten der imperfekten Hyperboloide größer als bei den imperfekten Zylinderschalen, wie das Beispiel eines Hyperboloids mit φ = 60° zeigt.
Aufgrund des günstigen Stabilitätsverhaltens von antiklastischen Schalentragwerken – untersucht und aufgezeigt z.B. von Victor Gioncu und Nicolae Balut (Abb. 18, S. 44) [3] – werden Naturzugkühltürme als einschalige Hyperboloide geformt. Durch die geringere Beulgefährdung sind hier deutlich dünnere Wandstärken als bei Zylinder- oder kegelstumpfartigen Schalen möglich.

## Vernetzungsvariante 1: Zwischenringe an Kreuzungspunkten

Bei dieser Vernetzungsvariante sind die Zwischenringe (ZR) stets auf der Höhenlage der Schnittpunkte der Erzeugenden angeordnet. Im Gegensatz zu der von Šuchov realisierten Variante 2 sind die Abhängigkeiten hier besonders klar ablesbar und nicht durch Mischeffekte überlagert.

### Einfluss des Drehwinkels φ

Für die Drehwinkel φ des ersten Vernetzungstyps wurden Vielfache des Radiantenwinkels ψ verwendet, sodass jeweils zwei Stabenden am oberen Rand zusammentreffen. Abb. 5 zeigt eine Übersicht der Beulformen des ersten Vernetzungstyps, bei dem die Zwischenringe in den Höhenlagen der Erzeugenden-Schnittpunkte angeordnet sind. Bei einem kleinen Drehwinkel (φ = 30°) werden die freien Stablängen durch die geringe Anzahl an Schnittpunkten – und damit horizontalen Ringen – sehr groß. Einzelstabknicken um die schwache Hauptachse bestimmt hier die Traglast. Mit zunehmendem Drehwinkel nimmt die Anzahl der Schnittpunkte zu und die freien Stablängen ab: Die Struktur wird steifer. Das Versagen tritt nunmehr nicht mehr lokal, sondern flächig auf. Der optimale Bereich liegt für $K_F$-Werte zwischen 1,0 und 2,0 bei Drehwinkeln zwischen 90 bis 120°; hier sind die Traglasten etwa vier Mal so hoch wie bei sehr kleinen oder sehr großen Drehwinkeln. Bei noch größeren Drehwinkeln nimmt zwar die Anzahl der Schnittpunkte weiterhin zu, da sich diese aber zur Mitte hin verdichten, werden die freien Stablängen an den Enden wieder länger; die Traglast nimmt ab. In Abb. 2 ist außerdem zu erkennen, dass die Traglasten für $K_F$-Werte, die größer als 1,0 sind, abnehmen. Dies ist darauf zurückzuführen, dass die Erzeugenden-Schnittpunkte bei einem kleineren oberen Ringdurchmesser weiter nach oben rücken, die freien Stablängen sich also vergrößern. Auch bei einer zusätzlich wirkenden Horizontallast liegt der günstigste Bereich bei Drehwinkeln um 105°, wie die gestrichelten Verläufe der Abbildung zeigen.

## Vernetzungsvariante 2: Bauweise von Vladimir G. Šuchov

Im Gegensatz zum ersten Vernetzungstyp sind die horizontalen Zwischenringe bei dieser von Šuchov gebauten Variante mit stets

| | Zylinderschale $\varphi = 0°$ | Hyperboloid $\varphi = 60°$ | Hyperboloid $\varphi = 90°$ | Hyperboloid $\varphi = 120°$ |
|---|---|---|---|---|
| perfekte Geometrie | 7,853 | 7,842 | 5,664 | 4,389 |
| imperfekte Geometrie | 6,226 | 7,640 | 5,549 | 4,342 |
| Abminderung | 20,21 % | 2,56 % | 2,04 % | 1,09 % |

1

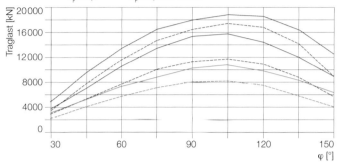

$\varphi = 0°$  $\varphi = 60°$  $\varphi = 90°$  $\varphi = 120°$

$\varphi = 30°$  $\varphi = 45°$  $\varphi = 60°$  $\varphi = 75°$

3

$\varphi = 90°$  $\varphi = 105°$  $\varphi = 120°$  $\varphi = 135°$  $\varphi = 150°$

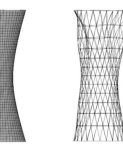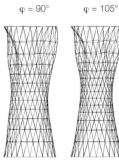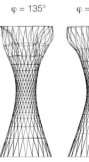

4

5

1  Vergleich der kritischen Lastfaktoren der perfekten und imperfekten Geometrie von unterschiedlich gekrümmten Kontinuumschalen (linear ermittelt)
2  Variante 1: Traglasten in Abhängigkeit von φ, linear berechnet
3  Vergleich der Beulfiguren unterschiedlicher Kontinuumsschalen
4  untersuchte Kontinuumsschalen (v. li. n. re.): Zylinderschale, einschaliges Hyperboloid mit 60°, 90° und 120°
5  linear-linear ermittelte Beulformen der Variante 1 in Abhängigkeit von φ ($R_U$ = 5 m; $K_F$ = 1,0; n = 24)

gleichem vertikalem Abstand und unabhängig von den Kreuzungspunkten der Erzeugenden angeordnet.

### Einfluss des Drehwinkels φ

Werden wie beim ersten Vernetzungstyp die Drehwinkel für eine vorgegebene Anzahl von Zwischenringen und Stäben variiert, lassen sich Optima herauslesen, die für $K_F$-Werte zwischen 1,0 und 2,0 ebenfalls im Bereich zwischen 90 und 120° liegen. Aufgrund der gleichmäßig angeordneten Zwischenringe sind die Verläufe jedoch deutlich flacher als zuvor, da Einzelstabknicken durch die Reduzierung der freien Stablängen bei sehr kleinen oder großen Drehwinkeln nicht mehr ausschlaggebend ist. Trotzdem weisen diese Drehwinkelbereiche immer noch eine deutlich geringere Traglast auf als der Bereich zwischen 90 und 120° – ein Beleg für den Einfluss der Kreuzungspunkte auf die Systemsteifigkeit.

Die Verläufe des zweiten Vernetzungstyps sind deutlich diskontinuierlicher als bei der ersten Variante. Da der Drehwinkel φ unabhängig vom Radiantenwinkel ψ gesteigert werden kann, fallen zwei Stabenden am oberen Rand nicht immer zusammen. Nur wenn der Drehwinkel ein Vielfaches von ψ ist, ergeben sich dreieckige Maschen am oberen Rand; anderenfalls bilden sich trapezförmige Maschen, die einen weicheren Rand verursachen. Dies ist ein Grund für die linear berechneten sägezahnartigen Verläufe der Traglastkurven in Abb. 6a. Zusätzlich ergeben sich aus der Überlagerung unterschiedlicher Einflüsse Mischeffekte. So fallen zum Beispiel bei einem Drehwinkel φ von 105° die Stabenden am oberen Rand zwar zusammen, allerdings bewirkt in diesem Fall das ungünstigere Zusammentreffen von Zwischenringen und Erzeugenden-Schnittpunkten eine geringere Traglast als bei 90° oder 120°.

### Nichtlineare Berechnungen

Aufbauend auf den zweistufig linear berechneten Traglasten wurden nichtlineare Berechnungen durchgeführt. Werden die Traglasten in Abhängigkeit vom Drehwinkel auf diese Weise berechnet, liegen die optimalen Werte ebenfalls im Bereich von 90 bis 120°. Der Verlauf der Traglastkurven ist ähnlich wie im linearen Fall, allerdings sind sie hier deutlich kontinuierlicher (Abb. 6b).

Der Einfluss der Imperfektionen wird bei der nichtlinearen Berechnung sichtbar. Während bei der linearen Berechnung die Traglast der imperfekten Geometrie gegenüber der ungestörten auf ca. 95% abfällt, ist die Abminderung der Traglast bei nichtlinearer Berechnung gravierender. In Abb. 8 sind die Verhältnisse zwischen der nichtlinear perfekt und imperfekt berechneten Struktur aufgetragen. Im Durchschnitt beträgt die Abminderung 20–30%.

Obwohl nach den Ergebnissen der Variante 1 anzunehmen wäre, dass die Traglast für ansteigende $K_F$-Werte sinkt, ist bei der linearen Berechnung bereits zu erkennen, dass die Ergebnisse von $K_F = 2,0$ zwar am geringsten ausfallen, die Traglasten sich im Falle von $K_F = 1,0$ und $K_F = 1,5$ allerdings überlappen und teilweise bei $K_F = 1,5$ sogar höher liegen. In der nichtlinearen Berechnung zeigt sich dies noch deutlicher. Dies lässt sich u. a. dadurch begründen, dass für größere $K_F$-Werte, also kleinere obere Radien, die Stab-

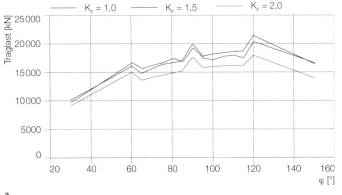

a

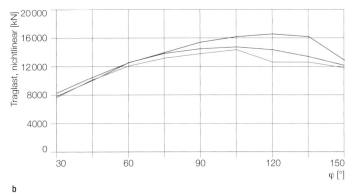

b

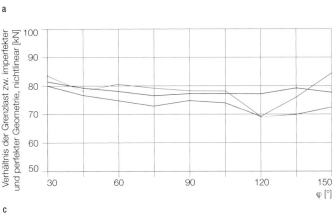

c

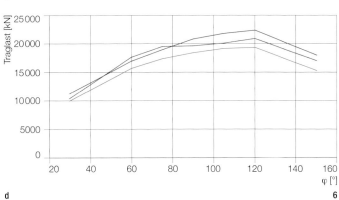

d

6

neigung gegenüber der Vertikalen abnimmt. Die Stabkräfte verringern sich somit für eine gegebene vertikale Belastung. Andererseits wird der untere Bereich durch die weiter oben gelegenen Kreuzungspunkte weicher, weswegen bei $K_F = 2{,}0$ die Traglasten wieder niedriger sind. Eindeutige Aussagen sind hier schwierig, da sie zu stark von der jeweiligen Konfiguration abhängen.

### Einfluss des Drehwinkels φ mit biegesteifen Zwischenringanschlüssen

Bei den anderen hier untersuchten Varianten sind, wie im Kapitel »Modellbildung und Stabanordnung« (S. 46f.) erläutert, die Anschlüsse der Vertikalstäbe an die Zwischenringe – wie bei Šuchov üblich – gelenkig modelliert. Im Vergleich dazu wird hier eine biegesteife Ausbildung der Anschlüsse untersucht. Für die linearen Berechnungen ergeben sich die Grenzlasten gemäß Abb. 6d; die Verläufe sind insgesamt kontinuierlicher als bei der oben gezeigten Variante mit gelenkigen Anschlüssen. Die Grenzlasten liegen im Vergleich 6 bis 16 % höher; im Mittel ergibt sich eine signifikante Steigerung von etwa 10 %.

### Einfluss der Radiengrößen

Mit zunehmender Größe der Radien nimmt für die rein vertikale Belastung die Traglast ab. Dies gilt unabhängig von den Radienverhältnissen für alle $K_F$-Werte. Bei kleinen Radien nimmt die Beulfigur eine ovale oder dreieckige Form in den einzelnen Höhenlagen ein. Im Gegensatz dazu werden bei größeren Radien die Versagensfiguren zunehmend kleinwelliger, die Systemsteifigkeit sinkt. Abb. 7 zeigt beispielhaft die Beulfiguren für drei unter-

7

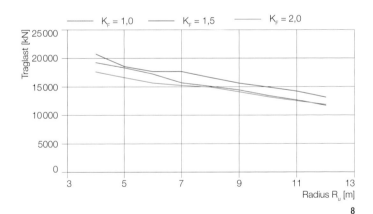

8

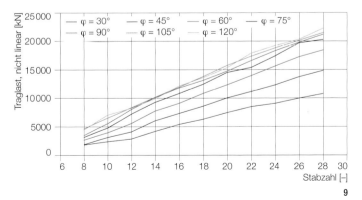

9

6  Variante 2 ($R_U = 5{,}0$ m, ZR = 10, n = 24)
   a  Traglasten in Abhängigkeit von φ, linear berechnet
   b  Traglasten in Abhängigkeit von φ, nichtlinear berechnet
   c  Verhältnisse der Traglasten zwischen perfekter und imperfekter Geometrie, nichtlinear berechnet
   d  Traglasten in Abhängigkeit von φ, steife Zwischenringanschlüsse, linear berechnet
7  Beulfiguren für $R_U = 3{,}0$ m; 5,0 m und 9,0 m; $K_F = 1{,}0$; φ = 90°
8  Variante 2 (ZR = 10; n = 24; φ = 90°):
   Traglasten in Abhängigkeit von $R_U$ für verschiedene $K_F$-Werte, linear berechnet
9  Variante 2: Traglasten in Abhängigkeit der Stabpaaranzahl
   ($R_U = 5{,}0$ m; $K_F = 1{,}0$; ZR = 10)

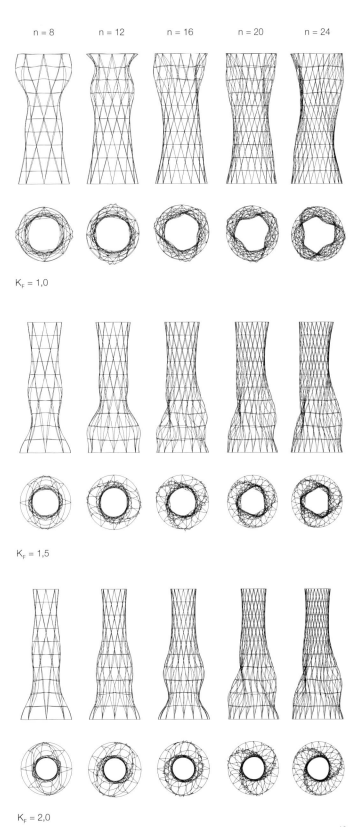

n = 8    n = 12    n = 16    n = 20    n = 24

$K_F = 1{,}0$

$K_F = 1{,}5$

$K_F = 2{,}0$

**10**

schiedliche Radien bei sonst gleichen Randbedingungen. Die Abnahme der vertikalen Traglast für zunehmende Radiengrößen gilt unabhängig von den gewählten Drehwinkeln φ (Abb. 8, S. 53).

### Einfluss der Stabpaare n

Für die von Šuchov gebaute Vernetzungsvariante wurden zudem die Einflüsse der Stabzahl und der Zwischenringe auf die Traglast untersucht. Abb. 9 (S. 53) zeigt die Traglasten in Abhängigkeit von der Anzahl n der Stabpaare. Durch die Erhöhung der Stabzahl und die damit zusammenhängende Vergrößerung der Querschnittsflächen nimmt erwartungsgemäß auch die Traglast zu. Allerdings flacht die Kurve bei höheren Stabzahlen leicht ab, da von einem bestimmten Punkt an die Zwischenringe keine weiteren Stabilisierungslasten mehr aufnehmen können. Abb. 10 stellt die Beulformen für variierende Stabzahlen bei konstantem Drehwinkel dar.
Um eine bessere Aussage über die Effizienz der Strukturen treffen zu können, wird in Abb. 13 das Verhältnis aus Traglast und Masse an der Ordinate angetragen. Bei mehr als 20 Stabpaaren ist keine nennenswerte Steigerung des Traglast/Masse-Verhältnisses mehr zu erkennen; die Gewichtszunahme erfolgt im etwa gleichen Verhältnis wie die Steigerung der Traglast.

### Einfluss der Anzahl der Zwischenringe

Bei der Erhöhung der Anzahl der Zwischenringe steigt auch die Traglast kontinuierlich an – ein Abflachen der Kurve ist in diesem Fall nicht zu erkennen (Abb. 14a). Vergleicht man wie zuvor die Anzahl der Zwischenringe mit dem Traglast/Masse-Verhältnis, so ist ein konstantes leichtes Ansteigen der Verläufe in Abb. 14b zu erkennen. Eine Aussage über ein Optimum ist hier also nicht möglich. Da die Ringe verhältnismäßig leicht sind, lässt sich mit ihnen ohne großen Mehraufwand eine signifikante Erhöhung der Traglast erreichen.

### Einfluss der Steifigkeit der Zwischenringe

Besondere Bedeutung kommt der Steifigkeit der Zwischenringe zu. In den Berechnungen wurde hierbei die Größe des Winkelprofils der Zwischenringe von 10 bis 300 % gegenüber der Größe der Vertikalstäbe (∟ 120/120/12 mm) variiert. Die Berechnungen zeigen, dass sich mit zunehmender Zwischenringgröße die Traglasten signifikant erhöhen. Dies gilt generell für unterschiedliche Drehwinkel und $K_F$-Werte. Bei einer Zwischenringanzahl von zehn ist im Fall von $K_F = 1{,}0$ eine Steigerung ab einer Verdoppelung der Größe des Winkelprofils nicht mehr möglich. Ab diesem Punkt wird das Versagen der Struktur nicht mehr durch das globale Beulen der Struktur (Abb. 11) bestimmt, sondern durch ein gleichsinniges Verdrillen der Vertikalstäbe. Die steifen Ringe rotieren in diesem Fall mit, wie in Abb. 12 deutlich zu erkennen ist; ihre Form behalten sie jedoch bei. Dies gilt ebenso für den Fall $K_F = 2{,}0$. Hier wird dieser Versagenspunkt und damit der plateauartige Bereich der Grenzlast schon bei einer 1,4-fachen Größe des Vertikalstabprofils erreicht. In den Diagrammen ist der Bereich grau hervorgehoben, in denen sich die von Šuchov verwendeten Zwischenringgrößen bewegen (Abb. 15). In der Regel beträgt ihre Querschnittshöhe $h_{Ring}$ 50–75 % der Querschnittshöhe der Vertikalstäbe $h_{Stab}$. Wie im Kapitel »Modellbildung und Stabanordnung« (S. 46f.) aufgezeigt, werden in

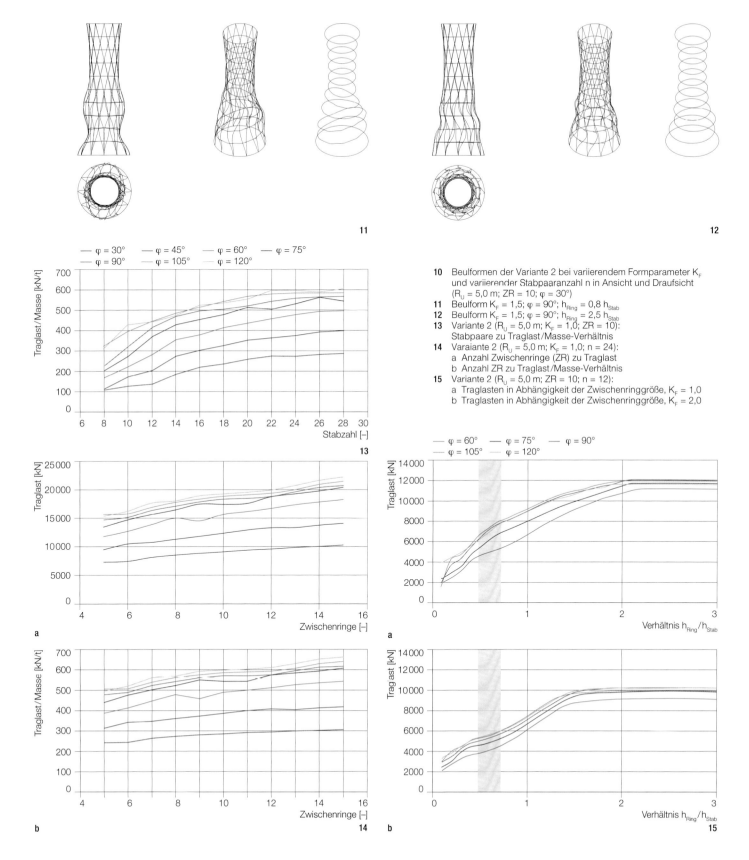

**11**

**12**

10 Beulformen der Variante 2 bei variierendem Formparameter $K_F$ und variierender Stabpaaranzahl n in Ansicht und Draufsicht ($R_U$ = 5,0 m; ZR = 10; φ = 30°)
11 Beulform $K_F$ = 1,5; φ = 90°; $h_{Ring}$ = 0,8 $h_{Stab}$
12 Beulform $K_F$ = 1,5; φ = 90°; $h_{Ring}$ = 2,5 $h_{Stab}$
13 Variante 2 ($R_U$ = 5,0 m; $K_F$ = 1,0; ZR = 10): Stabpaare zu Traglast/Masse-Verhältnis
14 Varaiante 2 ($R_U$ = 5,0 m; $K_F$ = 1,0; n = 24): a Anzahl Zwischenringe (ZR) zu Traglast b Anzahl ZR zu Traglast/Masse-Verhältnis
15 Variante 2 ($R_U$ = 5,0 m; ZR = 10; n = 12): a Traglasten in Abhängigkeit der Zwischenringgröße, $K_F$ = 1,0 b Traglasten in Abhängigkeit der Zwischenringgröße, $K_F$ = 2,0

— φ = 30°  — φ = 45°  — φ = 60°  — φ = 75°
— φ = 90°  — φ = 105°  — φ = 120°

**13**

— φ = 60°  — φ = 75°  — φ = 90°
— φ = 105°  — φ = 120°

a

a

b

**14**

b

**15**

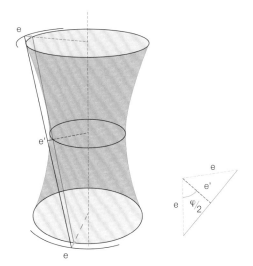

den Traglastberechnungen der Variante 2 regulär Winkelprofile (L 80 / 80 / 10 mm) verwendet, deren Größe zwei Drittel der Vertikalstabgröße beträgt – Profile also, die typischerweise bei diesen Bauwerken Verwendung fanden. Betrachtet man die Verläufe, so wird ersichtlich, dass sich durch steifere Zwischenringe eine beträchtliche Steigerung der Traglast hätte erreichen lassen (Abb. 15, S. 55). Die Ergebnisse machen weiterhin deutlich, dass bei der Verwendung von steifen Zwischenringen das erreichbare Lastniveau nahezu unabhängig von den Drehwinkeln ist. Bei den üblicherweise in Variante 2 verwendeten Zwischenringprofilen zeigen sich klare Abhängigkeiten zwischen Traglast und Drehwinkel, die zuvor dargestellt wurden. Eine möglichst große und gleichmäßig über die Höhe verteilte Anzahl von Kreuzungspunkten liefert die besten Ergebnisse. Die für die Systemsteifigkeit maßgebliche Rolle der Kreuzungspunkte tritt jedoch mit zunehmender Steifigkeit der Zwischenringe in den Hintergrund, die Traglasten nähern sich weitestgehend an.

**16 Einfluss der Mehrlagigkeit**

Bei der von Šuchov gebauten Variante sind wie bereits erläutert die beiden Stabscharen exzentrisch in zwei Ebenen angeordnet. Hierdurch entsteht eine leichte Abweichung von der Sollgeometrie, die sich dadurch ergibt, dass eine erzeugende Gerade, die an Stabanfang und -ende mit dem Abstand e normal zu den Begrenzungsringen verschoben wird, an der Taille nur noch den Abstand e' zur ursprünglichen Lage aufweist (Abb. 16). Der maximale Differenzbetrag Δ zwischen Sollgeometrie und neuer Stablage errechnet sich somit zu

$$\Delta = e \, (1 - \cos(\varphi/2)) \qquad \text{(F 01)}$$

Da bei den von Šuchov realisierten Türmen die Exzentrizität zwischen den beiden Scharen konstant gehalten wird, folgen die Stäbe nicht mehr exakt der parallel verschobenen Erzeugenden. In der Folge weisen die Stäbe über die Länge eine leichte Krümmung auf, die zu – wenn auch geringen – Versatzmomenten führt. Hierdurch wird die Grenzlast mit zunehmender Stabexzentrizität gemindert (Abb. 18).
Die Größe der Stabexzentrizität nimmt mit dem Drehwinkel zu, die Abnahme der Grenzlast ist also für alle Drehwinkel zu verzeichnen. Allerdings sind bei höheren Drehwinkeln die Auswirkungen auf die Grenzlast geringer, da die Struktur – bedingt durch eine höhere Anzahl an Kreuzungspunkten – eine größere Steifigkeit aufweist.

**Einfluss einer zusätzlich angreifenden Horizontallast**

Wird die Struktur durch eine Kombination aus Vertikallast und einem Horizontallastanteil von 5 % am oberen Ring beansprucht, hängt die Versagensart stark von der Geometrie ab. Während in den bisher untersuchten Parameterstudien unter einer reinen Vertikallast fast ausschließlich Beulversagen für die Traglast der Struktur bestimmend war, ist bei dieser Lastkombination vielfach das Erreichen der Fließgrenze ausschlaggebend. Ist Beulversagen bestimmend, so tritt dieses nicht mehr flächig über den Umfang der Struktur verteilt auf, sondern lokal auf der Druckseite (Abb. 17). Das Auftreten von Spannungsversagen wird vor allem bei kleinen Radien maßgeblich, bedingt durch den geringeren inneren Hebel-

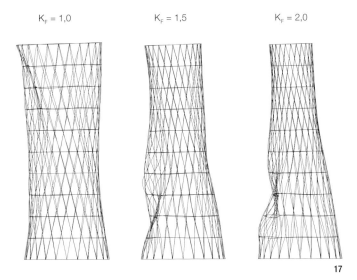

$K_F = 1{,}0$       $K_F = 1{,}5$       $K_F = 2{,}0$

**17**

arm der Struktur. Während bei sonst gleichen Randbedingungen im Fall von $R_U = 5{,}0$ m primär Beulversagen relevant ist, ist bei einem Radius von $R_U = 3{,}0$ m der Einfluss von Spannungsversagen klar zu erkennen (Abb. 19a und b). Darüber hinaus ist die Anzahl der Zwischenringe für die Versagensart relevant. Steigt ihre Anzahl weiter an, versteifen sie die Struktur derart, dass die Stäbe bis zur Fließgrenze belastet werden und damit der Einfluss des Spannungsversagens auf die Traglast zunimmt. Der Bereich des günstigsten Drehwinkels liegt für alle $K_F$-Werte wie auch bei der zuvor untersuchten reinen Vertikallastbeanspruchung zwischen 90 und 120°.

## Zusammenfassung der Ergebnisse von Variante 2

Zusammenfassend lassen sich für die Variante 2, der Bauweise von Šuchov mit in gleichmäßigen vertikalen Abständen angeordneten Zwischenringen, folgende Abhängigkeiten ermitteln:

- Der günstigste Bereich des Drehwinkels $\varphi$ liegt für alle $K_F$-Werte ebenfalls zwischen 90 und 120°. Dies gilt sowohl für vertikale als auch für vertikal-horizontale Lasteinwirkungen.
- Für die den Untersuchungen zugrunde gelegten Querschnitte ist damit der Drehwinkelbereich besonders günstig, bei dem eine möglichst große Anzahl von Kreuzungspunkten möglichst gleichmäßig über die Höhe der Struktur verteilt ist.
- Eine alternative biegesteife Ausbildung der Zwischenringanschlüsse an die Vertikalstäbe erhöhte die Traglast um etwa 10 %.
- Im Gegensatz zu Variante 1 sind die Traglasten für $K_F$-Werte von 1,5 in der Regel höher als bei $K_F = 1{,}0$, bedingt durch die geringere Stabneigung gegenüber der vertikalen Achse.
- Durch die Erhöhung der Stabzahl nimmt auch die Traglast zu. Allerdings lässt sich unter den zugrunde liegenden Randbedingungen das Traglast/Masse-Verhältnis ab etwa 16 Stabpaaren nicht weiter steigern.
- Die Erhöhung der Anzahl der Zwischenringe ermöglicht sowohl eine kontinuierliche Erhöhung der Traglast als auch eine stetige Steigerung des Traglast/Masse-Verhältnisses.
- Werden die Querschnitte der Zwischenringe vergrößert, ist eine signifikante Erhöhung der Traglast möglich. Im Vergleich zu der hier untersuchten Ausgangssituation beträgt die Steigerung mehr als 100 %.
- Bei großer Zwischenringsteifigkeit tritt die sonst für die Traglast maßgebliche Anzahl der Kreuzungspunkte in den Hintergrund. Die erreichbaren Traglasten nähern sich an, unabhängig vom Drehwinkel.
- Der Einfluss der Mehrlagigkeit macht sich durch die aufgezwungene Abweichung von der Geraden leicht nachteilig bemerkbar.

## Vernetzungsvariante 3: Diskretisierung zur Stabwerksschale

Bei dieser Vernetzungsvariante folgen die Vertikalstäbe nicht der Leitlinie des Hyperboloids, sondern sind so angeordnet, dass sie mit den Zwischenringen ein homogenes Netz aus Dreiecken bilden. Am Fuß der Struktur sind die Maschen gleichseitig, woraus sich der vertikale Abstand der Zwischenringe ergibt, der über die Höhe der Struktur konstant bleibt. In der Folge sind die höher liegenden Maschen gleichschenklig und werden zur Taille hin spitzwinkliger. Im Gegensatz zu den vorherigen Vernetzungsvarianten sind die Stäbe in diesem Fall nicht mehrlagig angeordnet, sondern an den Knotenpunkten zentrisch gestoßen.

16 durch Mehrlagigkeit erzwungene Exzentrizität
17 Variante 2: Versagensformen bei zusätzlich wirkender Horizontallast in negativer x-Richtung ($R_U = 5{,}0$ m; ZR = 10; n = 24; $\varphi = 75°$)
18 Variante 2: Traglasten in Abhängigkeit der Stabexzentrizität ($R_U = 5{,}0$ m; $K_F = 1{,}0$; ZR = 5; n = 24)
19 Variante 2: Traglasten in Abhängigkeit von $\varphi$ mit 5 % Horizontallast
a $R_U = 3{,}0$ m; ZR = 10; n = 24
b $R_U = 5{,}0$ m; ZR = 10; n = 24

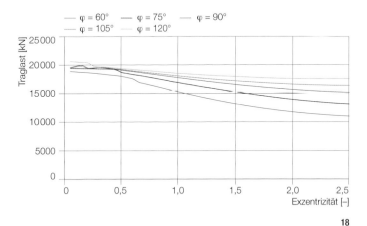

18

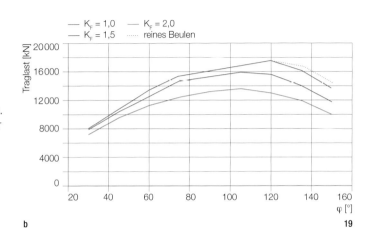

a

b

19

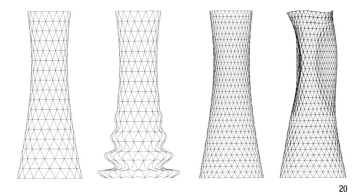

**20**

## Einfluss der Stabzahl auf die Traglast

Der Vorteil der dritten Vernetzungsart liegt in den leichten Richtungsänderungen, die die vertikalen Stäbe an jedem Knotenpunkt erfahren. Diese ermöglichen die Lastabtragung von horizontal auf das Gitternetz auftreffenden Einwirkungen primär über Normalkräfte. Somit kommt die Tragwirkung dieses Vernetzungstyps der einer zweisinnig gekrümmten Stabwerksschale am nächsten. Aufgrund der Vernetzung wäre dieser Typ auch mit gelenkig gelagerten Stäben realisierbar, solange der obere Ring biegesteif ausgeführt wird. Die Varianten 1 und 2 wären in diesem Fall kinematisch. Allerdings erfordert diese Geometrie ein Stoßen der Stäbe in jedem Knoten, was den Montageaufwand signifikant erhöht.

Wie Abb. 20 zeigt, versagt das System bei einer geringen Stabzahl durch Einzelstabknicken. Bei einer größeren Stabzahl und damit engeren Maschenweite indes versagt die Struktur flächig durch globales Beulversagen. Die Beulform ist dann mit der einer entsprechenden Kontinuumsschale vergleichbar. In Abb. 21a lässt sich der Übergang vom Einzelstabknicken zum globalen Versagen an dem markanten Knick erkennen, der im gewählten Beispiel bei 28 Stabpaaren liegt. Ab diesem Punkt ist die globale Beulform zum ersten Mal weicher als die dem Einzelstabknicken entsprechende Form. Das zugehörige Traglast/Masse-Verhältnis zeigt, dass ab diesem Punkt keine weitere Steigerung der Wirtschaftlichkeit der Struktur mehr möglich ist (Abb. 21b).

## Einfluss der Knotensteifigkeit auf die Traglast

Da die Stäbe bei dieser Variante alle in einer Ebene liegen und an einem Knoten gestoßen werden, kommt der Steifigkeit der Anschlüsse besondere Bedeutung zu. Bei den vorangegangenen Berechnungen wurde eine biegesteife Ausbildung der Knotenpunkte angenommen. Da diese in der Praxis jedoch meist mit einer gewissen Nachgiebigkeit behaftet sind, stellt sich die Frage nach der korrekten Simulierung der Knotenpunktsteifigkeit. Wie bereits erwähnt, ließe sich Variante 3 theoretisch auch aus reinen Fachwerkstäben konstruieren, die nur um ihre Längsachse gehalten sind. Die andere Grenze stellt eine 100 % biegesteife Einspannung der Stäbe am Knoten dar. Zwischen diesen beiden Polen bewegt sich die reale Situation. Die reduzierte Steifigkeit der Knoten lässt sich durch Drehfedern abbilden, allerdings ist dieses Verfahren bei räumlichen Strukturen sehr aufwendig. Eine alternative Methode arbeitet mit einer Reduktion des Stabquerschnitts im Knotenbereich. [4] Analog zu diesem Verfahren werden die Stäbe der Variante 3 nun in jeweils sechs Teilbereiche untergliedert und den Randelementen ein variabler Radius zugewiesen. Während der volle Stabquerschnitt eine biegesteife Randausbildung darstellt, können durch kleine Querschnittsradien nahezu gelenkige Anschlüsse simuliert werden.

Über das Ersatzsystem eines beidseitig eingespannten Trägers (Abb. 24) unter Gleichlast werden nun für abgeminderte Radien die entsprechenden Einspannmomente und die daraus resultierenden Knotensteifigkeiten ermittelt (Abb. 25). Für eine Turmstruktur mit $R_U$ = 5,0 m, $K_F$ = 1,5, $\varphi$ = 50° und 32 Stabpaaren wurden beispielhaft die Versagensformen berechnet. Die maximale Stablänge (bei Variante 3 also der maximale Abstand zwischen zwei Knoten) beträgt in diesem Fall ca. 1 m. Bei den Beulformen in Abb. 22 ist zu erkennen, dass mit abnehmender

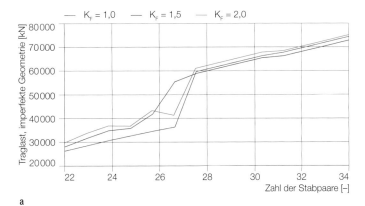

a

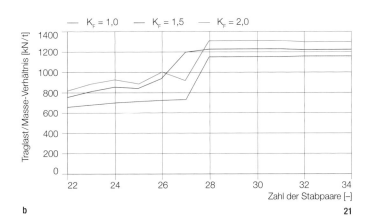

b

**21**

Knotensteifigkeit die Anzahl der Beulen zunimmt; ein Verhalten, das sich auch bei Kontinuumsschalen mit sich verringernder Materialdicke beobachten lässt.

In Abb. 23 sind die Traglasten in Abhängigkeit von der relativen Knotensteifigkeit angetragen. Für einen mit Variante 3 zu bauenden Turm kann man nun, nachdem in einem Modellversuch die reale Steifigkeit der Knotenausbildung ermittelt wurde, die Abminderung der Traglast der biegesteifen Struktur abschätzen.

### Zusammenfassung und Vergleich der Ergebnisse

Für die Untersuchung der Zusammenhänge und Wechselwirkungen zwischen Form und Tragverhalten von hyperbolischen Stabwerken wurde die Oberfläche eines einschaligen Hyperboloids auf drei unterschiedliche Weisen vernetzt. Bei Variante 1 sind die Zwischenringe an den Kreuzungspunkten der Vertikalstäbe angeordnet; bei Variante 2, die Vladimir Šuchov für seine Turmkonstruktionen verwendet hat, sind die Zwischenringe in gleichmäßigen vertikalen Abständen über die Höhe des Tragwerks verteilt. Variante 3 unterscheidet sich grundlegend von den beiden ersten: Hier sind die Zwischenringe in gleichmäßigen vertikalen Abständen angeordnet und die Knotenpunkte zwischen zwei Höhenlagen versetzt, sodass sich ein gleichförmiges Netz aus gleichschenkligen Maschen ergibt (Abb. 19, S. 44).

Vergleicht man die Ergebnisse der Grenzlasten von Variante 1 und 2, so fällt auf, dass Šuchov durch die gleichmäßige Anordnung von Zwischenringen deutlich höhere Grenzlasten erreicht. Besonders signifikant wirken sie sich bei höheren $K_F$-Werten aus. Die Bereiche der statisch günstigsten Drehwinkel $\varphi$ liegen bei beiden Varianten zwischen 90 und 120°, und zwar sowohl für vertikale Lasten als auch für vertikal und horizontal wirkende Lastkombinationen.

Um die Ökonomie der untersuchten Systeme beurteilen zu können, bietet sich ein Vergleich der unterschiedlichen Traglast/Masse-Verhältnisse an. Allgemein gültige Aussagen sind hier aufgrund der Vielzahl von Parametereinflüssen zwar schwierig, grundsätzliche Tendenzen lassen sich aber erkennen. In einer Beispielrechnung wurde das erreichbare Traglast/Masse-Verhältnis des Typs 2 als Basis angenommen. Der erste Vernetzungstyp erzielte 77 %, der dritte 170 % dieses Werts. Bezieht man die Knotensteifigkeit bei der Betrachtung mit ein, relativieren sich die Vorteile der dritten Variante allerdings deutlich; ab einer relativen Knotensteifigkeit von 70 % ist der Materialaufwand der Varianten 2 und 3 wieder vergleichbar.

Die Frage nach der materialsparendsten Variante hängt primär von der jeweiligen Aufgabenstellung ab: Bei sehr hohen Lasten und einer entsprechend großen Anzahl erforderlicher Stäbe ist die dritte

22

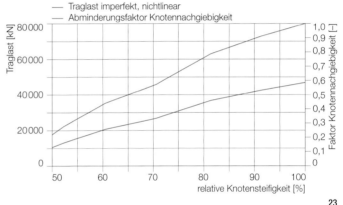

— Traglast imperfekt, nichtlinear
— Abminderungsfaktor Knotennachgiebigkeit

23

1 kN/m

Randelement
R variabel

Mittelelement
R = 30 mm

Randelement
R variabel

24

**20** Beulfiguren des dritten Vernetzungstyps mit 18 bzw. 32 Stabpaaren ($R_U = 5,0$ m; $K_F = 1,5$; $\varphi = 90°$)
**21** Variante 3 ($R = 5,0$ m; $\varphi = 60°$)
  a Traglasten in Abhängigkeit von der Stabzahl
  b Traglast/Masse-Verhältnis in Abhängigkeit von der Stabzahl
**22** Beulformen bei 100 % (li.) und 43 % (re.) Knotensteifigkeit
**23** Variante 3: Traglast nichtlinear in Abhängigkeit von der Knotensteifigkeit
**24** Modell für die Berechnung der reduzierten Randsteifigkeit
**25** Einspannmomente und relative Knotensteifigkeiten in Abhängigkeit des Radius für Stablänge l = 0,995 m ($R_U = 5,0$ m; $K_F = 1,5$; n = 32; $\varphi = 50°$)

| Faktor Radius [–] | Radius [mm] | $I_P$ [cm⁴] | Einspannmoment [kNm] | $I_P$ [%] | rel. Knotensteifigkeit [%] |
|---|---|---|---|---|---|
| 0,10 | 3,00 | 0,013 | 0,34 | 0,01 | 42,874 |
| 0,20 | 6,00 | 0,204 | 0,35 | 0,16 | 43,131 |
| 0,30 | 9,00 | 1,031 | 0,35 | 0,81 | 44,224 |
| 0,40 | 12,00 | 3,258 | 0,38 | 2,56 | 47,032 |
| 0,50 | 15,00 | 7,953 | 0,42 | 6,25 | 52,381 |
| 0,60 | 18,00 | 16,490 | 0,48 | 12,96 | 60,501 |
| 0,70 | 21,00 | 30,553 | 0,57 | 24,01 | 70,664 |
| 0,80 | 24,00 | 52,122 | 0,65 | 40,96 | 81,455 |
| 0,90 | 27,00 | 83,489 | 0,73 | 65,61 | 91,501 |
| 1,00 | 30,00 | 127,251 | 0,80 | 100,00 | 100,000 |

25

Variante die günstigste. Falls die maßgebliche Belastung jedoch gering ist und eine kleine Anzahl von Stäben ausreicht, stellt sich bei der dritten Variante aufgrund der großmaschigeren Vernetzung noch nicht der Versagensfall des Schalenbeulens ein. Die dritte Variante versagt also aufgrund von Einzelstabknicken; ihr Traglast/Masse-Verhältnis ist in diesem Fall mit der zweiten Variante vergleichbar. Die durchlaufenden vertikalen Stäbe und die einfachere Ausbildung der Knotenpunkte vereinfachen den Montageaufwand bei der zweiten Variante jedoch deutlich. Bei gleichem Materialaufwand ist sie deswegen der dritten Variante vorzuziehen.

**Statische Analyse ausgewählter Türme von Vladimir G. Šuchov**

Im Folgenden werden vier exemplarisch ausgewählte Wassertürme von Šuchov analysiert und berechnet. Die Berechnungen erfolgten jeweils zweistufig linear/linear und nichtlinear/nichtlinear. Für die Auswahl waren eine möglichst große zeitliche Spreizung und Vielfalt der realisierten Formen ausschlaggebend.

Als Belastung wird das mit der Software Ansys ermittelte Eigengewicht der Tragstruktur herangezogen sowie die in den Schriften und Planunterlagen genannten Gewichte der Wasserbehälter. Deren Summe wird um 10 % erhöht, um das Gewicht weiterer, nicht erfasster Bauteile (z. B. Nieten, Knotenbleche, Erschließung, Rohrleitungen etc.) zu berücksichtigen. Als resultierende vertikale Belastung wird dann das Eigengewicht des Wassers hinzugezogen. Um die horizontale Belastung aus Wind zu erfassen ist am oberen Ring eine horizontale Ersatzlast angesetzt, die 5 % der vertikalen Gesamtlast entspricht. Diese vereinfachende Annahme wurde in Vergleichsrechnungen für verschiedene Behältergrößen ermittelt und stellt einen konservativen Wert für die auf Turm und Behälter einwirkende Gesamtwindbelastung dar. Es werden keine Teilsicherheitsbeiwerte auf der Belastungsseite aufgeschlagen; das Sicherheitsniveau unter der gegebenen Belastung wird anschließend ermittelt.

Für die Berechnungen wird wieder Baustahl S 235 angenommen – eine für die frühen Türme sicherlich optimistische Annahme, die jedoch in Ermangelung genauer Kenntnisse über den verarbeiteten Stahl zugrunde gelegt wurde. Auf der Materialseite ist wie zuvor ein Teilsicherheitsbeiwert von 1,1 angesetzt; die angesetzten Imperfektionen betragen ebenfalls 50 mm.

### Wasserturm für die Allrussische Ausstellung in Nižnij Novgorod (1896)

Dem Wasserturm für die Allrussische Ausstellung in Nižnij Novgorod kommt als dem ersten realisierten hyperbolischen Gitterturm besondere Bedeutung zu. Er verfügt trotz der geringen Auflast durch den vergleichsweise kleinen Behälter über die höchste Stabzahl aller gebauter Türme. Dementsprechend ist die Anzahl der Kreuzungspunkte der Vertikalstäbe besonders hoch und die Vernetzung der Gitterfläche entsprechend feinmaschig. Geometrie, Querschnitte und Belastung des Turms fasst Abb. 26 c zusammen. Abb. 26 a zeigt das verwendete Stabmodell für die Berechnung, Abb. 26 b die nichtlinear ermittelten Beulformen für beide Lastfälle. Wie man unschwer erkennen kann, tritt das Beulen in der unteren Hälfte der Gitterfläche auf; der obere Bereich der Struktur ist durch die enge Vermaschung sehr steif (Abb. 12, S. 39). Im Bereich des Stabilitätsversagens ovalisiert der Turmquerschnitt in den einzelnen Höhenlagen.

Für die vertikale Belastung ergibt sich mithilfe der nichtlinearen Berechnung eine Grenzlast von 5034 kN, für eine Kombination vertikal und horizontal wirkender Lasten eine Grenzlast von 3957 kN. Mit der reinen Vertikallast von 1553 kN ergibt sich damit eine rechnerische Sicherheit von 3,24 und von 2,54 für die Kombination vertikaler und horizontaler Lasten (Abb. 26 d).

### Wasserturm in Nikolaev (1907)

Der Wasserturm in Nikolaev verfügt über das mit Abstand größte Behältervolumen aller von Šuchov bis dahin gebauten Gittertürme und über den seinerzeit größten Intze-Wasserbehälter in Russland. Die erhaltene Originalstatik wird im Kapitel »Entwurf und Berechnung der Türme von Šuchov« (S. 66ff.) analysiert, eine Zusammenstellung der wichtigsten Daten findet sich in Abb. 27 c (S. 62). Abb. 27 a (S. 62) zeigt das verwendete Stabmodell für die Berechnung, Abb. 27 b (S. 62) die nichtlinear ermittelten Beulformen für beide Lastfälle. Unter reiner Vertikalkraftbeanspruchung verzerren sich die Zwischenringe in den unteren Höhenlagen leicht dreiecksförmig. Für die vertikale Belastung ergibt sich mithilfe der nichtlinearen Berechnung eine Grenzlast von 11 703 kN, für eine Kombination vertikal und horizontal wirkender Lasten eine Grenzlast von 9719 kN. Mit der reinen Vertikallast von 6980 kN ergibt sich damit eine rechnerische Sicherheit von 1,70 und von 1,39 für die Kombination vertikaler und horizontaler Lasten (Abb. 27 d, S. 62).

### Wasserturm in Tjumen (1908)

Der ebenfalls im Kapitel »Entwurf und Berechnung der Türme von Šuchov« (S. 66ff.) besprochene Wasserturm in Tjumen wurde seinerzeit als besonders leichte und kostengünstige Konstruktion hervorgehoben. In einem Buch über Wassertürme in Russland heißt es, dass dieser Turm den kleinsten »Leichtigkeitsbeiwert« aufweise, der als Verhältnis des Gesamtgewichts zum Behältervolumen definiert wird. [5]
Abb. 28 a (S. 63) zeigt das verwendete Stabmodell für die Berechnung, Abb. 28 b (S. 63) die nichtlinear ermittelten Beulformen für beide Lastfälle. Für die vertikale Belastung ergibt sich mithilfe der nichtlinearen Berechnung eine Grenzlast von 6205 kN, für eine Kombination vertikal und horizontal wirkender Lasten eine Grenzlast von 5288 kN. Mit der reinen Vertikallast von 4413 kN ergibt sich damit eine rechnerische Sicherheit von 1,40 und von 1,20 für die Kombination vertikaler und horizontaler Lasten (Abb. 28 d, S. 63).

### Wasserturm in Dnipropetrowsk (1930)

Der Wasserturm in Dnipropetrowsk stürzte 1930 eine Woche nach seiner Errichtung in sich zusammen. Aufbauend auf der im Kapitel »Der Einsturz des Wasserturms von Dnipropetrowsk« (S. 84f.) beschriebenen Kritik des ukrainischen Ingenieurs V. A. Djadjuša [6], der die gelenkige Ausbildung der Anschlüsse zwischen Vertikalen und Zwischenring bemängelt hatte, wurde hier neben

26  Wasserturm, Nižnij Novgorod (UA) 1896
  a  Finite-Elemente-Modelle
  c  Zusammenstellung von Geometrie, Querschnitten und Belastung
  b  Beulformen, nichtlinear, Vertikallast (li.) und Vertikal- und Horizontallast (re.)
  d  Last-Verschiebungs-Diagramm (L-V-Diagramm)

Wechselwirkungen zwischen Form und Tragverhalten

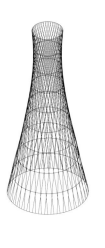
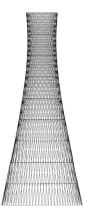

a

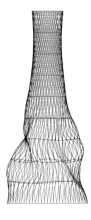

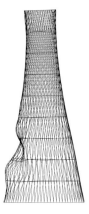

b

**Nižnij Novgorod (1896)**

| Geometrie | | Querschnitte | | Belastung | |
|---|---|---|---|---|---|
| Höhe | 25,60 m | vertikale Stäbe | L 75/75/10 mm L 50/50/8 mm | Gewicht Tragwerk | 291,3 kN |
| Anzahl Stäbe/Ringe | 80/8 | Ringe | L 75/75/10 mm | Gewicht Behälter | 91,7 kN |
| Durchmesser unten | 11,07 m | | | Behälter- volumen | 117 m³ (1170 kN) |
| Durchmesser oben | 4,27 m | | | | |
| Drehwinkel | 94,5° | | | **gesamte Vertikallast** | **1553 kN** |

c

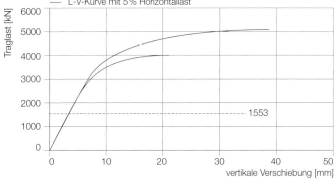

d

26

der gebauten auch eine Variante mit biegesteifen Ringanschlüssen berechnet.

Für die vertikale Belastung ergibt sich mithilfe der nichtlinearen Berechnung eine Grenzlast von 3111 kN, für eine Kombination vertikal und horizontal wirkender Lasten eine Grenzlast von 2482 kN. Mit der reinen Vertikallast von 3160 kN ergibt sich damit eine rechnerische Sicherheit von 0,98 und von 0,79 für die Kombination vertikaler und horizontaler Lasten (Abb. 29 d, S. 64). Die wirkende Vertikallast führt also allein schon zum Stabilitätsversagen der Struktur.

### Variante mit biegesteifen Ringanschlüssen

Für die vertikale Belastung ergibt sich mithilfe der nichtlinearen Berechnung eine Grenzlast von 4151 kN, für eine Kombination vertikal und horizontal wirkender Lasten eine Grenzlast von 3323 kN, die entsprechenden Beulformen sind in Abb. 30, S. 65 dargestellt. Mit der reinen Vertikallast von 3160 kN lässt sich damit eine rechnerische Sicherheit von 1,31 und von 1,05 für die Kombination vertikaler und horizontaler Lasten ermitteln (Abb. 31, S. 65).

### Vergleich der Ergebnisse der untersuchten Wassertürme

Die Traglasten der vier untersuchten Türme für vertikale und vertikal-horizontal wirkende Belastungen sind in Abb. 32 (S. 65) zusammengefasst. Den Ergebnissen lässt sich entnehmen, dass die erreichten Sicherheitsniveaus im Lauf der Zeit immer weiter zurückgehen.

Der erste Wasserturm in Nižnij Novgorod weist nach den Berechnungen einen Sicherheitsfaktor von 2,54 für die vertikale und horizontale Lastfallkombination auf und verfügt damit über ein Sicherheitsniveau, das auch heutigen Ansprüchen genügen würde. In diesem Bereich liegen auch die Sicherheitsniveaus anderer Wassertürme von Šuchov, die in den frühen Jahren entstanden, so z. B. die Wassertürme in Lisičansk (1896) oder Efremov (1902; Abb. 34, S. 91), auf die hier nicht näher eingegangen werden soll und für die Sicherheitsfaktoren größer als 3,00 ermittelt werden konnten [7].

Die errechneten Sicherheitsfaktoren der Türme in Nikolaev und Tjumen sind dagegen mit 1,39 und 1,20 für die Lastfallkombination

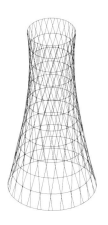
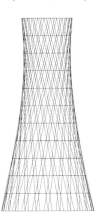

a

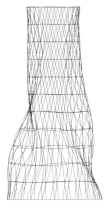

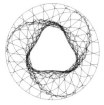

b

**Nikolaev (1907)**

| Geometrie | | Querschnitte | | Belastung | |
|---|---|---|---|---|---|
| Höhe | 25,6 m | vertikale Stäbe | L 120/120/12 mm L 100/100/10 mm | Gewicht Tragwerk | 420,0 kN |
| Anzahl Stäbe/Ringe | 48 / 10 | Ringe | L 80/80/10 mm | Gewicht Behälter | 410,0 kN |
| Durchmesser unten | 12,08 m | | | Behälter- volumen | 615 m³ (6150 kN) |
| Durchmesser oben | 7,01 m | | | | |
| Drehwinkel | 82,5° | | | **gesamte Vertikallast** | **6980 kN** |

c

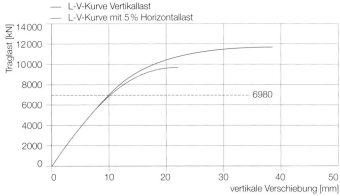

d

27

eher gering. Die beiden Bauten stellen mit ihren großen Behältervolumina eine deutliche Steigerung zu den bisher installierten Fassungsvermögen dar – im Fall von Nikolaev bedeutete dies eine Verfünffachung der Kopflast im Vergleich zu den Vorgängerbauten. Offenbar hatte man nach der über zehnjährigen Erfahrung Vertrauen in Konstruktion und Entwurfsweise gefasst und versuchte, die Grenzen des Machbaren zu verschieben und die Sicherheitsreserven des Systems entsprechend immer weiter zu verringern. Hinzu kamen natürlich auch die Verbesserungen in der verfügbaren Stahlqualität und den damit zusammenhängenden zulässigen Stahlspannungen, die im Kapitel »NiGRES-Turm an der Oka« (S. 96ff.) aufgezeigt werden. So sind z.B. die in den historischen Berechnungen angesetzten zulässigen Stahlspannungen für den Wasserturm von Tjumen rund 25% höher als für den Turm von Nikolaev. Die Ergebnisse für den Wasserturm in Dnipropetrowsk, der nicht einmal für die rein vertikale Belastung eine Sicherheit größer 1 erreichte, decken sich mit der Geschichte seines Einsturzes, der sich auf Stabilitätsversagen zurückführen lässt und in der zeitge-

**27** Wasserturm, Nikolaev (UA) 1907
   a Finite-Elemente-Modelle
   b Beulformen, nichtlinear, Vertikallast (li.) und Vertikal- und Horizontallast (re.)
   c Zusammenstellung von Geometrie, Querschnitten und Belastung
   d Last-Verschiebungs-Diagramm
**28** Wasserturm, Tjumen (RUS) 1908
   a Finite-Elemente-Modelle
   b Beulformen, nichtlinear, Vertikallast (li.) und Vertikal- und Horizontallast (re.)
   c Zusammenstellung von Geometrie, Querschnitten und Belastung
   d Last-Verschiebungs-Diagramm

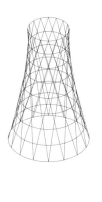

a

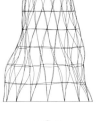
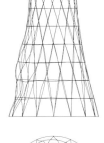

b

**Tjumen (1908)**

| Geometrie | | Querschnitte | | Belastung | |
|---|---|---|---|---|---|
| Höhe | 19,2 m | vertikale Stäbe | ∟110/110/12 mm ∟100/100/12 mm | Gewicht Tragwerk | 169,0 kN |
| Anzahl Stäbe/Ringe | 32/7 | Ringe | ∟75/75/10 mm | Gewicht Behälter | 144,0 kN |
| Durchmesser unten | 12,19 m | | | Behältervolumen | 410 m³ (4100 kN) |
| Durchmesser oben | 6,25 m | | | | |
| Drehwinkel | 67,5° | | | **gesamte Vertikallast** | **4413 kN** |

c

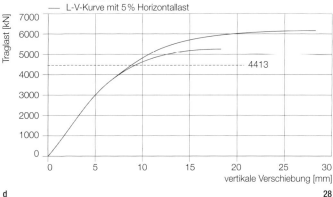

d

28

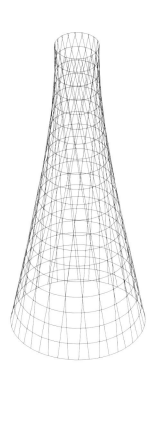
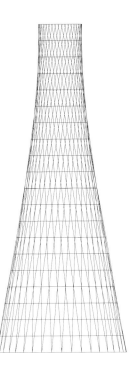
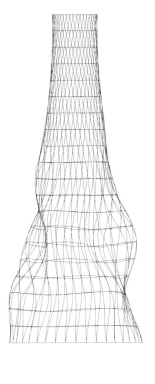
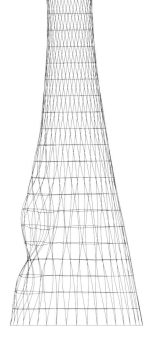

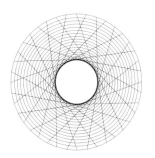
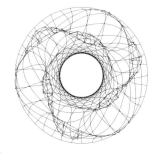
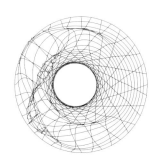

a

b

**Dnipropetrowsk (1930)**

| Geometrie | | Querschnitte | | Belastung | |
|---|---|---|---|---|---|
| Höhe | 43,5 m | vertikale Stäbe | L 100/100/12 mm L 100/100/10 mm | Gewicht Tragwerk | 457,6 kN |
| Anzahl Stäbe/Ringe | 40/19 | Ringe | L 75/75/10 mm | Gewicht Behälter | 242,4 KN |
| Durchmesser unten | 18,0 m | | | Behälter- volumen | 246 m³ (2460 kN) |
| Durchmesser oben | 6,0 m | | | | |
| Drehwinkel | 78° | | | **gesamte Vertikallast** | **3160 kN** |

c

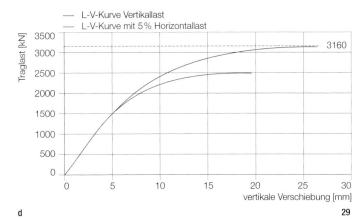

d

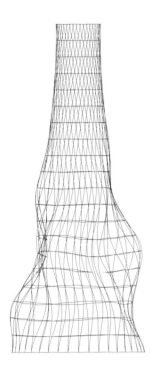
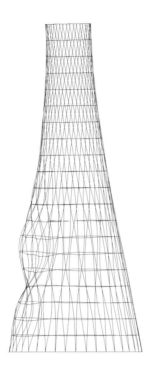

nössischen Fachliteratur diskutiert wurde (siehe »Der Einsturz des Wasserturms in Dnipropetrosk«, S. 84f.). Mittels biegesteif ange-schlossener Zwischenringe hätte sich die Traglast um rund 30 % steigern lassen – auch wenn dadurch immer noch kein akzeptab-les Sicherheitsniveau erreicht worden wäre. Dies hätte sich aller-dings ohne großen Mehraufwand durch den Einsatz von stärkeren Zwischenringen realisieren lassen, wie die Berechnungen im Kapi-tel »Einfluss der Steifigkeit der Zwischenringe« (S. 54ff.) zeigen. Die Wahl der Zwischenringe war allerdings in der Regel nicht auf Berechnungen gestützt. Meist beträgt die Querschnittshöhe der Zwischenringe zwischen 50 und 75 % der Höhe der Vertikal-stabquerschnitte. Dieses Verhältnis, das sich unabhängig von der jeweiligen Radiengröße feststellen lässt, führt bei großen Zwischenringdurchmessern – wie im hier vorliegenden Fall – oft zu Querschnitten mit zu geringer Biegesteifigkeit.

Auch wenn für die analysierten Beispiele Vereinfachungen getrof-fen wurden und die Auswahl unter Umständen nicht repräsentativ ist, zeigt sich, dass gerade die später gebauten Strukturen bei der vorhandenen Belastung nur über ein sehr niedriges Sicherheits-niveau verfügen. Dies gilt umso mehr, wenn man bedenkt, dass für die Berechnungen heutiger Baustahl der Güte S 235 angenommen wurde – was vermutlich für die frühen Beispiele des untersuchten Zeitraums eher optimistisch ist.

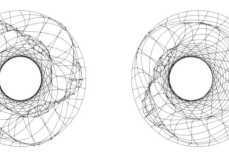

**29** Wasserturm, Dnipropetrowsk (UA) 1930
    a Finite-Elemente-Modelle
    b Beulformen, nichtlinear, Vertikallast (li.) und Vertikal- und Horizontallast (re.)
    c Zusammenstellung von Geometrie, Querschnitten und Belastung
    d Last-Verschiebungs-Diagramm (gebauter Zustand)
**30** Beulformen (Variante mit biegesteifen Ringanschlüssen), nichtlinear, Vertikal-last (li.) und Vertikal- und Horizontallast (re.)
**31** Last-Verschiebungs-Diagramm, Wasserturm in Dnipropetrowsk (biegesteife Ringanschlüsse)
**32** Zusammenstellung der Traglasten und resultierenden Sicherheiten

30

### 31

L-V-Kurve Vertikallast
L-V-Kurve mit 5 % Horizontallast

Traglast [kN] — vertikale Verschiebung [mm]

3160

### 32

| | Bau-jahr [–] | ges. Vertikal-last [kN] | vert. Traglast [kN] | res. Sicher-heit [–] | vert.-horiz. Traglast (davon 5 %) [kN] | res. Sicher-heit [–] |
|---|---|---|---|---|---|---|
| Nižnij Novgorod | 1896 | 1553 | 5034 | 3,24 | 3957 (198) | 2,54 |
| Nikolaev | 1907 | 6980 | 11 703 | 1,70 | 9719 (486) | 1,39 |
| Tjumen | 1908 | 4413 | 6205 | 1,40 | 5288 (264) | 1,20 |
| Dnipropetrowsk | 1930 | 3160 | 3111 | 0,98 | 2482 (124) | 0,79 |
| mit steifen Ringen | | 3160 | 4151 | 1,31 | 3323 (166) | 1,05 |

# Entwurf und Berechnung der Türme von Šuchov

1

Um einen tieferen Einblick in die Entwurfsweise und die dahinter stehende Theorie zu erhalten, werden im Folgenden Šuchovs Berechnungen der hyperbolischen Gittertürme und die ihnen zugrunde liegenden statischen Modelle analysiert und ausgewertet. Grundlage hierfür bilden Materialien aus den Archiven der Russischen Akademie der Wissenschaften in Moskau, dem Stadtarchiv von Nižnij Novgorod sowie aus dem Privatarchiv von Elena Šuchov und den Beständen der Universitätsbibliothek Stuttgart, zum Teil übersetzt von Ottmar Pertschi.

Ebenso wird der Entwurfsprozess seiner Wassertürme rekonstruiert, die weitere Entwicklung der Türme untersucht und die konstruktive Durchbildung kurz erläutert. Zum besseren Verständnis und zur geschichtlichen Einordnung wird zunächst die allgemeine Entstehung der eisernen Wassertürme und der Stand baustatischen Wissens zur Zeit Šuchovs skizziert.

### Entwicklung von Wasserbehältern und Wassertürmen aus Eisen

Für die historische Einordnung und Würdigung von Šuchovs Wassertürmen ist es hilfreich, die Entwicklung von Wasserbehältern aus Eisen zu kennen, da die unterschiedlichen Konstruktionsformen der Behältnisse stets genaue Anforderungen und Konsequenzen auf das darunter liegende Tragwerk haben. Ausführliche Betrachtungen über die Architekturgeschichte und die technische Entwicklung dieser Bauwerke finden sich z. B. in zeitgenössischen Abhandlungen im Stahlbau (u. a. von Eduard Kottenmeier [1]) sowie in der Publikation »Ursachen und technische Voraussetzungen für die Entwicklung der Wasserhochbehälter« [2].

Mitte des 19. Jahrhunderts beginnt die Entwicklung von Wassertürmen, die ihre Vorläufer in den sogenannten Flusswasserkünsten des Mittelalters, frühe Anlagen zur städtischen Wasserversorgung, haben. Etwa zeitgleich setzt auch der Bau von meist gusseisernen Flachbodenbehältern ein, die in ihrer oftmals rechteckigen Kastenform ihre Vorgänger aus Holz nachahmen (Abb. 2a). Einer der ersten zylindrischen Flachbodenbehälter in Deutschland, der gänzlich aus Schmiedeeisen gefertigt wird, ist der 1868 gebaute Wasserturm in Halle an der Saale (464 m³ Fassungsvermögen, Abb. 2b).

Dieser Behälter ist aus einfach gekrümmten Blechen zusammengesetzt, deren überlappende Ränder vernietet und schließlich mit Schürmannsgarn und Mennige abgedichtet werden. Der entscheidende Nachteil der Flachbodenbehälter besteht in den biegebeanspruchten und damit materialintensiven und teuren Trägerrostkonstruktionen, die außerdem die Wartung der Behälterunterseite erschweren. Als Erster versucht der Franzose Jules Dupuit im Jahr 1855 den Behälterboden als hängende Kugelkalotte zu konstruieren und somit neben der Zylinderwand auch den Boden als überwiegend zugbeanspruchtes Bauteil auszubilden. Die ersten Wasserbehälter mit Hängeboden werden ab Ende der 1860er-Jahre für die französische Eisenbahn gebaut und verfügen meist über moderate Fassungsvermögen wie der Hochbehälter für die Midi-Ouest-Bahn (Abb. 2c) mit 150 m³ Inhalt. [3] Die Bodenbleche werden typischerweise mit einem Winkel (120°) an der zylindrischen Behälterwand befestigt und mittels eines weiteren Winkels an einen – in diesem Fall gusseisernen – Auflagerring angeschlossen, der die Vertikalkräfte auf die Unterkonstruktion verteilt (Abb. 4). Aufgrund des flach geneigten Kalottenbodens wird der Auflagerring von Hängebodenbehältern durch erhebliche Druckkräfte beansprucht. Bei größeren Behältervolumina verursachen die unterschiedlichen Füllstände stark divergierende Stauchungen des Druckrings, die immer wieder zur Undichtigkeit der Behälter führen. [4] Durch verschiedene Ausbildung versucht man in den folgenden Jahren dieses konstruktive Problem zu beheben, ohne jedoch eine vollends befriedigende Lösung zu finden.

Eine deutliche Verbesserung bringt erst eine später zum Patent angemeldete Erfindung des Aachener Ingenieurs Otto Intze. Für einen 1883 in Remscheid gebauten Wasserbehälter führt er vom unteren Rand des zylindrischen Abschnitts einen kegelförmigen Bereich zum weiter innen liegenden Auflagerring. Durch die Umkehrung des gängigen Hängebodens in einen Stützboden erhält dieser eine druckbeanspruchte Kugelkalotte (mit Versteifungsrippen), deren horizontale Auflagerkomponente von innen auf den Auflagerring drückt. Sind die Winkel des kegelförmigen Bereichs auf den Tangentialwinkel der Kugelkalotte entsprechend abgestimmt, heben sich die Horizontalkräfte auf.

1 Wasserturm, Lugovaja nahe Moskau (RUS), Zustand 2008
2 Wasserhochbehälter
  a Maisons-Lafitte nahe Paris (F) 1850
  b Halle an der Saale (D) 1868
  c für die französische Midi-Ouest-Bahn (F) um 1865
3 auf den Auflagerring einwirkende Horizontalkräfte bei Hängebodenbehältern
4 unterschiedliche Ausbildungen der Befestigung des Hängebodens am Auflagerring
5 Aufhebung der Horizontalkraftanteile beim Intze-Behälter (Typ I)

a

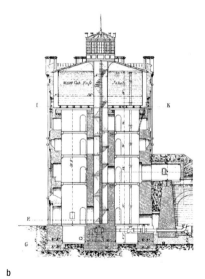

b

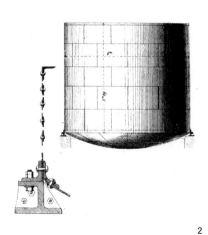

c

2

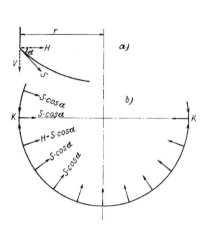

3

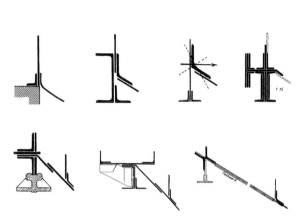

4

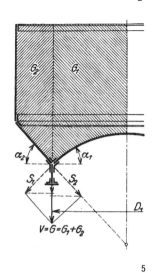

5

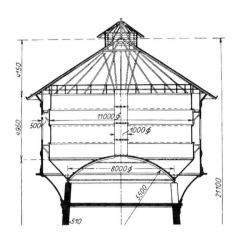

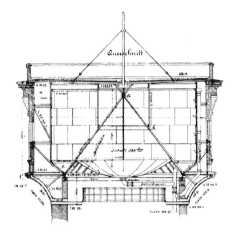

a                                                                                                          b                                                                    6

**6** Wasserbehälter nach Otto Intze: Typ I mit Stützboden (a) und Typ II mit
eingehängtem Hängeboden (b)
**7** Wasserturm, Paris (Illinois, USA) 1897
**8** Barkhausen Behälter, Dortmund (D) 1899
**9** Eisenbeton-Wasserbehälter von Eduard Züblin, Scafati (I) 1897
**10** Eisenbeton-Wasserturm, Singen (D) 1907

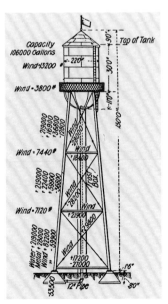

7                                                8                                                9                                                10

Der Auflagerring muss in diesem Fall nur für die Vertikalkraftbeanspruchungen ausgelegt werden und lässt sich deshalb sehr leicht ausbilden. Dies führt bei Behältervolumen von über 1000 m³ zu Materialeinsparungen von rund 10 % und zu rund 25 % bei kleineren Fassungsvermögen [5]. Intze verbessert seine Behälterform 1885 durch den Austausch des Stützbodens mit einer abermaligen kegelförmigen Aufkantung in Kombination mit einem Hängeboden (Intze-Typ II, Abb. 6b). Hierdurch entfällt die große Bauhöhe des Stützbodens wodurch sich das Behältervolumen deutlich vergrößert. Darüber hinaus wird die aufwendige Herstellung der beim Stützboden notwendigen Beulsteifen vermieden. Für die Aachener Firma Г. A. Neumann, die die Patente von Intze erwirbt, erweist sich die neue Bauweise als überaus erfolgreich. Zwischen 1891 und 1902 stellt sie für Wasserstationen der Eisenbahn allein 85 Stück des Intze-Typs I in Serienfertigung mit standardisierten Behältergrößen zwischen 15 und 1000 m³ her. [6]

Die Intze-Behälter sind bis zu Beginn des 20. Jahrhunderts der dominierende Bautyp für Wasserbehälter in Deutschland. 1898 entwickelt Georg Barkhausen einen neuen Behältertyp, der eine Weiterentwicklung der früheren Hängebodenbehälter darstellt. Die sogenannten Barkhausen-Behälter bestehen aus einer unteren Halbkugelform, die knickfrei in den zylindrischen Abschnitt übergeht und somit keinen Druckring benötigt. Der erste Wasserturm mit Barkhausen-Behälter wurde 1899 für die Zeche »Minister Stein« [7] in Dortmund gebaut (520 m³, Abb. 8). Im Gegensatz zu den vormals eisernen Wasserbehältern, die meist eine Mauerwerkskonstruktion stützte, wird hier ein eisernes Traggerüst verwendet. Die Stützen schließen an den zylindrischen Teil des Behälters an und nützen die Trägerwirkung der Wandung. Bei den Intze-Behältern scheiterte eine solche Lösung daran, dass die Wandungen für eine punktuelle Stützung des weiter innen liegenden Auflagerrings nicht infrage kamen und deswegen ein schwerer zusätzlicher Ringträger erforderlich gewesen wäre.

Ähnliche Konstruktionen wie die Barkhausen-Behälter mit schräg gestelltem Traggerüst entwirft zeitgleich in Amerika die Firma Chicago Bridge and Iron Company [8] (Wasserturm in Paris, Illinois, 1897; Abb. 7).
Eine Weiterentwicklung hin zu den geschlossenen Eisenbehältern stellt der Barkhausen-Behälter mit oberer Halbkugel dar, den ab 1906 der Lizenzhalter der Barkhausen-Behälter, die Dortmunder Firma A. Klönne, baut. Kurz darauf folgt der Kugelbehälter (Bauart Klönne), der die hohen Druckunterschiede des Barkhausen-Behälters minimiert und durch die doppelte Krümmung der Bleche und die damit verbundene hohe Beulsteifigkeit keine aussteifenden Rippen benötigt.

Ab dem Ende des 19. Jahrhunderts entstehen die ersten Wassertürme aus Eisenbeton; die frühesten Beispiele bauen die Pioniere Joseph Monier (in Alençon, 1873, 180 m³) und François Hennebique (in Dinard, 1895, 500 m³) selbst [9]. Ingenieure wie Eduard Züblin entwickeln sie weiter zu ausgereiften und überzeugenden Konstruktionen (z. B. in Scafati, 1897, 80 m³; Abb. 9). In den darauffolgenden Jahren setzt sich der neue Werkstoff beim Bau von Wassertürmen rasch durch und verdrängt aufgrund der geringeren Baukosten zunehmend die Konstruktionen aus Eisen. Im Gegensatz zu Deutschland und Westeuropa, wo die Entwicklung eiserner Wassertürme ab den 1910er-Jahren stagniert und ihre Bedeutung stark rückläufig ist, werden die Intze-, Barkhausen- und Kugelbehälterkonstruktionen in den USA aufgegriffen und zu großräumigen stählernen Behälterbauweisen wie »Horton- und Obloidal-Behälter« weiterentwickelt.

## Die Wassertürme von Vladimir G. Šuchov

Neben den bereits erwähnten Einsatzgebieten nutzt Šuchov seine hyperbolischen Gittertürme vornehmlich für Wassertürme. Bei der Ausführung der Wasserbehälter greift die Firma Bari auf in Deutschland und Westeuropa entwickelte und bewährte Systeme zurück. Neben dem Intze-Typ I (der bereits beim ersten Turm in Nižnij Novgorod eingesetzt wurde) und dem Typ II werden zylindrische Flachbodenbehälter und vereinzelt auch Hängebodenbehälter verwendet. So z. B. beim Givartovskij-Wasserturm in Moskau mit 3 Fuß Stichhöhe bei 18 Fuß Behälterspannweite.

Šuchovs Wassertürme stellen die wahrscheinlich frühesten komplett aus Stahl gefertigten Turmkonstruktionen für diese Bauaufgabe dar. Als der 1896 für die Allrussische Ausstellung gebaute Turm in Nižnij Novgorod realisiert wird, dienen in Westeuropa und Amerika vornehmlich Mauerwerkskonstruktionen als Tragsystem für die Behälter. Die zuvor erwähnten Beispiele der stählernen Fachwerkkonstruktionen für die Wassertürme in Dortmund oder Paris (Illinois, USA) folgen erst einige Jahre später. Doch im Gegensatz zu diesen konventionelleren Bauweisen vereint die Šuchovsche Bauweise eine Vielzahl von Vorteilen:

- Die prägnante Formgebung, klare Detaillierung und geringe Querschnittsabmessungen führen zu einer sehr ansprechenden Architektur. Dies gilt nicht nur im Vergleich zu konventionellen Fachwerkstrukturen, sondern vor allem gegenüber den in Westeuropa üblichen Mauerwerkskonstruktionen, die zum Teil als hässlich empfunden wurden (»Wasserköpfe« [10]). So wurden die Šuchovschen Türme in Russland oft bewusst als städtebaulicher Akzent eingesetzt (siehe »Wassertürme«, S. 22).
- Durch die kontinuierliche Lagerung des oberen Rings, der den Behälter stützt, lässt sich dieser im Vergleich zu konventionellen Fachwerkstrukturen sehr schlank und materialsparend ausbilden.
- Besonders für Wassertürme mit modernen Intze-Behältern erscheint Šuchovs Bauweise ideal, da diese eine kontinuierliche Lagerung benötigen. Eine punktuelle Ablastung mit konventionellen Fachwerktürmen hätte in diesem Fall einen deutlich schwereren Ringträger erfordert und damit die Vorteile der Intze-Behälter zunichtegemacht. Stählerne Fachwerkkonstruktionen werden aus diesem Grund in Westeuropa oder Amerika vornehmlich für Hängeboden- oder Barkhausen-Behälter verwendet, weil bei diesen Systemen die oberen Stützen an die Behälterwandung anschließen und daher auf einen zusätzlichen Druckring verzichtet werden kann.
- Die geringen Querschnittsgrößen ermöglichen einen einfachen Transport und eine schnelle Montage.
- Die Wirtschaftlichkeit der Konstruktionen liegt deutlich über der von Konkurrenzsystemen, wie zeitgenössische Untersuchungen beweisen.

Besonders interessant ist in diesem Zusammenhang eine Tabelle in Dimitrij Petrovs Buch [11], die die Kosten der ausgewählten Beispiele im Verhältnis zu Behältervolumen und Höhe untersucht. Als Vergleichsparameter dient eine Art Wirtschaftlichkeitsfaktor: m = P/(h · V), wobei P die Gesamtkosten der Turmkonstruktion, h die Turmhöhe und V das Behältervolumen definieren. Beim Vergleich unterschiedlicher Turmkonstruktionen kommt Petrov zu folgenden Werten:

• Stein- oder Ziegelkonstruktionen       m = 0,075–0,234
• konventionelle Eisenkonstruktionen   m = 0,098–0,133
• Türme nach Šuchovscher Bauart        m = 0,053–0,069

Überraschenderweise taucht ein Turm in der Übersicht auf, der alle übrigen Konstruktionsarten hinsichtlich ihrer Wirtschaftlichkeit unterbietet: der Wasserturm für die Maggi-Werke in Singen, der 1907 mit einer Höhe von 48 m aus Eisenbeton gebaut wurde (Abb. 10, S. 68). Hier beträgt der Faktor m lediglich 0,048. Ein Beleg dafür, warum in Westeuropa ab den 1910er-Jahren Wassertürme aus Eisenbeton zunehmend an Bedeutung gewinnen.

### Entwicklung der Baustatik und statische Berechnungsverfahren im 19. Jahrhundert

Um Šuchovs Berechnungsmethoden im Folgenden besser einordnen und bewerten zu können, wird an dieser Stelle der Wissensstand der Baustatik gegen Ende des 19. Jahrhunderts knapp skizziert. Die Zusammenfassung stützt sich u. a. auf die umfangreiche Literatur von Bill Addis, Karl-Eugen Kurrer und Hans Straub zu diesem Thema. [12]

Die zahlreichen im 18. und bis zu Beginn des 19. Jahrhunderts gewonnenen Einzelerkenntnisse im Bereich der Baustatik formieren sich zunehmend zu einer eigenständigen Disziplin, bedingt vor allem durch das 1826 von Claude Louis Marie Henri Navier veröffentlichte Buch »Mechanik der Baukunst« mit der darin enthaltenen Biegetheorie. Über diese Publikation schreibt Hans Straub: »Ihr bahnbrechender Wert liegt nicht nur in den zahlreichen neuen Methoden, die in dem Werk enthalten sind, sondern vielleicht noch mehr in dem Umstand, dass Navier hier als Erster die zerstreuten Erkenntnisse auf dem Gebiet der angewandten Mechanik und Festigkeitslehre zu einem einzigen Lehrgebäude zusammengefasst und viele schon früher bekannte Gesetze und Methoden auf die praktischen Anwendungen des Bauwesens, auf die Bemessung von Tragwerken anzuwenden gelehrt hat. Dadurch ist er zum eigentlichen Schöpfer desjenigen Zweigs der Mechanik geworden, den wir Baustatik nennen.« [13] Ab 1850 liegt Naviers Schrift auch in deutscher und russischer Sprache vor.

Mit der 1851 von Johann Wilhelm Schwedler und Carl Culmann nahezu zeitgleich entwickelten Fachwerktheorie lassen sich die in ebenen Stabwerken auftretenden Kräfte nun genau ermitteln. Besonders wichtig sind die neuen Erkenntnisse der Baustatik für den Eisenbrückenbau, der für den sprunghaften Ausbau der Schienennetze notwendig ist. Die Knappheit des Werkstoffs Eisen auf dem europäischen Kontinent zwingt die Ingenieure zu besonders materialsparenden Konstruktionen. »Der Zweck aller Stabilitätsuntersuchungen, aller Ermittlungen der an den einzelnen Constructionen wirkenden Kräfte ist: den beabsichtigten Bau mit

einem Minimum an Material auszuführen« [14], schreibt Culmann 1864 über den Sinn der Baustatik.

In den 1860er-Jahren endet damit die »Zeit des unsicheren Hantierens« [15], die das frühere Konstruieren in Eisen bestimmt hatte, endgültig. Im Hochbau wird überwiegend auf statisch bestimmte Systeme zurückgegriffen. »Die Erkenntnis, dass sich die Kluft zwischen den oft hochgradig statisch unbestimmten Tragwerken und dem noch sehr beschränkten Fundus statischer Berechnungsmethoden durch die Einführung zusätzlicher Freiheitsgrade verringern lässt, die Erkenntnis also, dass mehr Bewegungsmöglichkeit mehr Berechenbarkeit bedeuten kann, wird allmählich zum Gemeinplatz.« [16]

Die von Culmann entwickelte graphische Statik wird u. a. durch Beiträge von Luigi Cremona (Cremona-Plan, 1871) zur praxisorientierten Graphostatik weiterentwickelt, die ihre Hochphase um 1880 erlebt und bis 1920 Verwendung findet. Weitere Arbeiten von August Ritter (Rittersches Schnittverfahren, 1861), Emil Winkler (Theorie des statisch unbestimmten Bogens, 1867) und Christian Otto Mohr (Mohrsche Analogie, 1868) geben wichtige Impulse in diesem Zeitraum, den Kurrer als »Etablierungsphase (1850–1875)« innerhalb der Disziplinbildungsperiode der Baustatik definiert. [17] Mit dem 1886 erschienenen Buch »Neuere Methoden der Statik und Festigkeitslehre« von Heinrich Müller-Breslau und der darin enthaltenen Ausformulierung des Kraft-Größen-Verfahrens, das die Lösung statisch unbestimmter Systeme ermöglicht, steht nun ein umfangreiches Theoriegebilde und Instrumentarium für die Berechnung von Tragwerken bereit. Müller-Breslau wird deswegen auch als »Vollender der klassischen Baustatik« [18] bezeichnet. Doch obwohl es nun möglich ist, statisch unbestimmte Systeme zu berechnen, kommen sie aufgrund des großen Rechenaufwands bis zu Beginn des 20. Jahrhunderts im Hochbau nur selten zum Einsatz. Lediglich bei großen Spannweiten oder räumlichen Tragwerken werden zur Begrenzung der Verformungen auch – meist einfach – statisch unbestimmte Systeme verwendet. [19]

Zusammenfassend zeichnen sich die baustatischen Berechnungen und damit auch die verwendeten Tragsysteme im Eisen- und Stahlbau zwischen 1870 und 1910 durch folgende Charakteristika aus:

• Bemühen um eine Minimierung des Rechenaufwands mit dem Ziel, ein möglichst wirtschaftliches Planungsverfahren zu erreichen
• Zurückführen des Tragsystems auf ebene, statisch bestimmte Systeme, die sich einfach berechnen lassen
• soweit möglich, Anwendung von graphostatischen Verfahren für Fachwerksysteme
• Anwenden von Tabellenwerken zur Ermittlung der Dimensionen einzelner Tragelemente. Im deutschsprachigen Raum finden vor allem die »Musterbücher für Eisen-Constructionen« von Karl Scharowsky [20] oder die Lehrbücher von Friedrich Heinzerling Verwendung.

An dieser Stelle sei konstatiert, dass zwar die Geschichte der Baustatik, was die Theorieentwicklung anbelangt, weitgehend aufgearbeitet ist, die Geschichte des baustatischen Rechnens in der Praxis hingegen kaum.

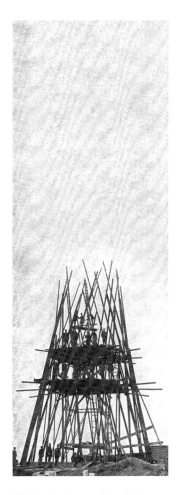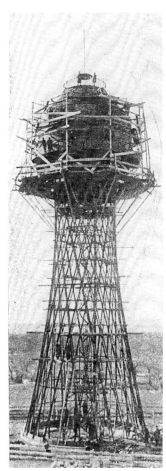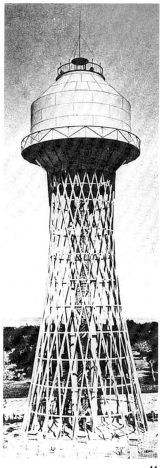

11  Bauarbeiten der Firma Bari am
    Wasserturm in Nikolaev (UA)
    1906–1907

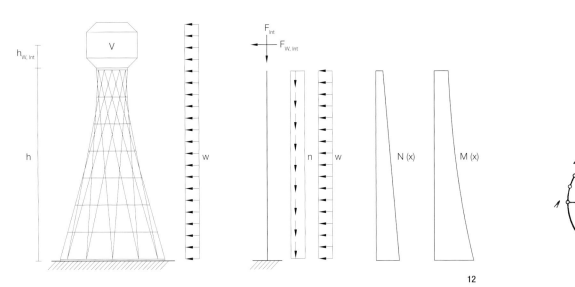

12         13

## Berechnungen von Vladimir G. Šuchovs Gittertürmen

Im Folgenden werden fünf erhaltene Berechnungen von Šuchov analysiert und ausgewertet. Die ältesten dieser Berechnungen entstammen dem 1911 erschienenen Fachbuch des russischen Ingenieurs Dimitri Petrov »Wassertürme aus Eisen – ihre Funktion, Konstruktionen und Berechnungen« [21]. Hier finden sich die Abdrucke der statischen Berechnungen für die Wassertürme in Nikolaev und Tjumen, die 1907 bzw. 1908 fertiggestellt wurden. Ebenfalls erhalten ist die statische Berechnung für den Adžiogol-Leuchtturm (Abb. 17 und 18, S. 75f.) in Cherson am Schwarzen Meer, die sich im Archiv der Russischen Akademie der Wissenschaften in Moskau befindet. Eine von Aleksandr Išlinskij und Irina Petropavlovskaja gekürzte Fassung des Originals übersetzte Ottmar Pertschi 2003 ins Deutsche. [22] Die deutlich umfangreichere, ungekürzte Fassung [23] ist zwar stellenweise kaum lesbar, enthält jedoch weitere wichtige Details und Zeichnungen. Im gleichen Archiv liegt auch ein handschriftliches Fragment zur Statik des zweistöckigen Wasserturms in Jaroslavl'. Von besonderer Bedeutung ist die Statik für den NiGRES-Stromleitungsmasten aus dem Stadtarchiv von Nižnij Novgorod. Um einen Vergleich mit der Analyse des Turms im Kapitel »NiGRES-Turm an der Oka« (S. 96ff.) zu ermöglichen, werden bei diesem Beispiel auch die ermittelten Stabkräfte angegeben.

Das Vorgehen Šuchovs wird zunächst ausführlich am Beispiel des Wasserturms in Nikolaev erläutert. Da der prinzipielle Ablauf der Berechnungen im Wesentlichen gleich ist, werden bei den vier darauf folgenden Berechnungen nur die Abweichungen und Besonderheiten aufgezeigt und kommentiert. Zur Vereinfachung sind die russischen Maßeinheiten ins metrische System umgewandelt und missverständliche Abkürzungen in Gleichungen mit heute gängigen Bezeichnungen ersetzt.

### Die statischen Berechnungen für den Wasserturm in Nikolaev

Der 1906 von Šuchov geplante und bis 1907 unter der Bauleitung von N. V. Čumakov errichtete Wasserturm im ukrainischen Nikolaev verfügt über einen Behälter vom Intze-Typ II mit 50 000 Eimer Fassungsvermögen (615 m³). Dimitrij Petrov weist in seinem Buch [24]

darauf hin, dass der Wasserturm in Nikolaev über den damals größten Intze-Behälter in Russland verfügt.

Das hyperbolische Gitternetz ist 84 Fuß (25,60 m) hoch, der untere Durchmesser beträgt 42 Fuß (12,80 m), der obere 23 Fuß (7,01 m). Die 48 auf der Rotationsfläche liegenden geraden Stäbe sind aus gleichschenkligen Winkelprofilen gefertigt und über die Höhe abgestuft (L 5/5/ ½ Zoll und L 4½/4½/½ Zoll, Abb. 15). In annähernd gleichen vertikalen Abständen (von unten nach oben: 2,87 m, 7× 2,50 m, 2,41 m, 2,83 m) sind horizontale Ringe, ebenfalls aus gleichschenkligen Winkelprofilen gefertigt, angeordnet. An den Kreuzungsstellen sind die Stäbe sowie die Zwischenringe miteinander vernietet.

Die von der Firma Bari durchgeführten Bauarbeiten dauerten lediglich von Oktober 1906 bis Mitte März 1907 (Abb. 11, S. 69). Laut Petrov werden die einzelnen Tragelemente während des Aufbaus zunächst verschraubt und erst nach der vollständigen Errichtung des Turms vernietet. Seine besondere Stabilität zeigt der Turm im Zweiten Weltkrieg, als er nach einer Sprengung durch deutsche Truppen in Gänze mit nur geringem Schaden wieder aufgerichtet werden kann, wie J. Belyj in »Ein Šuchov Turm in der Stadt Nikolaev – ein Denkmal der Ingenieurskunst« schreibt [25].

### Lastannahmen und Schnittgrößen

In den Berechnungen werden die im damaligen Russland gebräuchlichen Maße verwendet, z. B. das Gewichtsmaß Pud (1 Pud = 16,38 kg), das Hohlmaß Eimer (1 Eimer = 12,3 Liter) und das Längenmaß Fuß (1 Fuß = 0,3048 m). Für die Bemessung des Tragwerks wird ein Winddruck von 1 Pud/Fuß² (176,3 kg/m²) angenommen, der horizontal bzw. senkrecht auf die Projektionsflächen der Bauteile angesetzt wird. Zunächst werden für die vier Teilvolumen des Intze-Behälters – zwei Zylinder und zwei Kegelstümpfe – die horizontalen Projektionsflächen bestimmt. Bei den unter dem Winkel $\alpha_K$ – in der Regel 45° – geneigten Kegelflächen wird der horizontale Anteil der senkrecht auf die Flächen wirkenden Windlast ermittelt:

$$F_{Wind, Int} = \left( \sum A_{Zylinder} + \sum \left( A_{Kegelstumpf} \sin\alpha_K \right) \right) 0{,}667\, p \qquad \text{(F01)}$$

| Nr des Querschnitts | Wert $\mu$ | l in Zoll | Querschnittsfläche des Winkeleisens: $\omega$ in Qu.Zoll | Trägheitsmoment des Querschnitts I | Wert $\varphi$ | Zulässige Spannung in Pud/Qu.Zoll $R \cdot \varphi$ | Tatsächliche Span-nung in Pud/Qu.Zoll $Q : \omega$ | Spannungs-reserve in den Stützen in Pud/Qu.Zoll. |
|---|---|---|---|---|---|---|---|---|
| 1 | 0,00008 | 9,3·12=111,6 | 4,27 | 7,95 | 0,65 | 350,0·0,65=227 | 915,44:4,27=215 | 12 |
| 2 | 0,00008 | 94,8 | 4,27 | 7,95 | 0,72 | 252 | 222 | 30 |
| 3 | 0,00008 | 98,4 | 4,27 | 7,95 | 0,71 | 248 | 230 | 18 |
| 4 | 0,00008 | 98,4 | 4,27 | 7,95 | 0,71 | 248 | 237 | 11 |
| 5 | 0,00008 | 98,4 | 4,27 | 7,95 | 0,71 | 248 | 244 | 4 |
| 6 | 0,00008 | 98,4 | 4,77 | 11,10 | 0,75 | 262 | 224 | 38 |
| 7 | 0,00008 | 98,4 | 4,77 | 11,10 | 0,75 | 262 | 230 | 32 |
| 8 | 0,00008 | 98,4 | 4,77 | 11,10 | 0,75 | 262 | 234 | 28 |
| 9 | 0,00008 | 98,4 | 4,77 | 11,10 | 0,75 | 262 | 239 | 23 |
| 10 | 0,00008 | 112,8 | 4,77 | 11,10 | 0,70 | 245 | 243 | 2 |

**14**  **15**

Als Winddruckbeiwert für zylindrische Flächen wird der Koeffizient 0,667 verwendet, als Quelle verweist Šuchov hierbei auf die Ingenieurbau-Taschenbücher des Akademischen Vereins Hütte aus Berlin. Mittels der Flächenmomente wird der Abstand $h_{W, Int}$ zwischen dem oberen Ring der Gitterstruktur und der Resultierenden der horizontalen Windlast auf den Intze-Behälter $F_{W, Int}$ ermittelt. Aus der Stabzahl 2n und der Breite $b_L$ der gleichschenkligen Winkelprofile ergibt sich die auf die Gitterfläche einwirkende Horizontallast $p_G$ pro laufende Höhe x; eine eventuell auftretende Abschattung der Stäbe in den Seitenbereichen bleibt unberücksichtigt:

$$p_G = 2 \cdot n \cdot b_L \cdot p \qquad \text{(F02)}$$

Die Tragstruktur wird nun durch die neun Zwischenringe in zehn Abschnitte unterteilt. Am oberen Ende der Gitterstruktur beginnend (x = 0) wird auf der Höhenlage x jedes Zwischenrings das Moment mithilfe des Ausdrucks

$$M(x) = F_{W, Int} \cdot (h_{W, Int} + x) + \frac{p_G \cdot x^2}{2} \qquad \text{(F03)}$$

bestimmt (Abb. 12). Die auf die Zwischenringe und das zentrale Rohr einwirkenden Windkräfte bleiben in der Berechnung unberücksichtigt.

*Berechnung der Stabkräfte*
Bei der Berechnung der einzelnen Stabkräfte betrachtet Šuchov den Turm als schubsteife Röhre mit eben bleibendem Querschnitt. Für die im Grundriss kreissymmetrisch angeordneten Querschnitte (Abb. 13) wird das Flächenträgheitsmoment um die Achse A-$A_1$ mithilfe des Satzes von Steiner ermittelt.
Für die Gesamtzahl von 2n Stäben ergibt sich das Trägheitsmoment somit zu:

$$I = A \cdot 2 \cdot \sum_{I=1}^{n} (r^2 \cdot \cos^2 i \cdot \alpha) = A \cdot 2 \cdot r^2 \cdot \sum_{I=1}^{n} (\cos^2 i \cdot \alpha) \qquad \text{(F04)}$$

Da die Summe der Cosinus-Quadrate von $\alpha$ und $(90° - \alpha)$ stets eins ist, also:

$$\sum_{I=1}^{n} \cos^2 i \cdot \alpha = \frac{1}{2} \cdot n \qquad \text{(F05)}$$

lässt sich F04 vereinfachen zu

$$I = A \cdot r^2 \cdot n \qquad \text{(F06)}$$

und das Widerstandmoment zu

$$W = \frac{A \cdot r^2 \cdot n}{r} = A \cdot r \cdot n \qquad \text{(F07)}$$

Die maximale, aus Biegung resultierende Stabkraft $F_{max}$ ergibt sich somit zu

$$F_{max} = \sigma \cdot A = \frac{M}{A \cdot n \cdot r} \cdot A = \frac{M}{n \cdot r} \qquad \text{(F08)}$$

Neben der aus der Biegebeanspruchung des Turms resultierenden maximalen Stabkraft $F_{max}$ wird der Stab durch das Eigengewicht des vollen Wassertanks (hier als q bezeichnet) und dem von oben linear zunehmenden Anteil aus dem Eigengewicht der Tragstruktur (hier als $q_1$ bezeichnet) beansprucht.

$$q = \frac{V \cdot \rho + m_{WT}}{2 \cdot n} \qquad \text{(F09)}$$

$$q_1 = \frac{m_{TG}}{2 \cdot n \cdot h} \qquad \text{(F10)}$$

12  statisches Modell eines Wassertrums mit Belastung und Schnittgrößen
13  Bestimmung des Trägheitsmoments des Turmquerschnitts nach Šuchov
14  Deutsche Übersetzung der tabellarischen Berechnung der wirkenden und zulässigen Druckspannungen nach Dmitrij Petrov
15  Abstufung der verwendeten Winkelprofile über die Turmhöhe, Wasserturm für die Ausstellung in Nižnij Novgorod (RUS) 1896 am heutigen Standort in Polibino

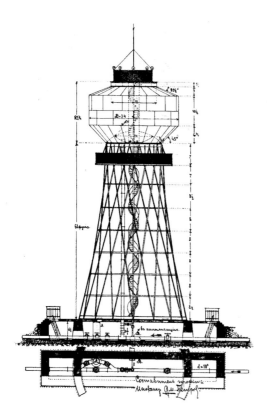

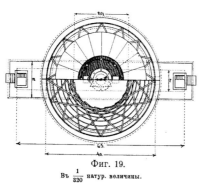

Фиг. 19.

Въ $\frac{1}{320}$ натур. величины.

Желѣзная уравнительная башня съ остовомъ системы инж. В. Г. Шухова
и съ резервуаромъ на 33350 ведеръ воды.
(По проекту инж. Д. В. Петрова).

16

Somit ergibt sich die maximale Stabkraft je nach Höhenlage zu:

$$Q = F_{max} + q + q_1 \, x \qquad\qquad (F\,11)$$

*Bemessung der Stabquerschnitte*
Der Knicknachweis der druckbeanspruchten Stäbe erfolgt anschließend mithilfe der Formel F 12, die Šuchov als Schwarz-
Rankinesche Formel bezeichnet. In Wirklichkeit handelt es sich
allerdings um die Formel der Ingenieure Franz Laissle und Adolf
Schübler, die erstmals 1864 veröffentlicht wird. Diese argumen-
tieren, dass die weitverbreitete empirische Formel von Schwarz/
Rankine gerade bei großen Schlankheiten zu wenig Sicherheit
biete. Mit dem Anspruch »wissenschaftlicher Begründung der
gegebenen Regeln« [26] leiten sie die zulässige Randspannung
her und gelangen so zu einem ähnlichen Formeltyp wie Schwarz/
Rankine. Die Formel von Laissle/Schübler wird in der Fachliteratur
vielfach zitiert und findet vor allem im deutschen Sprachraum weite
Verbreitung. Für die Ermittlung der maximalen Randspannung
mindert der Koeffizient φ die zulässige Werkstoffspannung ab,
der Werkstoff wird über die Materialkonstante μ berücksichtigt,
die zuvor in Versuchsreihen ermittelt worden war (z. B. Schmiedeeisen: μ = 0,00008; Gusseisen: μ = 0,00025):

$$\varphi = \cfrac{1}{1 + \mu\,\ell^2\,\cfrac{\omega}{I}} \qquad\qquad (F\,12)$$

Die Querschnittsfläche ist ω; als Knicklänge l verwendet Šuchov
den vertikalen Abstand von zwei Zwischenringen. Die wahre Stablänge und Stabneigung bleiben hier, ebenso wie zuvor bei der
Berechnung der Stabkräfte, unberücksichtigt. Für das Trägheitsmoment I wird nicht das um die schwache Hauptachse gebildete,
sondern das um die kartesische Achse berechnete Trägheitsmoment verwendet. Zur Berechnung der zulässigen Druckspannungen heißt es bei Petrov in etwa: »Die Formel weist eine hohe
Sicherheit auf, da der Wert φ für eine Stütze mit nicht befestigten
[also: gelenkigen – Anm. d. Autors] Enden bestimmt wird; im untersuchten Fall kann man […] die einzelne Länge eines Winkeleisens
des Tragwerks als Stütze mit befestigten [also: eingespannten –
Anm. d. Autors] Enden betrachten. Die tatsächliche Spannung fällt
dann wesentlich geringer aus.« [27]
Für die unterschiedlichen Höhenlagen wird die maßgebliche
Randspannung berechnet und mit der zulässigen Randspannung
nach Laissle/Schübler verglichen. Die angenommene zulässige
Werkstoffspannung R beträgt 8,75 KN/cm² (oder 350 Pud/Zoll²).
In Abb. 14 (S. 73) sind die in den einzelnen Abschnitten wirkenden
und zulässigen Spannungen aufgeführt.
Ein Nachweis der Zwischenringe ist in der Berechnung nicht ent-
halten; ebenso wenig wird die auf die Zwischenringe einwirkende
Windlast berücksichtigt.

*Nachweis der Gesamtstabilität*
Abschließend werden die Kippsicherheit und damit die Gesamtstabilität der Turmkonstruktion nachgewiesen. Als Standmoment
wird das Gesamtgewicht der Eisenkonstruktion samt Auflagerring und leerem Behälter herangeführt und mit dem schon zuvor
ermittelten maximalen Kippmoment verglichen. Es wird lediglich

nachgewiesen, dass das Standmoment größer als das Kippmoment ist – im konkreten Fall von Nikolaev beträgt der »Stabilitätswert« des Turms 1,06. Die Ankerschrauben, die den Auflagerring mit dem Streifenfundament verbinden, werden hierbei jedoch
nicht berücksichtigt, sodass die tatsächliche Kippsicherheit höher
anzusetzen ist. Die statische Berechnung enthält ferner einen
Nachweis der zulässigen Pressung des streifenförmigen Stein-
fundaments durch den Auflagerring sowie die Überprüfung der
zulässigen Bodenpressung.

### Statische Berechnungen für den Wasserturm in Tjumen

1908 plant die Firma Bari einen Wasserturm für die städtische
Wasserversorgung von Tjumen in Westsibirien (Abb. 16). Der Turm
verfügt über einen Intze-Behälter vom Typ II mit 33 350 Eimer Fassungsvermögen (410 m³). Das hyperbolische Gitternetz ist 63 Fuß
hoch (19,20 m), der untere Durchmesser beträgt 40 Fuß (12,19 m),
der obere Durchmesser 20,5 Fuß (6,25 m). Die 32 auf der Rotationsfläche liegenden Stäbe bestehen aus gleichschenkligen Winkelprofilen, die über die Höhe ein Mal abgestuft sind. Bis zum vierten
Zwischenring werden Winkelprofile mit den Maßen 110/110/12 mm
verwendet, darüber 100/100/12 mm. Sieben Zwischenringe sind
über die Höhe in annähernd gleichen vertikalen Abständen angeordnet. Die Profile der Zwischenringe sind in 5-mm-Schritten vom
untersten (L 80/80/10 mm) bis zum vorletzten (L 50/50/10 mm) fein
abgestuft. Der letzte Zwischenring, der ein Wartungspodest trägt,
hat wiederum den gleichen Querschnitt wie der erste.
Die statische Berechnung des Turms folgt im Wesentlichen der
bereits besprochenen Statik des Wasserturms in Nikolaev. Im
Gegensatz dazu wird dieser Turm jedoch nicht mit russischen Maßeinheiten, sondern nach dem metrischen System berechnet und
geplant. Abweichungen treten im Bereich der angesetzten Lasten
und zulässigen Spannungen auf. So wird für die Bemessung des
Tragwerks ein Winddruck von 180 kg/m² angesetzt und die zulässige Werkstoffspannung für den Baustahl mit 1100 kg/cm² angenommen. Der »Stabilitätswert«, also die Kippsicherheit, errechnet
sich wie zuvor und beträgt hier 1,08. [28]
Für den Turm in Tjumen wird bei Petrov zudem ein sogenannter
Leichtigkeitswert ermittelt, der als Quotient von Konstruktions-
gewicht und Wassergewicht ausgedrückt wird. Im konkreten Fall
beträgt er 42,80 t/410,55 t = 0,104 und ist damit »leichter« als
alle von Petrov besprochenen Beispiele.
Zudem versucht man für den Turm in Tjumen anstatt der Winkelprofile Rundrohre einzusetzen. Allerdings machen die hierfür erforderlichen teuren Spezialverbindungen der Schweizer Firma gf
sowie die aufwendige Montage diese an sich sinnvolle Lösung zu
unwirtschaftlich, sodass die Idee verworfen werden muss. [29]

### Statische Berechnungen für den Adžiogol-Leuchtturm

Die originalen »Berechnungen eines Leuchtturms mit bis zu
68 m lichter Höhe nach dem System des Ingenieurs Šuchov«
[30], die sich auf den Adžiogol-Leuchtturm in Cherson am
Schwarzen Meer beziehen, sind glücklicherweise erhalten
geblieben. Da in der gekürzten und übersetzten Fassung
wesentliche Herleitungen der Rechenschritte fehlen oder diese
fehlerhaft wiedergegeben werden, dient hier zur Analyse der
Berechnungsverfahren auch die Originalfassung als Grundlage.

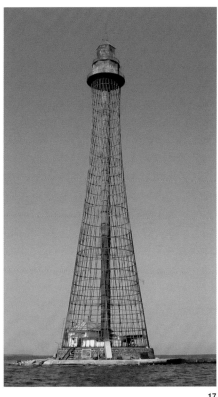

**17**

16  Zeichnung des Wasserturms in Tjumen (RUS)
    1908
17  Adžiogol-Leuchtturm, Cherson (UA) 1911

18    Adžiogol-Leuchtturm, Blick in das Turminnere, Cherson (UA) 1911

Entwurf und Berechnung der Türme von Šuchov

Die Tragstruktur des Leuchtturms (Abb. 18), der das höchste ein-
stöckige von Šuchov gebaute Hyperboloid darstellt, wird folgen-
dermaßen beschrieben: »Der Leuchtturm stellt ein Rotationshyperboloid dar. Der Durchmesser unten am Fundament ist 18 m, am
oberen Ring 7 m. Die Höhe des Turmgerüsts vom Fundament bis
zum oberen Ring beträgt 59 m. Auf der Fläche des oberen Rings
befindet sich eine Blechhütte für den Leuchtturmwärter mit 4 m
Höhe. […] Das Turmgerüst besteht aus 60 Winkeleisen, die einander überschneiden und in geraden, ein Hyperboloid bildenden
Linien ausgerichtet sind. Um die notwendige Verbindung der
Winkeleisen des Hyperboloids herzustellen, sind daran von der
Gerüstinnenseite mehrere waagrechte Ringe in 2 m Abstand
voneinander befestigt. An den Kreuzungspunkten sind die Winkeleisen vernietet und das so gebildete Gittergerüst des Turms stellt
ein verbundenes und starres System dar. In der Mitte ist über die
gesamte Höhe ein Eisenrohr mit 2 m Durchmesser angebracht, in
dem sich eine Wendeltreppe aus Eisen befindet.« [31]
Auch bei diesem Bauwerk folgt die Berechnung im Wesentlichen
dem Verfahren, das zuvor für die Wassertürme von Nikolaev und
Tjumen aufgezeigt wurde. Jedoch ist diese Berechnung im Vergleich zu den anderen ausgewerteten wesentlich umfangreicher
und differenzierter. So werden beispielsweise Rechenverfahren, die
sonst unkommentiert zum Einsatz kommen, hergeleitet und erläutert.

### Herleitung der Windlasten

Ein besonderer Schwerpunkt liegt auf der Herleitung der auf die
Struktur einwirkenden Windlasten – ein Umstand, der sicherlich der
exponierten Lage am Meer geschuldet ist. Der Winddruck wird mit
275 kg/m² angenommen. Für die gleichschenkligen Winkelprofile
werden entsprechend der Lage im Grundriss die auf die Winkel-
flächen wirkenden normalen und schließlich die benötigten, in der
Anströmrichtung liegenden Kraftkomponenten ermittelt (Abb. 21a,
S. 79). Hierzu werden die Winkelprofile nach ihrer Anordnung auf
dem Vollkreis in vier Abschnitte unterteilt (Abb. 21b, S. 79). Je nach
Anströmrichtung wird nun erst die projizierte Breite des Winkels
ermittelt, dann der auf diese Breite entfallende normal wirkende
Anteil und schließlich die auf die Anströmrichtung entfallende Kraftkomponente. Verläuft ein Schenkel parallel zur Anströmrichtung, ist
die resultierende Kraft gleich Winddruck (p) mal Schenkellänge (a).
Im Bereich A bis B ist die resultierende Kraft deutlich geringer, bei
45° nur 0,353 pa (Punkt B). Zwischen Punkt B und C ist der hintere
Schenkel durch den vorderen verschattet; mit steigendem Winkel α
steigt die resultierende Kraft wieder auf pa. Größer als pa ist die
Resultierende lediglich zwischen den Punkten C und D, denn hier
»fängt« der Winkel den vollen Winddruck ein, das Maximum ist bei
135° erreicht, wenn der Winkel v-förmig nach unten ausgerichtet ist.
Die maximale Kraft beträgt dann 1,414 pa. In der Zeichnung ist
weiterhin vermerkt, dass der Bereich von D bis E wie B bis C zu
behandeln sei und der Bereich E bis F wie A bis B. Die Resultierende im Bereich zwischen F und A ergibt sich zu: pa (sin³ α +
cos³ α), entgegen dem ursprünglichen Schreibfehler in der Zeichnung (in Abb. 21b, S. 79 korrigiert). Die minimale Resultierende
ergibt sich in diesem Bereich bei α = 315° zu 0,707 pa.
Als Beispiel sind für einen Turm mit 48 Stäben die anzusetzenden Winddrücke berechnet, die Anströmrichtung wird hierbei in
15°-Unterteilungen variiert. In der Summe ergibt sich eine Windkraft

von 42,258 pa, aus der sich auf die Stäbe verteilt ein durchschnitt-
licher Anteil von 0,88 pa ergibt.
Überträgt man dieses Verfahren auf die Struktur des Leuchtturms
und variiert die Anströmrichtung der 60 Stäbe entsprechend in
6°-Unterteilungen, erhält man 53,561 pa bzw. 0,893 pa pro Stab
(nicht in der Statik enthalten). Das Beispiel dient als Erläuterung
für die Annahme einer gleichförmigen horizontalen Windlast pa
für alle Stäbe, ungeachtet ihrer Ausrichtung zum Wind. Da in drei
Vierteln des Vollkreises die Resultierenden auf die Winkelprofile
kleiner als pa sind und nur zwischen C und D größer, wird argumentiert, dass die Annahme einer gleichförmigen horizontalen
Windlast pa – was die Standsicherheit des Gesamtbauwerks betrifft
– auf der sicheren Seite liegt.

Laut den statischen Berechnungen sind die Winkelprofile der
vertikalen Stäbe alle 10 m (Ausnahme erster Stoß nach 9 m) fein
abgestuft, von 88/88/12 mm über 88/88/10 mm, 76/76/10 mm,
63/63/10 mm bis 50/50/10 mm. So wird die auf das Gitternetz
einwirkende Windkraft wie zuvor bestimmt, nun allerdings ergänzt
durch die auf das Rundrohr einwirkende Belastung. In Šuchovs
Berechnungen heißt es hierzu: »Der Winddruck auf das Rohr als
einen Zylinder (normalerweise nimmt man für den Winddruck auf
eine Zylinderfläche $p_o$ = 0,45 pdh bis 0,57 pdh an, vgl. Hütte,
S. 276, Teil 1, 6. Aufl.) ist $p_o$ = 2/3 p = 180 kg je laufendem Meter
in vertikaler Projektion.« [32]

$$p_G = p \left( n \cdot b_L + \frac{2}{3} \cdot d \right) \qquad \text{(F13)}$$

Nachfolgend heißt es in der Berechnung ferner: »Die Größe des
tatsächlichen Winddrucks auf das Turmgerüst ist natürlich geringer
als die berechnete, weil sich die Winkeleisen, die in den der Tan-
gente der Windrichtung entsprechenden Kreisabschnitten liegen,
einander überlappen und somit die der Windeinwirkung ausge-
setzte Fläche wesentlich verringern.« [33] Das Moment in einer
bestimmten Höhenlage i des Turms berechnet sich, in leichter
Modifizierung des Ausdrucks F03 (S. 73), durch das zusätzliche
Kopfmoment zu:

$$M_i = M + Q(x) \cdot x + \frac{p_G \cdot x^2}{2} \qquad \text{(F14)}$$

Die maßgeblichen Schnittgrößen sowie die resultierenden Spannungen in den Stäben werden im Folgenden in unterschiedlichen
Höhenlagen berechnet und in tabellarischer Form dargelegt
(Abb. 19 und 20, S. 78). Mit der bereits erläuterten Formel für
das Widerstandsmoment des Turms (siehe F06, S. 73) lassen sich
die maximalen, aus der Biegebeanspruchung resultierenden Stabkräfte ermitteln. Durch die Überlagerung mit der Turmauflast und
dem Eigengewicht der Konstruktion werden die wirkenden Druck-
und Zugkräfte in den Höhenlagen bestimmt.
Im Gegensatz zu allen anderen Berechnungen wird hier auch die
Biegebeanspruchung der Stäbe unter Windlast berücksichtigt, die
als pal²/24 angenommen wird. Warum dieser Wert verwendet wird,
der deutlich unter dem Stützmoment eines mehrfeldrigen Durchlaufträgers liegt, ist allerdings nicht nachvollziehbar. Der Nachweis

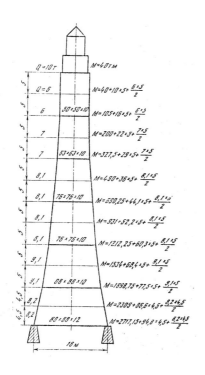

**19**

| Q, т | M, тм | R, м | R, п | p, м | S, м | T, м | w, см³ brutto | w, см³ netto |
|---|---|---|---|---|---|---|---|---|
| 10 | 4,0 | 3,5 | 105 | 0,381 | 0,881 | −0,119 | — | — |
| 16 | 105 | 3,35 | 100 | 1,04 | 1,01 | +0,47 | 8,857 | 7,257 |
| 22 | 200 | 3,3 | 99 | 2,02 | 2,65 | +1,39 | — | — |
| 29 | 327,5 | 3,5 | 105 | 3,12 | 3,84 | +2,40 | 11,277 | 9,677 |
| 36 | 490 | 3,8 | 112 | 4,30 | 5,10 | +3,5 | — | — |
| 44,1 | 690,25 | 4,3 | 133 | 5,35 | 6,25 | +4,45 | 13,696 | 12,096 |
| 52,2 | 931 | 4,9 | 147 | 6,33 | 7,33 | +5,33 | — | — |
| 60,3 | 1212,25 | 5,5 | 165 | 7,34 | 8,45 | +6,23 | 17,87 | 15,59 |
| 68,4 | 1534 | 6,25 | 187 | 8,18 | 9,41 | +6,95 | — | — |
| 77,5 | 1898,75 | 7 | 210 | 9,04 | 10,41 | +7,67 | 18,657 | 16,377 |
| 86,6 | 2309 | 7,7 | 231 | 10 | 11,5 | +8,5 | — | — |
| 94,8 | 2717,15 | 8,4 | 252 | 10,78 | 12,38 | 9,18 | 21,141 | 18,881 |
| 103 | 3158,6 | 9 | 272 | 11,65 | 13,35 | 10,01 | — | — |

| φ | $M_1$, кг·см | W, см³ | $\frac{T}{w_{netto}}$ | $\frac{T}{w_{brutto}}$ | $M_1/W$ | Σ напряжение сжатия кг/см² | Дополнительное напряжение |
|---|---|---|---|---|---|---|---|
| 0,41 | 230 | 5,479 | 65 | 182 | 42 | 224 | 410 |
| — | — | — | 191 | 300 | 42 | 342 | 416 |
| 0,53 | 290 | 9 | 248 | 341 | 33 | 374 | 531 |
| — | — | 9 | 362 | 452 | 33 | 485 | 540 |
| 0,63 | 350 | 13,36 | 357 | 457 | 27 | 434 | 630 |
| — | — | — | 440 | 535 | 27 | 562 | 635 |
| 0,6 | 350 | 17,03 | 400 | 473 | 20 | 493 | 640 |
| — | — | — | 445 | 527 | 20 | 547 | 600 |
| 0,7 | 405 | 21,22 | 468 | 558 | 19 | 577 | 760 |
| — | — | — | 520 | 616 | 19 | 635 | 707 |
| 0,7 | — | 23,78 | 488 | 586 | 18 | 604 | 701 |
| — | — | — | 538 | 635 | 18 | 653 | 710 |

**20**

der druckbeanspruchten Stäbe erfolgt wie zuvor mit der Formel von Laissle/Schübler. Für die maßgebliche Druckspannung wird die Druckkraft durch den Bruttoquerschnitt geteilt und mit der Biegebeanspruchung überlagert, der Nachweis der zulässigen Zugspannung erfolgt unter Berücksichtigung des Nettoquerschnitts (Abb. 20). Als zulässige Spannung wird 1000 kg/cm² angenommen.

### Vergleichsrechnung Rohrquerschnitt
Als Vergleichsrechnung hat Šuchov zusätzlich eine Berechnung der Kippmomente für ein vollflächig geschlossenes Rotationshyperboloid beigefügt. Die Ansichtsfläche des Hyperboloids wird hierfür vereinfacht in einzelne Zylinder- und Kegelstumpfabschnitte aufgeteilt. Als Winddruck wird wie bei dem zylindrischen Rohrquerschnitt des Treppenhauses 180 kg/m² angesetzt. In der Summe ergibt sich ein Kippmoment von 3323 tm, ein Wert, der nur geringfügig (um 5 %) größer ist als der zuvor ermittelte für die Gitterstruktur.

### Wirkungsweise der Zwischenringe
Ein weiterer Abschnitt befasst sich mit den Zwischenringen; es ist die einzige Aussage zu diesem Thema, die in den hier analysierten Berechnungen vorhanden ist. Šuchov schreibt: »Die horizontalen Zwischenringe haben den Zweck, die Kreuzungspunkte der Winkeleisen des Turms an Ort und Stelle zu halten und den auf die Winkeleisen auftreffenden Winddruck gleichmäßig über die Kreuzungspunkte zu verteilen« und weiter: »Der vom Ring ab aufgenommene größte Druck kann gleich dem halben Winddruck auf die Winkeleisen des Turmgerüsts mit der Höhe h [hier: Abstand

zwischen zwei Zwischenringen – Anm. d. Autors] oder dem Druck auf den Ring

$$Q = \frac{p \cdot a \cdot 2n \cdot h}{2} \qquad \text{(F 15)}$$

angenommen werden.« [34] Für die unterschiedlichen Querschnitte der Zwischenringe, die denen der vertikalen Stäbe im jeweiligen Abschnitt entsprechen, werden die Druckspannungen mit der Kraft Q ermittelt.

Das zugrunde liegende Modell gleicht also einem liegenden Ring, der an zwei gegenüberliegenden Punkten gehalten wird (Abb. 22). An diesen Auflagerpunkten wird die maximale Kraft Q aus den Ringen in die Gitterstruktur abgetragen. Die resultierenden Horizontalkräfte von Bogen und Zugring heben sich am Auflager gegenseitig auf.

Überraschenderweise wird an dieser Stelle keine zulässige Druckspannung mit dem Verfahren von Schwarz/Rankine und Laissle/Schübler berechnet; die errechnete Spannung ist sogar – vom untersten Zwischenring Abschnitt abgesehen – größer als die zulässige Stahlspannung von σ = 1000 kg/cm², die ansonsten in der Berechnung Verwendung findet (Abb. 25). Šuchov schreibt hierzu weiter: »Der tatsächliche Druck ist wesentlich geringer, weil die Verbindungsstellen 00₁, die diesen Druck übertragen, ihn über die Verbindungsstellen cc usw. weiter auf das Gitter übertragen. […] Die Ringe sind über die gesamte Turmhöhe aus gleich großen Winkeleisen gemacht wie auch das Turmgerüst.« [35] (Abb. 24)

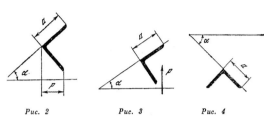

Puc. 2      Puc. 3      Puc. 4

a

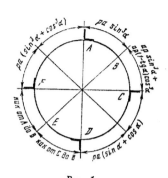

Puc. 1

b      21

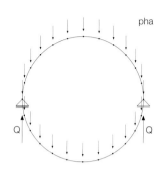

pha

22

| отъ Е до А. | отъ С до Д. | отъ А-В и отъ Е-Ј | отъ В до С отъ Д до Е |
|---|---|---|---|
| I | I | - | - |
| 0,919 | I,225 | 0,902 | 0,677 |
| 0,775 | I,366 | 0,650 | 0,400 |
| 0,706 | I,414 | 0,853 | 0,353 |
| 0,775 | I,366 | 0,650 | 0,650 |
| 0,919 | I,225 | 0,902 | 0,902 |
| нѣтъ | I | I |
| Z = 4,094 | 6,596 | 3,457 | 2,982 |

23      24

Puc. 9

Таблица 3

| Уголок | Q, m | w, см² | d, кг/см² |
|---|---|---|---|
| 2 × 2 × 3/8″ | 16,5 × 0,05 = 0,825 | 7,3 | 112 |
| 2 × 2 × 3/8″ | 16,5 × 0,063 = 1,04 | 9,7 | 107 |
| 3 × 3 × 3/8″ | 16,5 × 0,076 = 1,25 | 12,1 | 104 |
| 3 × 3 × 3/8″ | 16,5 × 0,088 = 1,45 | 16,3 | 90 |

25

*Speichenräder*

In der vertikalen Achse des Turms ist eine Blechröhre für die Wendeltreppe angeordnet. Der Durchmesser des Rohrs beträgt 2 m, die Blechstärke 5 mm. Für die Aussteifung des Rohrquerschnitts ist dieser im Abstand von 10 m durch radial angeordnete Zugstäbe mit der Tragstruktur verbunden (Abb. 18, S. 76). Das Rohr wird als durchlaufender Träger betrachtet; das maximale Stützmoment in Überlagerung mit der Druckspannung aus Eigengewicht mit der zulässigen Werkstoffspannung verglichen. Die unteren beiden Speichenräder bestehen aus 32, die oberen drei aus 16 Zugstäben. Auf die Berechnung von den Speichenrädern wird hier jedoch nicht weiter eingegangen.

Statische Berechnungen für den zweistöckigen Wasserturm in Jaroslavl'
Der 1911 errichtete Wasserturm in Jaroslavl' besteht aus zwei Segmenten von 19,20 m (unten) bzw. 20,27 m (oben) Höhe (Abb. 26 b, S. 80). Die beiden Hängebodenbehälter verfügen über ein Fassungsvermögen von 116,6 m³ (unten) bzw. 194,2 m³ (oben). Die Querschnitte der jeweils 30 Vertikalstäbe sind im unteren Abschnitt von 4,5/4,5/⁵⁄₈ Zoll auf 4,5/4,5/¹⁄₂ Zoll und im oberen von 4,0/4,0/¹⁄₂ Zoll auf 3,5/3,5/³⁄₈ Zoll abgestuft. Sieben horizontale Zwischenringe steifen beide Segmente aus. Die Berechnung, die sich auf zweieinhalb handschriftliche Seiten (Abb. 26 a, S. 80) beschränkt, folgt auch in diesem Fall dem bereits erläuterten Schema. Bei der Berechnung des unteren Segments werden die Auflagerkräfte des oberen Abschnitts als Belastung angesetzt, ohne weiter auf die Übertragung der Kräfte einzugehen.

19   auf den Turm einwirkende Querkraft und Biegemomente
20   tabellarische Berechnung der Stabkräfte und Nachweise: Die vorletzte Spalte zeigt die aus der Überlagerung mit den Biegespannungen gewonnenen maßgeblichen Druckspannungen; in der letzten Spalte ist die zulässige Druckspannung angegeben.
21   Anströmung der Winkelprofile auf den einzelnen Stab (a) und entsprechend seiner Anordnung im Grundriss (b), fehlerhafte Formel im Original korrigiert
22   Rekonstruktion von Šuchovs Modellannahme zur Wirkungsweise der Zwischenringe
23   Summe der projizierten Stabflächen entsprechend der Anströmrichtung
24   Schemazeichnung zur Wirkungsweise der Zwischenringe
25   maximal wirkende Kraft in den Zwischenringen nach Formel F 15 (S. 78)

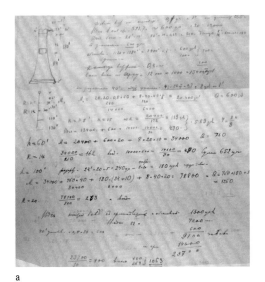

a

26  Wasserturm in Jaroslavl' (RUS) 1911
    a  erste Seite der statischen Berechnung
       von Šuchov
    b  Fotografie, um 1911
    c  Blaupause (abweichend von der
       realisierten Fassung)

b

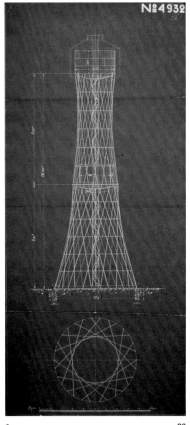

c                                                    26

Der Hauptring, der die beiden Abschnitte trennt, wird in der Berechnung nicht behandelt. Lediglich die zugrunde liegenden Last- und Werkstoffannahmen unterscheiden sich: Werkstoffspannung je nach Bauteil: 350 bzw. 400 Pud/Zoll² (890 kg/cm² bzw. 1015 kg/cm²), Winddruck: 0,7 Pud/Fuß² (123,4 kg/m²). Die der Berechnung zugrunde liegenden Abmessungen weichen allerdings von dem ausgeführten Turm deutlich ab, sodass es sich vermutlich nur um eine frühe, überschlägige Studie handelt.

### Statische Berechnungen für den NiGRES-Turm an der Oka

Nur wenige originale Berechnungen von Šuchovs mehrstöckigen Türmen sind uns erhalten geblieben. Erfreulicherweise sind vor wenigen Jahren im Stadtarchiv von Nižnij Novgorod die historischen Berechnungen des NiGRES-Turms (Abb. 29, S. 84) aufgetaucht. [36] Die Berechnungen beinhalten Lastannahmen, die Bemessung der geraden Stäbe eines jeden Abschnitts samt der Dimensionierung der Nietverbindungen sowie die Nachweise für den Fundamentring. Dies alles ist auf lediglich zehn Schreibmaschinenseiten zusammengefasst (Abb. 27, S. 82f.). Ob diese Dokumente tatsächlich alle Berechnungen beinhalten, die Šuchov für den Turm durchführte, lässt sich nicht mehr feststellen. Unter Umständen könnte es sich auch nur um eine knappe Zusammenfassung handeln, die bei den örtlichen Behörden vor Baubeginn vorgelegt werden musste. In jedem Fall bieten sie einen ebenso seltenen wie aufschlussreichen Einblick in die tragwerksplanerische Konzeption und Berechnung der mehrstöckigen Türme und die dahinter stehenden statischen Modelle und Lastannahmen. [37]

*Lastannahmen und Schnittgrößen*

Zu Beginn wird ohne weitere Erläuterungen erklärt, dass nach den nicht näher benannten »technischen Vereinbarungen« die maximalen Beanspruchungen entstehen, wenn »die Leiterseile nicht gerissen sind, keine Eislast vorhanden ist und der Winddruck 250 kg/m² beträgt«. [38] Offenbar bezieht sich Šuchov hier auf unterschiedliche Lastfallkombinationen, die laut den maßgeblichen Normen der Zeit zu untersuchen sind. Der erwähnte Winddruck von 250 kg/m² wird konstant über die gesamte Höhe des Turms angesetzt. Für die geraden Stäbe wird als Angriffsfläche die Schenkellänge der gleichschenkligen Stahlwinkel verwendet.

Im Unterschied zu den vorangegangenen Berechnungen wird bei diesem Turm auch die Windlast auf die horizontalen Zwischenringe berechnet. Bei der Berechnung des Winddrucks auf die Zwischenringe berücksichtigt er die Abschattung an den Flanken der Konstruktion. Die resultierende Windkraft auf einen Zwischenring mit dem Durchmesser D und der Schenkellänge der Winkelprofile b wird mit dem Ausdruck

$$W_{Ring} = 250 \text{ kg/m}^2 \cdot \frac{4}{3} \cdot D \cdot b \qquad \text{(F 16)}$$

berechnet. Gegenüber der projizierten Länge von D pro Halbkreis ergibt sich also eine Reduktion von 33 %. Interessanterweise benutzt Šuchov hier denselben Abminderungsfaktor, der auch für den 1911 errichteten Adžiogol-Leuchtturm in Cherson Verwendung gefunden hat. In den zugehörigen statischen Berechnungen verweist er auf die Ingenieur-Taschenbücher des Akademischen Vereins Hütte, der von Berlin aus seit 1857 ingenieurwissenschaftliche Nachschlagewerke herausgibt. In der Ausgabe von 1906 wird die Windlast, die auf einen Zylinder mit dem Durchmesser d und der Höhe h in der Richtung des Windes wirkt, mit der Formel $W_{Ring} = \frac{2}{3} \cdot d \cdot h \cdot p$ berechnet [39]. Für den offen umströmten Kreisring nimmt Šuchov also diese Formel mal zwei, um beide Hälften des Kreisrings zu erfassen. Der Quellenhinweis ist eins von vielen Beispielen dafür, dass Šuchov die internationale Fachliteratur genau studierte und sich die Erkenntnisse der zeitgenössischen Forschung für seine Projekte zunutze machte.

Das Eigengewicht des Turms mitsamt den Leiterkabeln wird mit 144,26 t angegeben. Nachdem die Resultierenden der Windkräfte pro Abschnitt ermittelt worden sind, wird das Kippmoment für den ganzen Turm berechnet. Die Resultierende der Windkräfte eines Abschnitts wird hierbei stets auf halber Höhe angesetzt. Nach den originalen Berechnungen ergibt sich das Kippmoment zu 7384,21 tm (Tonnenmeter). Mit der Stabzahl n und dem Radius r werden die maximalen Druckkräfte aus der Biegebeanspruchung wie zuvor durch die Formel F 08 (S. 73) berechnet. Mit dem oben angegebenen Eigengewicht und Kippmoment ergibt sich für den ersten Abschnitt eine maximale Druckkraftbeanspruchung von:

$$F_{D, max} = 144{,}26 \text{ t}/40 + 7384{,}21 \text{ tm}/(20 \cdot 17 \text{ m}) =$$
$$3{,}6 \text{ t} + 21{,}7 \text{ t} = 25{,}3 \text{ t}$$

Die maximale Zugkraft ergibt sich analog zu:

$$F_{Z, max} = 7384{,}21 \text{ tm}/(20 \cdot 17 \text{ m}) - 144{,}26 \text{ t}/40 =$$
$$21{,}7 \text{ t} - 3{,}6 \text{ t} = 18.1 \text{ t}$$

*Bemessung der Stabkräfte*

Mit dieser Druckkraft werden die vertikalen Stäbe des ersten Abschnitts bemessen. Als Knicklänge wird der vertikale Abstand zwischen zwei Horizontalringen angenommen. Für die Bemessung der Stäbe verwendet Šuchov nicht wie zuvor die Formel von Laissle/Schübler, sondern das ab dem Jahr 1906 entwickelte Berechnungsverfahren von Johann Emanuel Brik [40] mit einem Sicherheitsfaktor von 2,5. Die zulässigen Druckspannungen ergeben sich nach diesem Verfahren zu

$$f_{c, max} = 0{,}4 \cdot (3100 - 11{,}4 \cdot \lambda) \qquad \text{(F 17)}$$

mit Schlankheitsfaktor $\lambda = l_c / i_y$. Interessanterweise verwendet er nicht den kleineren Trägheitsradius $i_\zeta$ um die Hauptachse, sondern den um die kartesischen Achsen gebildeten Trägheitsradius $i_y$. Etwas unklar heißt es in der Erläuterung, dass das Ausknicken um die starke Achse betrachtet wird, weil »die Füße des Turms als Ständer betrachtet werden, die an beiden Seiten befestigt sind« [41]. Offenbar geht Šuchov davon aus, dass die Lagerung des Winkelprofils als torsionssteif angenommen und ein Ausknicken um die schwache Hauptachse deswegen ausgeschlossen werden kann. Eine Hypothese, die, zumindest was die Anschlüsse an den Zwischenringen betrifft, aus heutiger Sicht diskussionswürdig ist.

## РАСЧЕТ БАШНИ ВЫСОТОЙ 128 МТР.

сист. инж. В.Г.Шухова для линии электропередачи
Растяпино-Богородск 115 кв. Промежуточная мачта № 3
черт. № 9568.-

Наибольшие усилия в элементах башни получаются
для 1-го случая нагрузок, указанных в технических условиях
для расчета опор, а именно для случая необорванных проводов, от-
сутствие гололеда и давления ветра 250 кг/кв.мтр.

Для рассматриваемого случая из технических
условий имеем:
давление ветра на провода 1725x3 = 5175 кг. собственный вес
проводов и изоляторов (1120+2 x 50) 3 = 3660 кгр.

Давление ветра на башню по черт. № 9568 имеем:
на верхушку (см. черт. 9572)
250(6,2x3x4x0,075+12x4x0,038+5x0,2) = 2100 кгр.

### На V секцию.

на стойки из 102 x 102 x 9,5
250x 20 x 24,8 x 0,1 = 12400 кгр.

на кольца по ф-ле:
250x 4/3 Dx ℓ, где

D — суммарный диаметр колец
ℓ — ширина кольца

Верхнее кольцо секции из ∟75 x 75 x 8
D = 6 мтр. ℓ = 0,075

Промежуточные кольца из 50 x 50 x 6
D сумм = 62,6 ℓ = 0,05
250 x 4/3 ( 6x0,075 + 62,6 x 0,05 ) = 1190 кгр.

Общее давление ветра на V секцию
$R_V$ = 12400 + 1190 = 13590 кгр.

### На IV секцию.

На стойки из ∟ 102 x 102 x 12,7
250x20x26,9 x 0,1 = 12780 кгр.
Верхнее кольцо секции из ∟75 x 75 x 8
D = 10 мтр. ℓ = 0,075

---

- 2 -

Промежуточные кольца из 63 x 63 x 6,35
$D_{сум}$ = 110,8 мтр. ℓ = 0,053
250 x 4/3 ( 10x0,075 + 110,8 x 0,053) = 2580 кгр.
$R_{IV}$ = 12750 + 2580 = 15330 кгр.

### На III секцию.

На стойки их ∟ 102 x 102 x 9,5
250 x 40 x 25,7 x 0,1 = 257000 кгр.
Верхнее кольцо секции из ∟75 x 75 x 8
D = 14 мт. ℓ = 0,075
Промежуточные кольца из 75 x 75 x 8
D сумм = 159,7 мтр. ℓ = 0,075
250 x 4/3 . 173,7 x 0,075 = 4340 кгр.
$R_{III}$ = 25700 + 4340 = 30040 кгр.

### На II секцию.

На стойки их ∟ 102 x 102 x 12,7
250x10x26x0,1 = 26000кгр.
Верхнее кольцо секции ∟90 x 90 x 10
D = 19,4 мтр. ℓ = 0,09 кгр.
Промежуточные кольца из∟75 x 75 x 8
$D_{сум}$ = 217,98 мтр. ℓ = 0,075
250 x 4/3 (19,4 x0,09 +217,98x0,075 ) = 6030 кгр.
$R_{II}$ = 26000 + 6030 = 32030 кгр.

### На I секцию.

На стойки из ∟ 120 x 120 x 12 мм.
250 x40x26,8x0,12 = 32160 кгр.
Верхнее кольцо секции из ∟ 102 x 102 x 12,7
D = 25,8 мтр. ℓ = 0,1
Нижнее кольцо секции из∟ 120 x 120 x 12
D = 34 мтр. ℓ = 0,12
Промежуточные кольца из∟ 60 x 60 x 10
$D_{сум}$ = 288,56 мтр. ℓ = 0,08

---

- 3 -

250 x 4/3 (25,8 x 0,1 + 34x0,12+288,56x0,08)= 9910 кгр.
$R_I$ = 32160 + 9910 = 42070 кгр.

#### Вес башни.

| | |
|---|---|
| Верхушка | 4400 кгр. |
| V секция | 10300 -"- |
| IV -"- | 14900 -"- |
| III -"- | 24600 -"- |
| II -"- | 33400 -"- |
| I -"- | 53000 -"- |
| Опорные части | 5100 -"- |
| | 145700 кгр. |

#### I Секция.
Ломающий момент башни относительно низа
M = 5,175x130+2,1 x127 +13,59x111,75+15,33x87,15 + 30,04x
x62,25+32,03x37,35+42,07x12,45 = 7354,21 т/мтр.
Усилие на стойку от давления ветра кк по ф-ле
$$Q = \frac{M}{r \cdot z}$$
где r — радиус окружности рассматриваемого сечения
2n — число стоек сечения

Для рассматриваемого сечения
r = 17 мтр. z = 20
$$Q = \frac{7354,21}{17 \cdot 17} = 21,7 \text{ тонны}$$
Усилие на стойку от веса конструкции
$Q_1$ = 1/40 ( 145.700 - 5100 + 3660 ) = 3660 кгр.
Суммарная нагрузка на 1 стойку
$Q_c = Q + Q_1 = 21,7 + 3,6 = 25,3$ тонны
Сечение стойки ∟ 120 x 120 x 12 мм.
Площадь сечения уголка ω =27,54 ст.кв.
Радиус инерции сечения r =3,65 ст.
Радиус инерции уголка берется относительно оси
параллельной полке и проходящей через центр тяжести уголка, так
как уголки башни, составляющие ноги ее в отношении сопротивления
сжатия рассматриваются как стойки, закрепленные двумя концами.

---

- 6 -

$Q_c = \frac{57,96}{40} = 1,5$ тонны.
Суммарное усилие
$Q_{сум}$ = 12,2 + 1,5 = 13,7 тонны
Сечение стоек ∟ 102 x 102 x 9,5
Площадь сечения уголника ω = 18,5 ст.
Свободная длина ℓ = 233 ст.
Радиус инерции r = 3,1 ст.
Отношение ℓ:r = 233 : 3,1 = 75
и допускаемое напряжение
К доп. = 0,4 ( 3100 - 11,4 x 75) = 898 кг/ст.
действительное напряжение
К действ. = 13700 : 18,5 = 740 кг/ст.
Заклепки Д-¾" , число срезов n = 8
$K_{з}$ = 610

#### IV Секция.
Ломающий момент относительно низа секции
M= 5,175 x55,3 + 2,1 x-52,3 + 13,59 x37,05+15,33 x 12,45 =
= 1090,1 т/мтр.
радиус окружности r = 7 мтр.
z = 10
$Q = \frac{1090,1}{7 \cdot 10} = 15,6$ тонны
от веса конструкции
$Q_с = \frac{33,26}{20} = 1,7$ тонн
Q сум. = 17,3 тонны.
Сечение стоек ∟ 102 x 102 x 12,7
Площадь сечения стойки ω = 24,4 ст.
ℓ = 232 ст. r = 3,1 ст. ℓ:r = 76
Допускаемое напряжение
К доп. =0,4 (3100 - 11,4 x78) = 884 кг/ст.
Действительное напряжение
К действ. = 17300 : 24,4 = 710 кг/ст.
Заклепки Д-¾" n = 8
$K_з$ = 765 кг/ст.

---

- 7 -

#### I. Секция.
Ломающий момент относительно низа секции
M = 5,175x 30,4 + 2,1 x 27,4 + 12,59 x 12,15 = 380 т/мтр.
Радиус окружности r = 5 мтр.
z = 10
$Q = \frac{380}{5 \cdot 10} = 7,6$ тонны
От веса конструкции
$Q_с = \frac{18,36}{20} = 1$ т.
Q сум. = 8,6 тонны
Сечение стоек ∟ 102 x 102 x 9,5
Площадь сечения ω = 18,5 ст.
ℓ = 243 ст. r = 3,1 ст.
Допускаемое напряжение К доп. = 04(3100 - 11,4x90)=875кг.ст.
К действ. = 8600 : 18,5 = 465 кг/ст.
Заклепки Д-¾" n = 8 $K_з$ = 610 кг/ст.

#### Верхушка башни. черт. № 9572.
Верхняя балка:
Наибольшие усилия на балку имеют место для случая
II,когда провода покрыты слоем гололеда.
Вес проводов с гирляндами в этом случае равен
1940 x 3 = 5820
Ломающий момент балки
M = 1940 x 160 = 310.000 т/мтр.
Сечение балки № 20
Момент сопротивления $W_x$ = 191 x 2 = 382 ст.
и напряжение материала балки
К = 310000 : 382 = 810 кг/ст.
Наклонные тяги.
Наибольшие усилия в тягах получаются для случая I.
Давление ветра на провода 5175 кгр.
Давление ветра на верхушку 2100 кгр.

---

- 8 -

Усилие растягивающее тягу
$$( 5175 + \frac{2100}{?} ) \cdot \frac{12,54}{?} \cdot \frac{1}{?} \cdot \frac{\sqrt{12,54 + 2,6}}{12,54} = 7650 \text{ кгр.}$$
Сечение тяги ∟ 75x75 x 8 мм.
$\omega_{т}$ = 11,47 ст. $\omega_{нт}$ = 9,87 ст.
K = 7650 : 9,87 = 775 кг/ст.
Заклепки Д-¾" число срезов n = 4
и $K_з$ = 680 кг/ст.
Наклонные подкосы и верхняя балка.
Наибольшие усилия в наклонных подкосах имеют место
для случая I
Усилие сжатия подкоса
$$\frac{6225}{5,2} \cdot \frac{8,4}{8,4} \cdot \frac{1}{?} \cdot \frac{\sqrt{8,4 x 2,6}}{8,4} = 5270 \text{ кгр.}$$
От вертикальной нагрузки проводов
$1/2 \cdot 1220 \cdot \frac{7,5 \text{ x}3,4 \text{ x}6,8}{5,7x6,1x8,4} = 1130$ кгр.
Суммарное усилие сжатия
5270 + 1130 = 6400 кгр.
Свободная длина стержня ℓ = 440 ст.
Сечение ∟ 75x75 x 8
Площадь $\omega_с$ =22,94 ст. $\omega_{нт}$ 20,38 ст.
Радиус инерции r = 2,85 ст.
ℓ:r = 440 : 2,85 = 155
Допускаемое напряжение
К =0,4 $\frac{\pi^2 E}{(ℓ/r)^2}$ = 353 кг/ст.
Действительное напряжение
К действ. = 6400 : 22,94 = 280 кг/ст.
Заклепки Д- 5/8" число срезов n = 6
К зак. = 535 кгр/ст.
Подкосы вертикальной пасспорти
Усилие в подкосе.

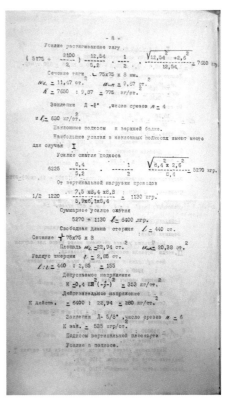

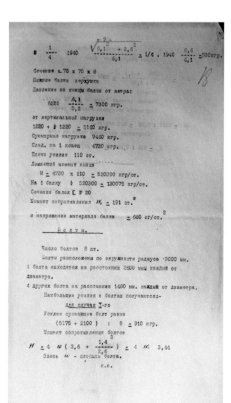
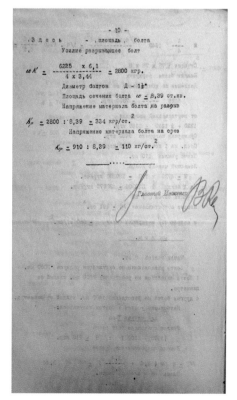

**27** statische Berechnungen von Šuchov für den NiGRES-Turm an der Oka, Dserschinsk (RUS) 1929, nicht datierte Originaldokumente

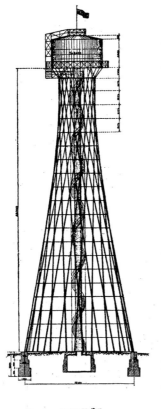

Рис. 1. Водонапорная башня
системы инженера В. Г. Шухова высотою 45 м, резервуар
емк. 20 000 ведер

a

Für die oben berechnete maximale Druckkraftbeanspruchung des ersten Abschnitts werden die Knicknachweise der Stäbe nach Brik geführt. Die zulässigen Spannungen ergeben sich demnach zu:
Stäbe: L12/12/1,2 cm mit $i_y$ = 3,65 cm,
A = 27,54 cm², l = $l_c$ = 244 cm → $\lambda$ = 67
→ $f_{c, max}$ = 0,4 · (3100 - 11,4 · 67) = 934 kg/cm²
→ $f_c$ = 25 300 kg / 27,54 cm² = 920 kg/cm² < $f_{c, max}$

Die Berechnung der Kippmomente wird für jeden Abschnitt wiederholt, um die vertikalen Stäbe mit der maximalen Druckkraft zu bemessen. Im Anschluss werden die Nietverbindungen der maßgeblichen Stäbe in jedem Abschnitt bemessen. Die berechneten Nietdurchmesser betragen $7/8$, $3/4$ und $5/8$ Zoll.

### Berechnung des Fundaments

Ankerschrauben leiten die ermittelten maximalen Zugkräfte in das Fundament ab. Das Streifenfundament aus schwach bewehrtem Stahlbeton ist auf die ermittelte abhebende Zugkraft $F_{Z, max}$ = 18,1 t ausgelegt. In der Berechnung ist hierfür ein in 70-cm-Schritten vierfach abgestuftes Ringfundament (Gesamthöhe 280 cm, Breite 180 cm) vorgesehen. Mit einer Dichte von 2,0 t/m³ wird der auf einen Vertikalstab entfallende Anteil des Fundaments ermittelt, für den sich eine Gewichtskraft von 19 t ergibt. Das ausgeführte Streifenfundament verfügt im Gegensatz zur Berechnung allerdings nicht über einen gestuften, sondern einen trapezförmigen Querschnitt, dessen Abmessungen ebenfalls von den in der Statik angegebenen Maßen abweichen.
Die Berechnungen enthalten außerdem die Bemessung der Ankerschrauben sowie die Dimensionierung der Stahlträger des Auslegers an der Mastspitze. Eine Bemessung der horizontalen Fachwerkträger, die die einzelnen Abschnitte unterteilen, ist nicht in der Statik enthalten.

### Bewertung der historischen Berechnungen

Im Folgenden werden die statischen Turmberechnungen bewertet: zum einen im Spiegel der russischen Zeitgenossen Šuchovs, die sich insbesondere mit dem Einsturz eines Wasserturms in Dnipropetrowsk befassten, dessen Tragverhalten bereits analysiert wurde (siehe »Wasserturm in Dnipropetrowsk (1930)«, S. 60ff.), zum anderen aus heutiger Sicht.

### Der Einsturz des Wasserturms in Dnipropetrowsk

Im August 1930 wird im ukrainischen Dnipropetrowsk auf dem Gelände der Karl-Liebknecht-Werke ein Wasserturm in Šuchovscher Bauweise fertiggestellt (Abb. 28a). Mit einem Behältervolumen von 250 m³ und einer Schafthöhe von 45 m stellt dieses Bauwerk den bei seiner Erstellung höchsten einstöckigen Wasserturm dar. Nur wenige Tage nach seiner Errichtung stürzt der Turm unter höchstens moderater Windbeanspruchung in sich zusammen (Abb. 28b). Da die technische Bauaufsicht eine einwandfreie Montage und eine hohe Qualität des verwendeten Stahls bestätigte, wirft der Unfall weitreichende Fragen bezüglich der Standsicherheit dieser Konstruktionen auf. Der Einsturz wird daher von einer eigens eingesetzten Untersuchungskommission analysiert und von zahlreichen Fachleuten hinsichtlich der Stabilität und Detailausbildung der Strukturen diskutiert.

b                                                        28

Das wichtigste Dokument zum Einsturz des Turms ist die 1931 veröffentlichte Schrift »Sturz eines Wasserturms« [42] des örtlichen Ingenieurs V. A. Djadjuša, der Mitglied der Untersuchungskommission ist.

Laut dieser Quelle versagt das Tragwerk zuerst in der Mitte des Turmschafts, wo es sich »wie eine Ziehharmonika« verformt und in der Folge in sich zusammensackt. Die Reste der Struktur bleiben innerhalb des Fundamentrings liegen, was auf Stabilitätsversagen hinweist. Šuchovs Berechnung des Turms, die in dem Aufsatz knapp skizziert wird, folgt im Wesentlichen dem Verfahren, das auch für die anderen Wassertürme zum Einsatz kam und bereits aufgezeigt wurde. Djadjuša führt in seiner scharf formulierten Analyse drei Hauptgründe für den Einsturz des Turms an:
- Gravierende Mängel an der Konstruktion: Er kritisiert insbesondere die seiner Ansicht nach zu weichen Ausbildungen der Knotenpunkte (Verbindung der Vertikalen zum Zwischenring) und der Anschlüsse der Vertikalen an den unteren Stützring.
- Die eingesetzten statischen Berechnungen seien unzureichend und müssten seiner Ansicht nach vollständig revidiert werden. Ferner kritisiert er die Knicknachweise: Statt der eingespannten Lagerung müsste eine gelenkige Lagerung der Stäbe angenommen werden. Er bezieht sich hierbei auf die Verwendung der kartesischen Achsen der Winkelprofile anstatt der schwachen Hauptachse für die Bestimmung des Trägheitsradius.
- Aufbauend auf den geltenden sowjetischen und deutschen Baunormen der Zeit weist er nach, dass vor allem die Windlastannahmen viel zu gering ausgefallen seien und um mindestens 25 % erhöht werden sollten. Auch die Kippsicherheit des Turms sei deutlich zu niedrig.

Djadjuša kommt zu dem Schluss, dass die hyperbolischen Gittertürme von Šuchov nur noch für Wassertürme mit geringen bis mittleren Bauhöhen zum Einsatz kommen sollten, da ihre Steifigkeit bei größeren Höhen und schwereren Lasten nicht ausreichend sei.

### Historische Untersuchungen zu Šuchovs Gittertürmen in Russland
Ausgelöst durch den Einsturz des Wasserturms in Dnipropetrowsk und bedingt durch die weite Verbreitung der hyperbolischen Gittertürme Šuchovs beschäftigen sich russische Wissenschaftler und Ingenieure in den darauffolgenden Jahrzehnten immer wieder mit dem Tragverhalten und der statischen Berechnung dieser Konstruktionen.

#### Analyse des Tragverhaltens von G. D. Popov (1931)
Popov [43] stellt die Annahme eines schubsteifen Rohrquerschnitts für die Berechnung infrage, da diese nur für Schalen oder entsprechend vernetzte Fachwerkröhren gelte, nicht aber für die im vorliegenden Fall aus geradlinigen Stäben erzeugte Gitterfläche.

29

28　Wasserturm, Dnipropetrowsk (UA) 1930
　　a　Ansicht und Grundriss
　　b　historische Fotografie des eingestürzten Turms
29　NiGRES-Turm an der Oka, Dserschinsk (RUS) 1929
30　Übertragung der Querkräfte

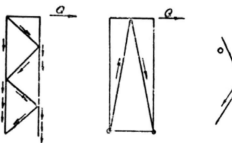

30

Im Gegensatz zu Fachwerk- oder Dreiecksstrukturen kann an den Kreuzungspunkten zweier sich kreuzender normalkraftbeanspruchter Stäbe keine Übertragung der Querkräfte gewährleistet werden (Abb. 30, S. 85 re.).

Unter der Annahme biegesteifer Zwischenringe, die allerdings im Gegensatz zur Šuchovschen Bauweise an den Kreuzungspunkten der Vertikalen angeordnet sind, stellt er ein alternatives überschlägiges Berechnungsverfahren vor.

### Stabilitätsberechnung von Aleksandr Nikolaevich Dinnik (1950)

Ebenfalls auf den Einsturz des Turms in Dnipropetrowsk Bezug nehmend leitet der russische Ingenieur Dinnik in seinem 1950 erschienenen Aufsatz »Stabilität krummliniger Gitter« [44] eine Formel zur näherungsweisen Ermittlung der kritischen Last eines hyperbolischen Stabwerks her. Seine Kernaussage ist, dass bei der Berechnung der Knicklast nicht nur das Knickversagen der Stäbe tangential zu den Zwischenringen berücksichtigt werden muss, sondern auch deren Verdrillung, also das Biegedrillknicken. Mit der von ihm für Rahmentragwerke entwickelten Formel und einigen Vereinfachungen leitet er für den Wasserturm in Dnipropetrowsk eine kritische Last von 204 t her (Fassungsvermögen 250 m³). Ein Wert, der allerdings deutlich unterhalb der im Kapitel »Wasserturm in Dnipropetrowsk (1930)« (S. 60f.) ermittelten Traglast liegt.

### Modelluntersuchungen von B. V. Gorenšteijn (1959)

Gorenšteijn führt zahlreiche Modelluntersuchungen von hyperbolischen Gittertürmen durch [45]. Abb. 31 zeigt ein Modell von 300 mm Durchmesser mit 36 Stabpaaren (Länge 250 mm, Durchmesser 3 mm) und drei Zwischenringen (Durchmesser 2 mm), die jeweils an den verschweißten Kreuzungspunkten angeordnet sind. Die Bilder belegen, dass sich die Gitterstäbe in zwei Halbwellen und die Zwischenringe mehrwellig verbiegen. Allerdings konstatiert Gorenšteijn, dass das Versagen der Modellstruktur nicht durch das Erreichen der Gesamtstabilität, sondern durch das Lösen der Verbindungsstellen erreicht wurde und somit die Ergebnisse der Modellversuche nicht aussagekräftig sind. Trotzdem ist in den Versuchen das globale Beulen des Gitterwerks klar erkennbar. Mit den Ergebnissen der Versuche widerlegt Gorenšteijn allerdings ein in den 1930er-Jahren von N. P. Griškova u. a. ermitteltes Berechnungsverfahren [46], auf das an dieser Stelle wegen geringer Relevanz und der von Gorenšteijn attestierten Fehlerhaftigkeit nicht weiter eingegangen werden soll. Die im Versuch ermittelten Traglasten lägen trotz der genannten Unzulänglichkeiten der Modelle immer noch um das ca. Vierfache über den berechneten Traglasten nach Griškova.

### Weitere Analysen russischer Wissenschaftler

In den 1950er-Jahren entstehen in Russland weitere Analysen zu Šuchovs Türmen, die versuchen, die kritischen Lasten der Strukturen mit komplexen mechanischen Formeln abzuschätzen. Hierzu gehören beispielsweise die Untersuchungen von Leonid Samuilovič Lejbenzon (1951), N. A. Kolkunov (1959) oder A. M. Maslenikov (1959). Die oft halbseitigen Formelapparate wirken jedoch wenig praxisnah und unhandlich. Aus heutiger Sicht erscheinen sie für die statische Untersuchung der Türme nicht mehr relevant; ihre Analysen werden deshalb in dieser Publikation nicht weiter ausgewertet.

### Heutige Wertung des von Šuchov verwendeten statischen Modells

Die vorangegangenen Darstellungen zeigen die Analyse und Auswertung der statischen Modelle und Nachweise von exemplarisch ausgewählten Gittertürmen Šuchovs, die zwischen 1906 und 1930 geplant werden. Aus diesem Material lässt sich stichprobenartig die Methodik und Entwicklung seiner Berechnungen herauslesen. Im Großen ist festzustellen, dass sich das prinzipielle Verfahren der Dimensionierung und das ihm zugrunde liegende statische Modell über knapp 25 Jahre, die den Zeitraum zwischen dem Wasserturm in Nikolaev und dem NiGRES-Turm aufspannen, nicht ändert. Und es ist mit großer Wahrscheinlichkeit davon auszugehen, dass auch in den zehn Jahren zwischen 1896 und 1906 immer das gleiche Modell bzw. Berechnungsverfahren verwendet wurde:

Der hyperbolische Gitterturm wird stets als schubsteifer Rohrquerschnitt mit veränderlichem Durchmesser betrachtet. Unter der Annahme der Bernoulli-Hypothese (Ebenbleiben der Querschnitte, keine Schubverzerrungen) wird in verschiedenen Höhenlagen das Widerstandsmoment ermittelt und somit die aus dem Biegemoment resultierende maximale Stabkraft berechnet. Die Bemessung der einzelnen Stäbe wird anschließend für die maßgebliche Stabkraft in verschiedenen Höhenlagen durchgeführt. Aus diesem Grund sind die Querschnitte oft auch bei einstöckigen Türmen ein Mal oder sogar mehrfach über die Höhe abgestuft. Bei den Berechnungen werden eine Reihe von Vereinfachungen getroffen, die aus heutiger Sicht erstaunen. Die wichtigsten sind:

· Wie im Kapitel »Horizontale Lastabtragung« (S. 34ff.) aufgezeigt wird, ist die Annahme eines schubsteifen Rohrquerschnitts für die Berechnung der maximalen Stabkräfte ungenügend, da bei Drehwinkeln, die von 90° abweichen, die Stabkräfte zum Teil deutlich unterschätzt werden.

· Die Stabneigung wird in den Berechnungen generell nicht berücksichtigt. Sie fließt weder in die Berechnung der wahren Stablängen ein, um die genaue Knicklänge der Stäbe zu erhalten, noch werden die vertikalen Kräfte (aus der Kopflast oder aus Biegebeanspruchung durch Windlast) entsprechend umgerechnet. Den Berechnungen liegen also zu geringe Stabkräfte und Knicklängen zugrunde.

· Die fünf besprochenen Türme verfügen alle über ein Traggerüst aus gleichschenkligen Winkelprofilen. Für die Knicknachweise wird stets das Trägheitsmoment um die kartesische Achse verwendet und nicht das schwächere, um die Hauptachsen des Winkelprofils gebildete. Šuchov argumentiert, dass infolge der Verbindung von Winkeleisen und waagrechtem Ring ein Ausknicken der Winkeleisen nur in dieser Richtung zu erwarten ist. Wegen der gelenkigen Ausbildung der Knotenpunkte zwischen Vertikalen und Zwischenring ist diese Annahme jedoch falsch, wie auch die unterschiedlichen Versagensformen im Kapitel »Vernetzungsvariante 2: Bauweise von Vladimir G. Šuchov« (S. 50ff.) belegen.

· Die auf die Zwischenringe einwirkenden Windlasten werden außer in der Statik des NiGRES-Turms nicht berücksichtigt. Bei Letzterem mindert die angreifenden Lasten wie zuvor beschrieben ein Reduktionsfaktor, der in den Ingenieurbau-Taschenbüchern für den Windwiderstand von Kreiszylindern genannt wird. Die Übertragung auf offen umströmte Kreisringe mit kleinen Querschnittsgrößen erscheint fragwürdig.

- Bei der auf die geraden Stäbe einwirkenden Windlast (pa) wird nicht die projizierte Länge in der Ansicht verwendet, sondern nur der vertikale Abstand zwischen den Zwischenringen. Der auf die Zwischenringe selbst einwirkende Winddruck wird in den meisten Berechnungen ebenfalls komplett vernachlässigt.
- Die durch die Windlasten in den Stäben hervorgerufenen Biegespannungen finden nur in der Statik für den Adžiogol-Leuchtturm Berücksichtigung. Allerdings werden sie auch in diesem Fall gering angesetzt, da das verwendete Biegemoment deutlich unter dem maßgeblichen eines Durchlaufträgers liegt.
- Das Konzept der Zwischenringe ist in sich nicht völlig schlüssig. Zwar wird argumentiert, die Zwischenringe hätten den Zweck, die Lage der Vertikalen zu sichern und deren Durchbiegung zu verhindern. Außerdem heißt es in den Erläuterungen zur Wirkungsweise der Zwischenringe, diese würden die Windlasten an den Seiten in die Kreuzungspunkte der Vertikalen einleiten. In der Realität fallen allerdings die Höhenlagen der Zwischenringe – aufgrund ihrer gleichmäßigen Anordnung – und die der Kreuzungspunkte nur selten zusammen. Infolgedessen werden auch die Vertikalstäbe, an denen die Last zwischen zwei Kreuzungspunkten seitlich eingeleitet wird, deutlich durch Biegemomente beansprucht.
- Die Zwischenringe und ihre Beanspruchung fließen nur in die Berechnung des Adžiogol-Leuchtturms ein. In diesem Fall werden die Biegebeanspruchung und Durchbiegung der Ringe selbst jedoch vollständig vernachlässigt. Auch werden die wirkenden Druckspannungen in den Ringen nicht durch einen Knicknachweis überprüft. Die Spannungen liegen teilweise sogar über der ansonsten in den Berechnungen angesetzten zulässigen Materialspannung.
- In der Regel scheint die Wahl der Zwischenringe nur aufgrund von Erfahrungswerten zu erfolgen; die Querschnittshöhe wird meist bei der Hälfte bis Dreiviertel der Höhe der Vertikalstäbe festgelegt.
- Neben den Zwischenringen finden auch andere wichtige Elemente des Tragwerks in den Berechnungen keine Beachtung wie beispielsweise die Hauptringe des NiGRES-Turms, die die einzelnen Segmente voneinander trennen.

Die ausgewerteten Berechnungen weisen im Wesentlichen eine große Konstanz auf. Die Unterschiede beschränken sich auf die Annahmen der Windlasten, die Kennwerte der verwendeten Werkstoffe und andere objektspezifische Besonderheiten. Während die frühen Berechnungen noch zumindest teilweise auf englischen bzw. russischen Maßeinheiten basieren, folgen die Berechnungen ab den 1920er-Jahren dem metrischen System.

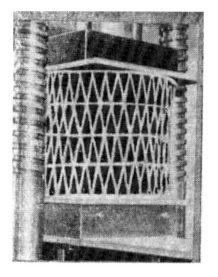

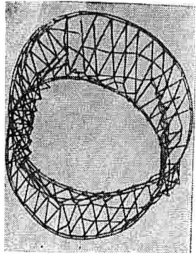

31  Modellversuche von Gorenšteijn

31

I число ногъ „n" = 48; β±γ = КРАТНОМУ 7°30

II число ногъ „n" = 24; β±γ = КРАТНОМУ 15°00'

ПРИМѢЧАНІЕ: ПРИ ЧИСЛѢ НОГЪ n-36; β±γ = КРАТНОМУ 10° И ПРИ n=30; β±γ = КРАТНОМУ 12°

$$\xi = R \cos\beta$$
$$\zeta = l \cos\gamma$$
$$R \cos\beta = l \cos\gamma$$
$$\frac{R}{l} = \frac{\cos\gamma}{\cos\beta}$$
$$\frac{l}{R} = \frac{\cos\beta}{\cos\gamma}$$

| γ \ β | $\frac{\cos\gamma}{\cos\beta}$ | 48°45' | 50°0' | 51°15' | 52°30' | 53°45' | 55°0' | 56°15' | 57°30' | 58°45' | 60°00' | 61°15' | 62°30' | 63°45' | 65°00' | 66°15' | 67°30' | 68°45' | 70°00' | 71°15' |
|---|---|---|---|---|---|---|---|---|---|---|---|---|---|---|---|---|---|---|---|---|
| | | 0,6593458 | 0,6427876 | 0,6259235 | 0,6087614 | 0,5913096 | 0,5735764 | 0,5555702 | 0,5372996 | 0,5187733 | 0,5000000 | 0,4809888 | 0,4617486 | 0,4422887 | 0,4226183 | 0,4027467 | 0,3826834 | 0,3624380 | 0,3420201 | 0,3214395 |
| 1°15' | 0,9997620 | 0,6595027 | 0,6429406 | 0,6260725 | 0,6089063 | 0,5914503 | 0,5737129 | 0,5557024 | 0,5374275 | 0,5188968 | 0,5001190 | 0,4811033 | 0,4618585 | 0,4423940 | 0,4227189 | 0,4028425 | 0,3827745 | 0,3625243 | 0,3421015 | 0,3215160 |
| 2°30' | 0,9990482 | 0,6599739 | 0,6434000 | 0,6265198 | 0,6093414 | 0,5918729 | 0,5741228 | 0,5560995 | 0,5378115 | 0,5/92675 | 0,5004763 | 0,4814470 | 0,4621885 | 0,4427101 | 0,4230209 | 0,4031304 | 0,3830479 | 0,3627853 | 0,3423459 | 0,3217457 |
| 3°45' | 0,9978589 | 0,6607605 | 0,6441668 | 0,6272665 | 0,6100676 | 0,5925785 | 0,5748071 | 0,5567623 | 0,5384525 | 0,5198864 | 0,5010729 | 0,4820208 | 0,4627394 | 0,4432377 | 0,4235251 | 0,4036109 | 0,3835045 | 0,3632157 | 0,3427540 | 0,3221292 |
| 5° | 0,9961947 | 0,6618644 | 0,6452429 | 0,6283144 | 0,6110867 | 0,5935663 | 0,5757673 | 0,5576924 | 0,5393520 | 0,5207549 | 0,5019099 | 0,4828261 | 0,4635124 | 0,4439782 | 0,4242232 | 0,4042851 | 0,3841452 | 0,3638224 | 0,3433265 | 0,3226673 |
| 6°15' | 0,9940563 | 0,6632882 | 0,6466310 | 0,6296660 | 0,6124013 | 0,5948452 | 0,5770059 | 0,5588921 | 0,5405122 | 0,5218752 | 0,5029896 | 0,4838647 | 0,4645095 | 0,4449332 | 0,4251452 | 0,4051548 | 0,3849715 | 0,3646051 | 0,3440651 | 0,3233614 |
| | | | | | | | | | | | | | | 0,4461052 | 0,4262650 | 0,4062220 | 0,3859855 | 0,3655654 | 0,3449713 | 0,3242132 |
| 8°45' | 0,9883615 | 0,6671099 | 0,6503568 | 0,6332941 | 0,6159299 | 0,5982726 | 0,5803306 | 0,5621123 | 0,5436260 | 0,5248621 | 0,5058878 | 0,4866527 | 0,4671859 | 0,4474969 | 0,4275948 | 0,4074892 | 0,3871897 | 0,3667059 | 0,3460476 | 0,3252246 |
| 10°0' | 0,9848078 | 0,6695172 | 0,6527036 | 0,6355793 | 0,6181525 | 0,6004315 | 0,5824247 | 0,5641407 | 0,5455863 | 0,5267762 | 0,5077133 | 0,4884088 | 0,4688718 | 0,4491117 | 0,4291378 | 0,4089597 | 0,3885869 | 0,3680292 | 0,3472963 | 0,3263982 |
| 11°15' | 0,9807853 | 0,6722631 | 0,6553805 | 0,6381860 | 0,6206877 | 0,6028940 | 0,5848134 | 0,5664544 | 0,5478259 | 0,5289366 | 0,5097955 | 0,4904119 | 0,4707948 | 0,4509536 | 0,4308979 | 0,4106369 | 0,3901806 | 0,3695386 | 0,3487206 | 0,3277368 |
| 12°30' | 0,9762960 | 0,6753544 | 0,6583942 | 0,6411206 | 0,6235418 | 0,6056663 | 0,5875025 | 0,5690592 | 0,5503450 | 0,5313688 | 0,5121397 | 0,4926670 | 0,4729596 | 0,4550272 | 0,4328793 | 0,4125252 | 0,3919748 | 0,3712378 | 0,3503242 | 0,3292435 |
| 13°45' | 0,9713421 | 0,6787987 | 0,6617522 | 0,6443904 | 0,6267219 | 0,6087552 | 0,5904988 | 0,57/9614 | 0,5531518 | 0,5340789 | 0,5147517 | 0,4951796 | 0,4753717 | 0,4553377 | 0,4350870 | 0,4146291 | 0,3939738 | 0,3731311 | 0,3521108 | 0,330?25? |
| 15°0' | 0,9659258 | 0,6826050 | 0,6654627 | 0,6480037 | 0,6302362 | 0,6121687 | 0,5938100 | 0,5751686 | 0,5562535 | 0,5370736 | 0,5176381 | 0,4979562 | 0,4780573 | 0,4578909 | 0,4375267 | 0,4169541 | 0,3961830 | 0,3752234 | 0,3540853 | 0,352778? |
| 16°15' | 0,9600499 | 0,6867828 | 0,6695356 | 0,6519697 | 0,6340935 | 0,6159516 | 0,5974443 | 0,5786889 | 0,5596580 | 0,5403607 | 0,5208062 | 0,5010039 | 0,4809631 | 0,4606934 | 0,4402045 | 0,4195060 | 0,3986078 | 0,3775199 | 0,3562524 | 0,334815? |
| 17°30' | 0,9537170 | 0,6913432 | 0,6739815 | 0,6562990 | 0,6383040 | 0,6200053 | 0,6014115 | 0,5825315 | 0,5633742 | 0,5439489 | 0,5242645 | 0,5043307 | 0,4841568 | 0,4637525 | 0,4431276 | 0,4222916 | 0,4012546 | 0,3800268 | 0,3586180 | 0,337703? |
| 18°45' | 0,9469301 | 0,6962983 | 0,6788121 | 0,6610028 | 0,6428789 | 0,6244490 | 0,6057220 | 0,5867066 | 0,5674121 | 0,5478475 | 0,5280221 | 0,5079454 | 0,4876269 | 0,4670764 | 0,4463036 | 0,4253183 | 0,4041305 | 0,3827505 | 0,3611883 | 0,33945? |
| 20°0' | 0,9396926 | 0,7016611 | 0,6840403 | 0,6660939 | 0,6478303 | 0,6292585 | 0,6103873 | 0,5912255 | 0,5717823 | 0,5520670 | 0,5320689 | 0,5118576 | 0,4913826 | 0,4706738 | 0,4497410 | 0,4285941 | 0,4072432 | 0,3856985 | 0,3639702 | 0,34200? |
| 21°15' | 0,9320079 | 0,7074466 | 0,6896804 | 0,6715860 | 0,6531719 | 0,6344470 | 0,6154201 | 0,5961003 | 0,5764968 | 0,5566190 | 0,5364761 | 0,5160780 | 0,4954342 | 0,4745546 | 0,4534492 | 0,4321280 | 0,4106010 | 0,3888787 | 0,3669712 | 0,34488? |
| 22°30' | 0,9238795 | 0,7136708 | 0,6957483 | 0,6774947 | 0,6589186 | 0,6400289 | 0,6208346 | 0,6013449 | 0,5815689 | 0,5615162 | 0,5411961 | 0,5206185 | 0,4997931 | 0,4787298 | 0,4574387 | 0,4359299 | 0,4142135 | 0,3923001 | 0,3701999 | 0,34792? |

ПРИМѢРЪ ПОЛЬЗОВАНІЯ ТАБЛИЦЕЙ: ДАНО R = 25'= 7619,9316 % И l = 14'16 = 4419,5603 %; n = 48; $\frac{l}{R} = \frac{4419,5603}{7619,9316}$ = 0,5799999 БЛИЖАЙШЕЕ ОТНОШЕНІЕ ПО ТАБЛИЦАМЪ 0,5803306 (β=55°; γ = 8°45') НО β±γ НЕ КРАТНО 7
ПРИНЯВЪ β-γ = 52°30' НАЙДЕМЪ γ = 53°45' И γ = 1°15'; ТОГДА $\frac{l}{R}$ = 0,5914503 ИЛИ β=55° И γ = 2°30, ТОГДА $\frac{l}{R}$ = 0,574/228; ВТОРОЕ ЗНАЧЕНІЕ ЯВЛЯЕТСЯ НАИБОЛѢЕ ПОДХОДЯЩИ?
ТОГДА ПРИ ДАННОМЪ l = 4419,5603 ИСКОМОЕ R = $\frac{4419,5603}{0,574/228}$ = 7697,93 %. Т.Е. ОТЛИЧАЕТСЯ ОТЪ ПРЕДЛОЖЕННАГО НА НЕЗНАЧИТЕЛЬНУЮ ВЕЛИЧИНУ = 7697,93−7619,93 = 78 ?

Eine Ausnahme bilden die in den Berechnungen verwendeten Knickformeln. Diese werden über den untersuchten Zeitraum hinweg immer wieder durch aktuelle Verfahren ersetzt. Kommen bei den Bauten der 1890er-Jahre noch die Formeln von Augustus Edward Hough Love zum Einsatz, sind es später vor allem Methoden aus dem deutschen Sprachraum, z. B. die Knickformeln der deutschen Ingenieure Franz Laissle und Adolf Schübler und des Österreichers Johann Emanuel Brik.

Über den gesamten Zeitraum hinweg ist der Gebrauch bzw. Verweis auf internationale Fachliteratur bemerkenswert. Vor allem die Inhalte deutschsprachiger Fachbücher und Forschungsergebnisse finden vielfach Verwendung. Neben der Anwendung bereits erwähnter Knickformeln wird beispielsweise an mehreren Stellen auf die Ingenieurbau-Taschenbücher des Akademischen Vereins Hütte verwiesen.

Auffallend ist, dass die vereinfachten Berechnungen der Türme in deutlichem Widerspruch zu anderen statischen Berechnungen Šuchovs stehen, die sich durch ihr hohes wissenschaftliches Niveau und ihre große Genauigkeit auszeichnen und in der Fachliteratur viel Beachtung fanden. Der Unterschied zu Schriften Šuchovs über die Theorie der Bogenbinder in »Der Dachverband« [47] oder zu seinen Untersuchungen des elastisch gebetteten Trägers [48] ist eklatant. Aber auch die Berechnungen zu anderen Hochbauprojekten wirken wesentlich differenzierter wie beispielsweise die Statik für die Fachwerkbinder des Fabrikgebäudes in Lys'va [49]. Dessen ungeachtet bleibt festzuhalten, dass das Šuchovsche Berechnungsmodell, wenn auch mit den angesprochenen Ungenauigkeiten und Mängeln behaftet, seine Aufgabe erfüllte. So sind außer dem Einsturz in Dnipropetrowsk trotz der Vielzahl gebauter Türme keine weiteren Schadensfälle bekannt, die sich auf ein Versagen des Tragwerks zurückführen lassen.

Aleksandr Išlinskij schreibt über Šuchovs Herangehensweise bei der Planung von Baukonstruktionen: »Galt es, irgendein Bauwerk ingenieursmäßig herzustellen, ging er nicht nur von theoretischen Überlegungen aus, sondern ließ sich auch vom Gedanken der Rentabilität und technischen Machbarkeit leiten.« [50] Eben dieser Gedanke der einfachen Planung und Realisierung eines geometrisch komplexen räumlichen Tragwerks scheint bei den hyperbolischen Gittertürmen stärker im Vordergrund gestanden zu haben als die größtmögliche Genauigkeit bei ihrer Berechnung.

### Der Entwurfsprozess bei Vladimir G. Šuchov

Wie die statischen Berechnungen ist auch der Planungs- und Entwurfsprozess der Wassertürme stark rationalisiert und stützt sich auf standardisierte Verfahren. Vorgefertigte Tabellen erleichterten die im analogen Zeitalter noch mühsame Berechnung trigonometrischer Funktionen.

### Funktionsweise der Entwurfstabellen

Beispielhaft hierfür steht eine Entwurfstabelle (Abb. 32) aus dem Archiv der Akademie der Wissenschaften in Moskau, mit der sich die Einflüsse verschiedener Entwurfsparameter auf Geometrie und Form schnell ausloten lässt. [51]

Diese Tabelle gibt die Winkelbeziehungen im Grundrissdreieck (Abb. 13, S. 31) wieder. Der Drehwinkel φ wird aufgeteilt in einen Anteil β, der den Winkel zwischen Startpunkt der erzeugenden Geraden und (ideellem) Taillenpunkt einschließt, und dem Anteil γ zwischen diesem Taillenpunkt und dem oberen Ende der Geraden. Durch Gleichsetzen des Taillenradius $R_T$ erhält man durch

$$R_O \cos\gamma = R_U \cos\beta \rightarrow \frac{R_O}{R_U} = \frac{\cos\beta}{\cos\gamma} = \frac{1}{K_F} \qquad \text{(F 18)}$$

den Zusammenhang zwischen den Begrenzungsradien und den Winkelanteilen. Für den Drehwinkel φ, der ein Vielfaches des Radiantenwinkels ψ sein soll, gilt nun:

$$\varphi = k \cdot \psi = k \cdot \frac{360°}{2n} = \beta \pm \gamma \qquad \text{(F 19)}$$

In der Tabelle ist in der oberen Zeile der Winkel β und in der linken Spalte der Winkel γ angetragen, jeweils in Abstufungen von 1,25°. Die einzelnen Tabellenwerte geben nun den Quotienten aus cos β/cos γ an, der dem reziproken $K_F$-Wert entspricht. Die Entwurfstabelle zeigt mögliche Winkelkombinationen für gewählte Radien und Stabzahlen auf. Unter der Tabelle erläutert eine handschriftliche Berechnung das Vorgehen: Für einen Turm gibt es den unteren Radius $R_U$ = 25 Fuß, den oberen Radius $R_O$ = 14,5 Fuß und 48 Stäbe. Als Radiantenwinkel ψ ergeben sich 7,5°. Der Quotient aus $R_U/R_O$ = 0,5799999. Für diesen Wert wird nun eine Winkelkombination gesucht, bei der der cos β/cos γ-Wert der Tabelle möglichst genau dem Quotient aus $R_U/R_O$ entspricht und der gleichzeitig ein Vielfaches des Radiantenwinkels darstellt. Im Beispiel wird 0,5741228 gewählt, das auf β = 55° und γ = 2,5° basiert und somit einen Drehwinkel φ = β - γ = 52,5° ergibt – ein Vielfaches von 7,5°. Mit diesem Wert wird nun der untere Radius angepasst und errechnet sich jetzt zu 25 Fuß und 4 Zoll.

Durch die Einführung des Taillenwinkels γ kann der Planer sogleich die Lage der Taille bestimmen: Wird der Winkel γ subtrahiert, liegt die Taille oberhalb des oberen Rings, der Turm erscheint also in der Ansicht leicht kegelstumpfartig. Bei der Addition von γ indes verfügt der Turm über eine Taillierung. Aufgrund der Wechselwirkungen zwischen Geometrie und Tragverhalten kann der erfahrene Entwerfer dadurch nicht nur die Geometrie festlegen, sondern auch den Kraftfluss antizipieren und steuern. Außerdem lässt sich bereits im Grundriss mittels der geometrischen Beziehungen die wahre Länge sämtlicher Stäbe im Raum festlegen. Somit können die Stahlmenge und damit die Kosten für den zu bauenden Turm rasch ermittelt werden. Ein Vergleich mit der Geometrie realisierter Türme zeigt allerdings, dass diese Tabelle nicht bei allen Türmen Anwendung gefunden haben kann. Möglicherweise gab es noch andere Entwurfstabellen, mit anderen Winkelabstufungen und einem größeren Spektrum von β- und γ- Winkeln.

Šuchovs planerisches Vorgehen kann als ein frühes Beispiel des parametrisierten Entwerfens betrachtet werden: die Generierung einer Form durch die Variation weniger Basisparameter. Die vielen aktuellen Entwürfe, denen eine parametrisierte Formgenerierung zugrunde liegt, verleihen Šuchovs Vorgehensweise daher eine große Aktualität.

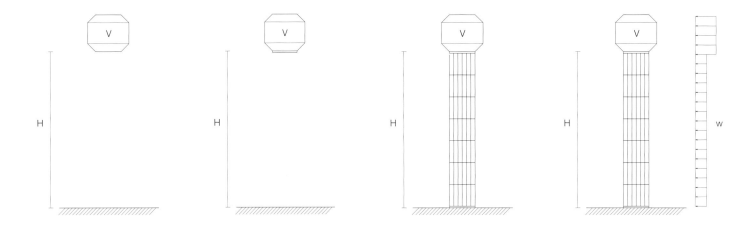

## Hypothetischer Ablauf der Planung von Wassertürmen

Aus den Erkenntnissen der statischen Berechnungen und der Analyse der gebauten Wassertürme lässt sich deren Entwurfsprozess rekonstruieren (Abb. 33). Für ihre Planung sind zwei Eingangsparameter bekannt: das gewünschte Behältervolumen V und die für den nötigen Wasserdruck erforderliche Höhe des Turmschafts oberhalb der Geländekante H.

In einem ersten Schritt kann aus Behältergröße und -typ der obere Ringdurchmesser abgeleitet werden. Für den Intze-Typ ergibt sich dieser aus der Behälterform und der standardisierten -größen, beim Flachbodenbehälter aus der Geometrie des Trägerrosts, der am oberen Ring aufgeständert ist. Im zweiten Schritt konnte aus der Behälterlast die erforderliche Anzahl und Querschnittsgröße der Vertikalstäbe abgeschätzt werden. Im dritten Schritt wird die auf das Gesamtsystem (Behälter und Stabwerk) einwirkende Windlast ermittelt. Mit dem resultierenden Kippmoment lässt sich dann der für das Gleichgewicht nötige Durchmesser des unteren Rings berechnen. Den untersuchten Berechnungen zufolge wird hierbei der leere Wassertank angesetzt, die Ankerschrauben vernachlässigt und eine rechnerische Sicherheit von etwa 1,05 angestrebt. Nachdem nun Radien, Höhe und Stabzahl festgelegt sind, muss ein geeigneter Drehwinkel $\varphi$ gefunden werden. Mit den gerade erläuterten Tabellen wird eine günstige Winkelkombination gewählt. Eine eindeutige Vorgehensweise bei der Wahl des Drehwinkels ist jedoch trotz der Analyse gebauter Beispiele nicht erkennbar. Es lassen sich aber zumindest klare Tendenzen ablesen:

• Bei hohen Türmen liegt meist ein höherer Drehwinkel vor, wohl auch aus dem Grund, dass die ersten Schnittpunkte der Erzeugenden ansonsten zu weit auseinander liegen und der Turm somit eine Schwächung erfährt.

• Bei niedrigeren Türmen, insbesondere in Kombination mit schweren Lasten, ist der Drehwinkel meist niedriger. Dies liegt sicher auch an der höheren Torsionssteifigkeit der größeren Stabquerschnitte.

Wie schwierig die Rekonstruktion der Wahl des Drehwinkels ist, belegen die Wassertürme in Efremov (Abb. 34) und Jaroslavl'

(Abb. 35). Beide verfügen über baugleiche Flachbodenbehälter von 10 000 Eimern Fassungsvermögen (123 m³), eine Höhe der Gitterstruktur von 15,20 m und einen oberen Ringdurchmesser von 5,03 m, die Stabzahlen hingegen variieren. Beim Wasserturm in Efremov werden 24 Vertikalstäbe (L 120 / 120 / 12 mm) verwendet, in Jaroslavl' 32 (L 100 / 100 / 10 mm). Die unteren Durchmesser sind annähernd gleich: 9,45 m im Fall von Efremov und 9,75 m beim Turm in Jaroslavl'. Der leicht größere Durchmesser bei Letzterem ist auf das durch die größere Stabzahl bedingte höhere Kippmoment zurückzuführen. Die Drehwinkel hingegen unterscheiden sich deutlich: 85° beim Turm in Efremov und 56,25° bei dem in Jaroslavl'.

Trotz der offensichtlich stark standardisierten Planungsschritte und des hier aufgezeigten hypothetischen Entwurfsverlaufs, liegt dem Ablauf sicher kein Automatismus zugrunde. Neben den zahlreichen Beispielen, mit denen sich das beschriebene Vorgehen belegen lässt, gibt es auch einige Türme, die davon abweichen. Inwieweit beispielsweise ästhetische Kriterien wie das subjektive Proportionsempfinden bei der Entwicklung der Geometrie eine Rolle gespielt haben, lässt sich heute nicht mehr ermitteln.

## Konstruktive Durchbildung

In Anhängigkeit von der Stabzahl sind die Fundamente entweder punktförmig oder als Streifenfundament ausgebildet. Bis zu einer Stabzahl von 24 Stäben kommen oft Punktfundamente aus Mauerwerk zum Einsatz. In diesem Fall werden die unteren Stabenden an einem Auflagerpunkt meist zusammengeführt oder nur leicht gespreizt angeordnet. Bei größeren Stabzahlen und Streifenfundamenten werden die Auflagerpunkte in der Regel alternierend ausgeführt (Abb. 38, S. 93). Dies hat gerade bei höheren Türmen den statisch-konstruktiven Vorteil, dass sich die Lage der ersten Geradenschnittpunkte weiter unten befindet.

Für Flachbodenbehälter sind am oberen Rand des hyperbolischen Gitterturms Spreizen angeordnet, die den radialen Trägerrost des Behältertanks ablasten, wie in Abb. 36 (S. 92) beim Turm in Caricyn (heute Wolgograd) dargestellt. Im Falle von Intze-Behältern ist dies nicht nötig. Hier ruht der Tank auf dem oberen Ring des Turms.

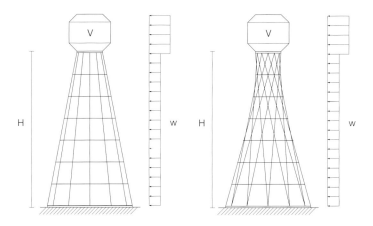

33

33 schematische Rekonstruktion des
Entwurfsprozesses eines Wasserturms
34 Wasserturm in Efremov (RUS) 1902
35 Wasserturm in Jaroslavl' (RUS) 1904

**Auswertung zwischen 1896 und 1930 gebauter Wassertürme**

Auf Basis von alten Planzeichnungen, Fotografien und Tabellenwerken wurde die Entwicklung der von Šuchov gebauten Wassertürme zwischen 1896 und 1930 ermittelt. Im Archiv der Akademie der Wissenschaften befinden sich zwei Tabellen, die die
wichtigsten Eckdaten zu Türmen liefern. Die Blätter Opus 1508-84
(1896–1914) und Opus 1508-79 (ca. 1915–1920) beinhalten
genaue Maß- und Gewichtsangaben zu Wassertürmen, die im
Zeitraum von 1896 bis 1920 gebaut wurden.
Die beiden Tabellen wurden übersetzt, zusammengeführt und die
russischen Maß- und Gewichtsangaben ins metrische System
übertragen (siehe »Türme im Vergleich«, S. 136ff.). Außerdem
wurden weitere Türme, deren Geometrie und Behältervolumen aus
der Literatur bekannt sind, z. B. aus dem Buch über Wassertürme
von Dmitrij Petrov [52], in die Tabelle mit aufgenommen. Das vorhandene Material ist allerdings lückenhaft; so ist nur ein Turm, der
nach 1920 gebaut wurde, Bestandteil dieser Auswertung.

Die Tabellen enthalten die wichtigsten geometrischen Parame-
ter wie Stabzahl und -querschnitt, Höhe und Randdurchmesser
des Gitternetzes sowie die genauen Daten zu Behältertyp und
-volumen, den Gewichten und Abmessungen der einzelnen
Konstruktionselemente und Abmessungen der Fundamente.
Mit diesen Werten ließen sich die Baukosten einfach verglei-
chen und für künftige Vorhaben antizipieren.
Anhand dieser Beispiele wird versucht, die Entwicklung der
Wassertürme zwischen 1896 (erster Turm für die Allrussische
Ausstellung in Nižnij Novgorod) und 1930 (Wasserturm in
Dnipropetrowsk) aufzuzeigen. Insgesamt umfasst die neu zu-
sammengestellte Tabellen 39 Türme. Allerdings konnte nicht
von allen Türmen die genaue Geometrie rekonstruiert werden,
da die Tabelle den hierfür erforderlichen Drehwinkel φ sowie
Anzahl und Anordnung der Zwischenringe nicht beinhaltet.
Zu diesem Zweck waren zusätzliche Fotos oder Pläne notwendig. Anhand der Anzahl der Kreuzungspunkte der Vertikalstäbe war es so möglich, den Drehwinkel von 18 Türmen zu
rekonstruieren.

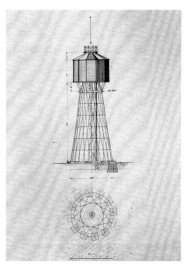

34

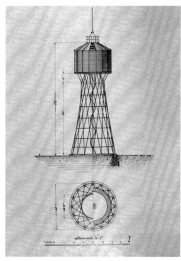

35

36

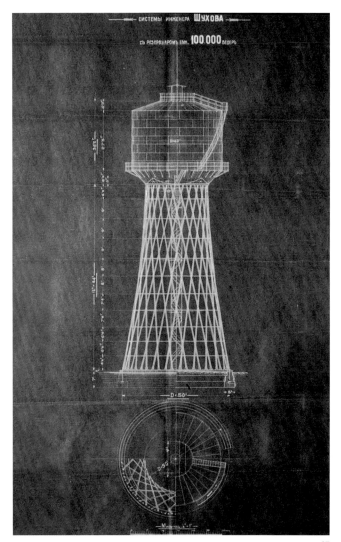

37

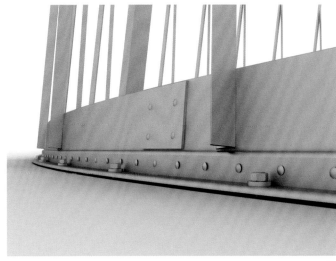

Folgende Abhängigkeiten und Entwicklungen lassen sich aus dem Material herauslesen:

- Die realisierten Turmhöhen (reines Gitterwerk) schwanken zwischen 8,53 m (Ort unbekannt) und 43,50 m (Dnipropetrowsk). Im Mittel liegen die Höhen um die 20 m, mit leicht steigender Tendenz zu größeren Höhen in den späteren Jahren.
- Die Volumen der installierten Wasserbehälter sind stark schwankend, zwischen 6 m³ (Sagiri) und 1230 m³ (Voronež); die am häufigsten verwendete Behältergröße ist 123 m³, was dem russischen Hohlmaß von 10000 Eimern entspricht. Von den 39 untersuchten Türmen weisen 24 einen Flachbodenbehälter, neun einen Intze-Behälter und sechs einen Hängebodenbehälter auf. Eine zeitliche Zuordnung der Verwendung ist nicht möglich; es ist aber klar ersichtlich, dass die Intze-Behälter stets bei großen Füllmengen (> 400 m³) zum Einsatz kommen. Die Behältergrößen sind in den meisten Fällen standardisiert und weisen Größen von 10000, 15000, 30000, 50000 und 100000 Eimern (1 Eimer = 12,3 l) auf.
- Die oberen Radien hängen in der Regel mit den verwendeten Behältergrößen (unabhängig vom Behältertyp) zusammen und wiederholen sich demzufolge oft. So finden sich bei Flachbodenbehältern mit Volumina von 123 m³ der Durchmesser 5,79 m, bei 184 m³ der Durchmesser 5,03 m, und bei 369 m³ der Durchmesser von 6,10 m. Allerdings gibt es auch hier immer wieder Abweichungen, die vermutlich auf unterschiedliche Ausführungen des Behälters zurückzuführen sind.
- Für die unteren Radien lassen sich im Gegensatz dazu keine oft wiederkehrenden Werte feststellen, da sich dieser, wie zuvor dargelegt, aus der Berechnung des erforderlichen Standmoments beim Kippsicherheitsnachweis ergibt.
- Dementsprechend variieren auch die resultierenden $K_F$-Werte stark: von 1,61 (zwei Wassertürme in Tambov, 738 m³) bis 3,92 (Moskau-Simonovo, 28,3 m³).
- Die horizontalen Zwischenringe sind in der Regel gleichmäßig über die Höhe verteilt. In manchen Fällen nehmen die vertikalen Abstände auch mit der Höhe zu, besonders dann, wenn im oberen Bereich viele Kreuzungspunkte der Vertikalstäbe

vorliegen und dieser Bereich somit ohnehin schon steif ist.
- Die vertikalen Abstände der Zwischenringe schwanken zwischen 1,80 und 3,20 m. Im Mittel beträgt der Abstand etwa 2,40 m.
- Hohe Drehwinkel von 90 bis 105° wurden nur bei Türmen mit sehr kleinen Behältervolumen verwendet, die sich zwischen 6 m³ (Sagiri) und 37 m³ (Caricyn) bewegen. Die Anzahl der Stäbe schwankt in diesen Fällen zwischen 24 und 40, die Schenkellängen der Winkelprofile betragen in dann maximal 75 mm. Eine Ausnahme bildet der erste Wasserturm in Nižnij Novgorod, der mit einem Drehwinkel von 94,5° und einem Behältervolumen von 117 m³ über den später realisierten Türmen liegt.
- Bei Wassertürmen mit großen Behältervolumina (> 500 m³) liegt der Drehwinkel in der Regel unter 75°; die verwendeten Querschnitte sind in diesen Fällen meist gedoppelte U-Profile zwischen 100 und 140 mm Höhe. Eine Ausnahme bildet der Wasserturm von Nikolaev, der bei einem Behältervolumen von 615 m³ über einen Drehwinkel von 82,5° verfügt. In diesem Fall wurden beim Bau allerdings Winkelprofile verwendet.

Trotz der erwähnten Zunahme der erreichten Höhen und installierten Behältergrößen bei einigen Türmen der späteren Jahre, lässt sich keine eindeutige Entwicklung anhand der analysierten Beispiele über den abgedeckten Zeitraum konstatieren.
Das Kapitel »Türme im Vergleich« (S. 114ff.) enthält neben den Übersetzungen und Auswertungen der beiden Tabellen auch zwei Diagramme, die die Turmhöhe, Drehwinkel und Stabzahl der einzelnen Türme und die installierten Behältervolumina aufzeigen (S. 120f.). Außerdem finden sich hier die Zeichnungen zu 18 Wassertürmen, deren genaue Geometrie rekonstruiert wurde (siehe S. 122ff.).

**36** Wasserturm in Caricyn (RUS) 1899
**37** Wasserturmi n Voronež (RUS) 1915
**38** Auflagerdetail des Wasserturms in Nižnij Novgorod (RUS) 1896, alternierend angeordnete Stäbe

## NiGRES-Turm an der Oka

# NiGRES-Turm an der Oka

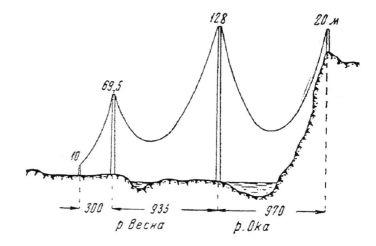

1

a

b

2

Ohne Zweifel sind die NiGRES-Hochspannungsmasten an der Oka die eindrucksvollsten der von Šuchov gebauten Gittertürme. Die Anlage, die einst aus zwei Hyperboloidtürmen mit je drei Abschnitten und zwei Türmen mit je fünf Abschnitten bestand, liegt 35 km südwestlich von Nižnij Novgorod nahe der Stadt Dserschinsk. Ihre große Höhe war nötig, um die Leitungen frei gespannt 970 m über die Oka führen zu können (Abb. 1). Šuchov begann 1927 mit den Planungen, die gesamte Anlage wurde im Jahr 1929 fertiggestellt. Die 110-kV-Leitung war bis zum Jahr 1989 in Betrieb, dann wurde der Betrieb eingestellt und die beiden kleineren Zuführungsmasten rückgebaut. In den folgenden Jahren unterspülte der Fluss das Fundament des näher am Ufer gelegenen höheren Masts, sodass er einstürzte. Seitdem ist nur noch ein Turm mit einer Höhe von 130,2 m erhalten (Abb. 3).

Im Sommer 2005 entfernten Unbekannte bei dem letzten verbliebenen Mast tragende Stahlelemente. Sie trennten im unteren Abschnitt 16 der 40 vertikalen Stützen (Abb. 2a) sowie die beiden untersten Horizontalringe mit Brennschneidern ab [1]. In der Folge war der Turm akut einsturzgefährdet. Einem internationalen Team von Bauforschern und Ingenieuren gelang es, das Bewusstsein um die Gefährdung des Turms bei den zuständigen Instanzen zu schärfen und in der Folge seine Sanierung mit finanziellen Mitteln des örtlichen Stromversorgers durchzuführen [2]. Im Sinne einer rekonstruierenden Reparaturmaßnahme ersetzte man im März 2008 die fehlenden Tragelemente durch neue Stäbe mit annähernd gleichem Querschnitt (Abb. 2b). Statt Nieten wurden vorgespannte, hochfeste Schrauben verwendet. Die rote Rostschutzfarbe unterstreicht die Besonderheit der neuen Stäbe und macht die Maßnahme ablesbar (Abb. 20a, S. 107).

## Aufbau mittels Teleskopverfahren

Die zwei kleineren Zuführungsmasten wurden ursprünglich in konventioneller Bauweise errichtet, die beiden hohen Türme mithilfe des Teleskopverfahrens, das bereits 1922 beim Bau des Šabolovka-Radioturms Anwendung gefunden hatte. Bei dieser Bauweise werden nach dem Errichten des ersten Abschnitts die nachfolgenden Segmente im Inneren des Schafts fertig montiert

1 schematische Zeichnung der
  NiGRES-Leitungsmaste
2 NiGRES-Turm an der Oka,
  Dserschinsk (RUS) 1929
  a Lücken in der Tragstruktur
  b Reparaturmaßnahme im Jahr
    2008
3 NiGRES-Turm an der Oka,
  Zustand 2007

3

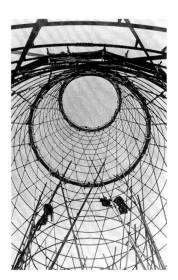

und sukzessive mit Kranböcken nach oben gezogen. Eine Art hölzernes Korsett hält die unteren Stabenden eines jeden Abschnitts zusammen. [3] Am oberen Ende des vorangegangenen Abschnitts angekommen, wird das Korsett gelöst und die Stäbe mit dem unteren Segment verbunden (Abb. 4).

Die Verwendung der Teleskopbauweise hatte auch Auswirkungen auf die Formgebung der einzelnen Hyperboloid-Abschnitte. Große Verdrehungswinkel und damit starke Einschnürungen der einzelnen Abschnitte mussten vermieden werden, denn sie hätten das Hindurchführen des nächsthöheren Abschnitts verhindert.

### Geometrie der einzelnen Abschnitte

In der Ansicht ist die Geometrie des Turms einem Kegel angenähert. Die Ringdurchmesser der Segmente verringern sich schrittweise von 34,0 m am Fundamentring über 25,8 m, 19,4 m, 14,0 m, und 10,0 m bis 6,0 m am oberen Ende des Schafts, unterhalb des Auslegers. Die unteren vier Abschnitte sind jeweils 24,9 m hoch, der oberste, fünfte, 24,3 m. Die nicht mehr erhaltenen Leiterseile waren in einer Höhe von 128,0 m befestigt; die Gesamthöhe der Konstruktion inklusive der Ausleger beträgt 130,2 m (Abb. 5). Für die unteren drei Segmente werden je 40 Vertikalstäbe verwendet; bei den beiden oberen verringert sich die Stabzahl auf 20. Damit ergeben sich für die unteren Segmente die Radiantenwinkel zu 9°, für die oberen zu 18°. Die Drehwinkel betragen in den unteren beiden Abschnitten jeweils 36° und vergrößern sich dann mit 40,5°, 54° und 72° nach oben hin. Der oberste Abschnitt ist der einzige, der in der Ansicht eine deutlich erkennbare Einschnürung aufweist. In den drei unteren und im obersten, fünften Abschnitt kreuzen sich die beiden Scharen der vertikalen Stäbe jeweils vier Mal, im vierten ergeben sich nur drei Schnittpunkte. Die Drehwinkel und geometrischen Randbedingungen der einzelnen Abschnitte bewirken, dass die Neigungen der Stäbe gegenüber der Vertikalen (Winkel ε, siehe »Geometrie des Stabnetzes«, S. 31) kontinuierlich von unten nach oben zurückgehen. So beträgt dieser Winkel im ersten Abschnitt 21,94° und im obersten nur noch 11,57° – die Stäbe steilen sich also nach oben hin auf. Die genauen Abmessungen und Winkelbeziehungen fasst Abb. 7 (S. 100) zusammen.

4    Aufbau eines der beiden hohen NiGRES-Türme mithilfe des Teleskopverfahrens
5    Übersicht der einzelnen Abschnitte

4

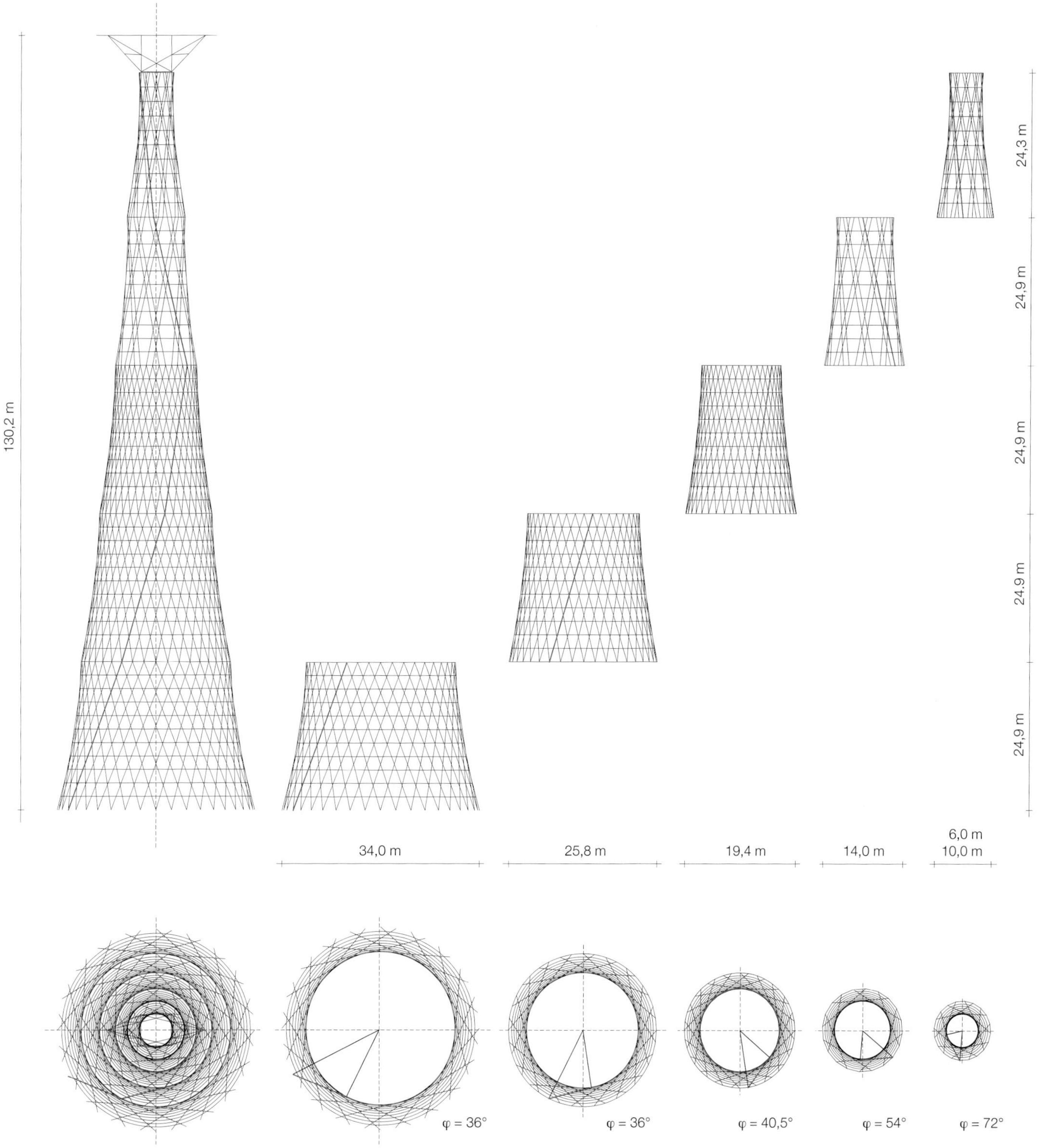

130,2 m

24,3 m

24,9 m

24,9 m

24,9 m

24,9 m

34,0 m

25,8 m

19,4 m

14,0 m

6,0 m
10,0 m

φ = 36°

φ = 36°

φ = 40,5°

φ = 54°

φ = 72°

5

**5. Abschnitt:**

4 Kreuzungspunkte
$\varphi = 72°$
9 Zwischenringe
20 Stäbe

**4. Abschnitt:**

3 Kreuzungspunkte
$\varphi = 54°$
10 Zwischenringe
20 Stäbe

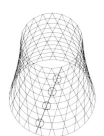

**3. Abschnitt:**

4 Kreuzungspunkte
$\varphi = 40,5°$
10 Zwischenringe
40 Stäbe

Zusammenfallen der
Stabenden am oberen
Ring

**4. Abschnitt:**

4 Kreuzungspunkte
$\varphi = 36°$
10 Zwischenringe
40 Stäbe

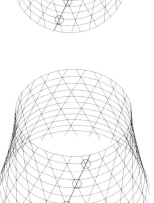

**5. Abschnitt:**

4 Kreuzungspunkte
$\varphi = 36°$
10 Zwischenringe
40 Stäbe

| | 1. Abschnitt | 2. Abschnitt | 3. Abschnitt | 4. Abschnitt | 5. Abschnitt |
|---|---|---|---|---|---|
| $2n$ [–] | 40 | 40 | 40 | 20 | 20 |
| $R_U$ [m] | 17 | 12,9 | 9,7 | 7 | 5 |
| $R_O$ [m] | 12,9 | 9,7 | 7 | 5 | 3 |
| $H$ [m] | 24,9 | 24,9 | 24,9 | 24,9 | 24,3 |
| $\varphi$ [°] | 36 | 36 | 40,5 | 54 | 72 |
| $k$ Zwischenringe [–] | 10 | 10 | 10 | 10 | 9 |
| $K_F$-Wert $(R_U/R_O)$ [–] | 1,32 | 1,33 | 1,39 | 1,40 | 1,67 |
| $\Psi$ [°] | 9 | 9 | 9 | 18 | 18 |
| $n_{SP}$ [–] | 4 | 4 | 4 | 3 | 4 |
| $G$ [m] | 10,0 | 7,62 | 6,31 | 5,73 | 4,97 |
| $L$ [m] | 26,84 | 26,04 | 25,69 | 25,55 | 24,80 |
| $\varepsilon$ [°] | 21,94 | 17,01 | 14,22 | 12,96 | 11,57 |
| $R_T$ [m] | 12,85 | 9,65 | 6,99 | 4,94 | 2,87 |
| $\gamma$ [°] | 4,88 | 5,55 | 3,42 | 8,89 | 17,01 |
| $\beta$ [°] | 40,88 | 41,55 | 43,92 | 45,11 | 54,99 |

7

| | Vertikalstäbe [mm] (Anzahl) | Zwischenringe [mm] | Hauptringe (Abstand) [mm] |
|---|---|---|---|
| 1. Abschnitt | ∟120/120/12 (40) | ∟80/80/10 | ∟100/100/12 (240) |
| 2. Abschnitt | ∟100/100/12 (40) | ∟75/75/8 | ∟90/90/9 (200) |
| 3. Abschnitt | ∟100/100/10 (40) | ∟75/75/8 | ∟75/75/8 (200) |
| 4. Abschnitt | ∟100/100/12 (20) | ∟60/60/6 | ∟75/75/8 (200) |
| 5. Abschnitt | ∟100/100/10 (20) | ∟50/50/6 | ∟75/75/8 (10) |

8

6

## Konstruktive Durchbildung

Das kreisringförmige Fundament aus nur schwach bewehrtem Beton weist einen kegelstumpfartigen Querschnitt von knapp
3 m Höhe auf. An seinem oberen Rand verlaufen zwei Winkelprofile im Abstand von 53 mm. Der Abstand ist so gewählt, dass
zwischen den Winkeln in regelmäßigen Abständen die Ankerschrauben (45 mm Durchmesser) hindurchgeführt werden können.
An den 40 Auflagerpunkten sind abgekantete Bleche (12 mm
Stärke) mit zusätzlichen Futterblechen zwischen den Winkeln
eingelassen (Abb. 9). Die vertikalen Stäbe selbst schließen alternierend von innen und außen an diese Bleche an. Der durch die
Blechstärke des Knotenblechs vorgegebene Abstand der beiden
Stablagen wird an den Kreuzungspunkten fortgeführt: An diesen
Stellen ist ein annähernd quadratisches Blech zwischen den
Stegen der vertikalen Stäbe geführt, das ebenfalls eine Blech-
stärke von 12 mm aufweist. Die Verbindung wird durch zwei
Niete gewährleistet.

Für die Konstruktion des Turms werden, mit Ausnahme des Auslegers, gleichschenklige Stahlwinkel verwendet. Die Querschnitte der geraden Stäbe nehmen hierbei kontinuierlich von unten
(L 120/120/12 mm) nach oben hin (L 100/100/10 mm) ab (Abb. 8).
Die ersten drei Abschnitte bestehen aus 40 geraden Stäben, die
oberen beiden aus 20 Stäben. Am oberen Ende des dritten Segments laufen deswegen die Stabenden durch den um einen halben
Radiantenwinkel erhöhten Drehwinkel zu einem Dreieck zusammen,
um so das Auflager für den darauf folgenden Stab des vierten
Abschnitts zu bilden (Abb. 6). Zwischen den einzelnen Hyperboloid-Abschnitten sind leichte horizontale Fachwerkträger angeordnet, die als Aussteifungselement nötig sind. Alle horizontalen
Zwischenringe sind in einem gleichmäßigen vertikalen Abstand
angeordnet. Die Verbindung der Zwischenringe zu den Vertikalen
geschieht mittels kleiner Kragkonsolen. Diese aus einem dreiecks-
förmigen Blech und einem Winkelprofil gefertigten »Arme« sind mit
einer Schraube mit den horizontalen Zwischenringen verbunden.
Dies sind die einzigen geschraubten Verbindungen des gesamten
Bauwerks; alle anderen Anschlüsse der Konstruktion sind als Nietverbindungen ausgeführt (Abb. 10).

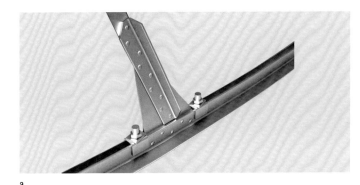

a

b                                                                    9

a

6   Geometrie der einzelnen Segmente, Drehwinkel und Kreuzungspunkte
7   Übersicht der Abmessungen und geometrischen Beziehungen
8   Zusammenstellung der Stabquerschnitte
9   Details der Fußpunkte
    a Rendering
    b Explosionszeichnung
10  Anschlüsse der vertikalen Stäbe zum Zwischenring
    a Rendering
    b Zustand 2011

b                                                                    10

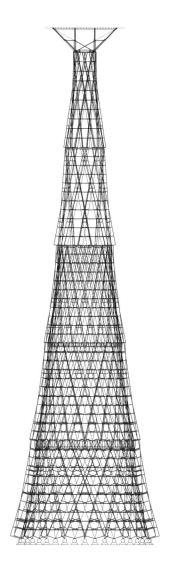

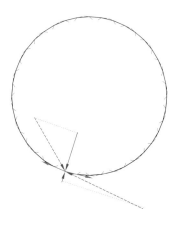

11

## Ergebnisse neuer Berechnungen

Die originalen Berechnungen von Šuchov sind bereits im Kapitel »Statische Berechnungen für den NiGRES-Turm an der Oka« (S. 81ff.) vorgestellt. Im Zuge der Sanierungsmaßnahmen wurde die Konstruktion des NiGRES-Turms mit einem Finite-Elemente-Programm für Stabtragwerke genau modelliert und das statische Verhalten unter Eigengewicht und Windbeanspuchung untersucht. Die Ergebnisse dieser neuen Berechnungen werden am Ende des Kapitels (S. 110) mit Šuchovs Originalstatik verglichen.

### Tragverhalten unter Eigengewicht

Bei der Belastung des Turms unter Eigengewicht werden alle geraden Stäbe erwartungsgemäß durch Druckkräfte beansprucht. Da der Neigungswinkel $\varepsilon$ der Stäbe gegenüber der Vertikalen nach oben hin segmentweise abnimmt, erhöhen sich die Druckkräfte der Stäbe sprunghaft unterhalb eines jeden Ringträgers. Die Ringträger selbst werden hingegen durch Zugkräfte beansprucht.
Dies scheint im Widerspruch zu der im Kapitel »Vertikale Lastabtragung« (S. 32f.) beschriebenen Beobachtung zu stehen, wonach sich bei nicht eingeschnürten Hyperboloiden am oberen Rand ein Druckring ausbilden muss, damit sich die Stäbe im Gleichgewicht befinden. Dies gilt jedoch nur für einzelne Segmente. Im Fall der Überlagerung überwiegt dagegen der Einfluss des nächsthöheren Segments. Dessen Stäbe treffen – im Grundriss gesehen – schräg auf die Ringträger; die normal auf den Ring einwirkende Kraftkomponente ist also verhältnismäßig hoch. Die Stabenden des unteren Segments jedoch schließen in den meisten Fällen nahezu tangential an den Ring an, ihre senkrecht auf den Ring einwirkenden Kraftkomponenten sind entsprechend klein (Abb. 11). In der Summe bewirken die jeweils oberhalb gelegenen Stäbe deshalb eine Zugbeanspruchung des Rings, die durch die Überlagerung mit den kleineren tangentialen Anteilen alternierend verläuft.
Die Schnittgrößen für die Vertikalstäbe und Hauptringe unter Eigengewicht (Lastfall 1) zeigt Abb. 18 (S. 106).

### Tragverhalten unter horizontaler Windlast

Die für die Stadt Dserschinsk bekannte Referenzwindgeschwindigkeit mit einer Überschreitungswahrscheinlichkeit von 0,02 pro Jahr wurde in Absprache mit der Universität in Nižnij Novgorod als $v_{ref}$ = 22,5 m/s ermittelt. Auf dieser Grundlage ließen sich die einwirkenden Windlasten nach DIN 1055-4 bestimmen. [4] Für die Konstruktion wurde nachgewiesen, dass sie gegenüber Böeneinwirkungen gemäß Abschnitt 6.2 der DIN als nicht schwingungsanfällig gilt und aus diesem Grund böenerregte Resonanzeffekte vernachlässigbar sind.

#### Bestimmung der Windlasten

Der zugehörige Geschwindigkeitsdruck ergibt sich daher zu $q_{ref}$ = 0,32 KN/m². Windgeschwindigkeit und Geschwindigkeitsdruck entsprechen somit der Windzone 1 nach DIN 1055-4. Die Gesamtwindkraft, die auf ein Bauteil wirkt, berechnet sich nach

$$F_W = c_f \cdot q(z_e) \cdot A_{ref} \qquad \text{(F01)}$$

mit dem Kraftbeiwert $c_f$, der Bezugshöhe $z_e$ und der Bezugsflä-

12

11  Normalkraftverlauf unter Eigengewicht (rot), beispielhafte Kraftzerlegung am ersten Hauptring: Die Resultierende der normal auf den Ring wirkenden Kraftkomponenten bewirken eine Zugkraft (blau).
12  Blick von der Turmspitze nach unten
13  Zusammenstellung der horizontalen Windlasten nach DIN 1055-4 (H = Höhenlage der Segmentgrenze; $z_e$ = Bezugshöhe; q ($z_e$) = Geschwindigkeitsdruck in Bezugshöhe $z_e$)

|  | $H_u$ [m] | $H_o$ [m] | $z_e$ [m] | $q(z_e)$ [kN/m²] | $q(z_e)$ 1,84 [kN/m²] |
|---|---|---|---|---|---|
| 1. Abschnitt | 0 | 24,9 | 15 | 0,632 | 1,16 |
| 2. Abschnitt | 24,9 | 49,8 | 40 | 0,909 | 1,67 |
| 3. Abschnitt | 49,8 | 74,7 | 65 | 1,053 | 1,94 |
| 4. Abschnitt | 74,7 | 99,6 | 90 | 1,139 | 2,10 |
| 5. Abschnitt | 99,6 | 123,9 | 114 | 1,205 | 2,22 |
| Ausleger | 123,9 | 130,2 | 127 | 1,237 | 2,28 |

13

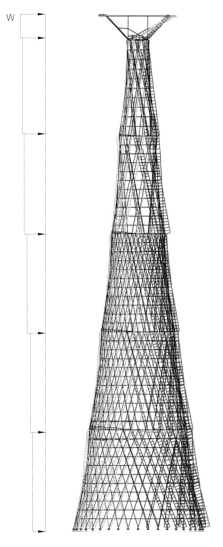

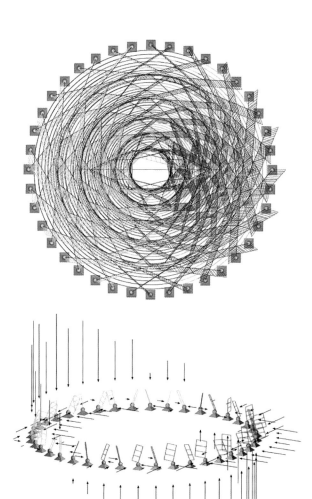

14

**14** Normalkraftverlauf Lastfallkombination 1 (Eigengewicht und horizontale Windlast nach DIN 1055-4)

**15** schematische Darstellung der Vertikalstabkräfte an den Hauptringen: Zerlegung in normale und tangentiale Kraftkomponenten

**16** Beanspruchungen und Verformung am ersten Hauptring unter Lastfall 2 (horizontale Windlast nach DIN 1055-4)

    a  Kräfte aus den Vertikalstäben an den Hauptringen
    b  normale und tangentiale Kraftanteile
    c  resultierende Normalkraftverteilung
    d  vertikale Biegemomente
    e  horizontale Biegemomente
    f   Verformungsfigur

che $A_{ref}$. Die Bezugshöhe ist gleich der Höhe der Unterkante des entsprechenden Abschnitts zuzüglich dem 0,6-fachen der Abschnittshöhe. Die Kraftbeiwerte für Bauteile mit kantigem Querschnitt ergeben sich nach der Formel:

$$c_f = c_{f,0} \cdot \psi_\lambda \qquad \text{(F 02)}$$

Der Kraftbeiwert für Winkelprofile wird für alle Anströmrichtungen mit $c_{f,0} = 2,0$ angesetzt. Die effektive Schlankheit ergibt sich für polygonale Querschnitte nach Tabelle 16 der DIN 1055-4 zu $\lambda = 70$, der Abminderungsfaktor in Abhängigkeit von der effektiven Schlankheit nach Bild 26 (DIN 1055-4) zu $\psi_\lambda = 0,92$. Somit errechnet sich der maßgebliche Kraftbeiwert der Norm nach Formel F 02 zu $c_f = 2,0 \cdot 0,92 = 1,84$. Der höhenabhängige Böengeschwindigkeitsdruck bestimmt sich nach Abschnitt 10.3 im Binnenland für ein Mischprofil der Geländekategorien II und III zu:

$$q(z) = 1,7 \cdot q_{ref} \left(\frac{z}{10}\right)^{0,37} \text{ für } 7\,m < z \leq 50\,m \qquad \text{(F 03)}$$

$$q(z) = 2,4 \cdot q_{ref} \left(\frac{z}{10}\right)^{0,24} \text{ für } 50\,m < z \leq 300\,m \qquad \text{(F 04)}$$

In Abhängigkeit von der Querschnittsbreite wurden die Windlasten als gleichförmige Belastung auf die Stäbe aufgebracht. Die derzeitige Fassung der DIN sieht keine Abschattungsfaktoren für zylindrische oder andere, räumlich komplexe Stabwerke vor. So mussten für die Berechnungen die vollen Windlasten angesetzt werden, auch wenn dies eine konservative Annahme ist, die sehr wahrscheinlich nicht der Realität entspricht. In den Seitenbereichen der Konstruktion mindern aller Voraussicht nach die eng zusammenstehenden Vertikalstäbe die tatsächlich angreifenden Windlasten. Aus diesem Grund finden in einem aktuell laufenden Forschungsvorhaben Windkanalversuche statt, die genauere Aussagen über die anzusetzenden Windkräfte ermöglichen werden. Die Ergebnisse der folgenden Berechnungen sind deshalb vor allem qualitativ zu verstehen und zeigen die prinzipielle Lastabtragung unter vertikal-horizontaler Beanspruchung sowie die am stärksten beanspruchten Elemente der Struktur.

*Lastfluss*
Das globale Verhalten des Turms gleicht auf den ersten Blick dem einer Fachwerkröhre, wobei die im Grundriss zum Wind hin orientierten Stäbe auf Druck, die vom Wind fortweisenden Stäbe auf Zug beansprucht sind (Abb. 14). Bei genauerer Betrachtung der vertikalen Auflagerkräfte erkennt man jedoch, dass die Werte nicht linear, sondern diskontinuierlich über den Querschnitt verlaufen. Die Gründe hierfür wurden bereits im Kapitel »Horizontale Lastabtragung« (S. 34ff.) besprochen.
An den Ringträgern ändern sich Stabneigung und -richtung der angrenzenden Vertikalstäbe. Da die Neigung der Stäbe gegen die Vertikale nach unten zunimmt, die vertikale Kraftkomponente aber gleich bleibt, steigen die Stabkräfte unterhalb von jedem Hauptring sprunghaft an ($\Sigma V = 0$). Aus der Addition der horizontalen Kraftanteile der Vertikalstäbe ergeben sich an jedem Übergang normal und tangential auf den Ring einwirkende Kräfte (Abb. 15).

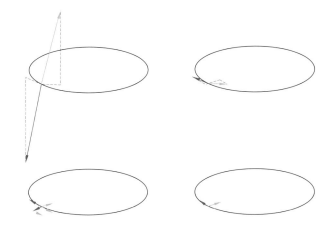

**15**

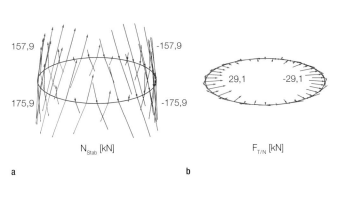

157,9     -157,9
175,9     -175,9

$N_{Stab}$ [kN]

29,1    -29,1

$F_{T/N}$ [kN]

a          b

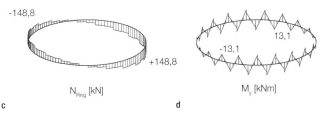

-148,8
+148,8

$N_{Ring}$ [kN]

13,1
-13,1

$M_y$ [kNm]

c          d

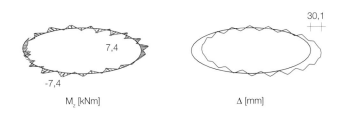

7,4
-7,4

$M_z$ [kNm]

30,1

$\Delta$ [mm]

e          f          **16**

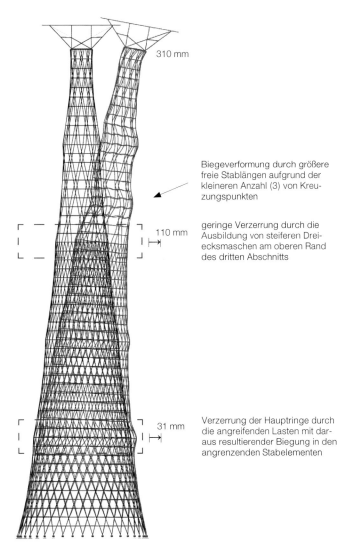

310 mm

Biegeverformung durch größere freie Stablängen aufgrund der kleineren Anzahl (3) von Kreuzungspunkten

110 mm

geringe Verzerrung durch die Ausbildung von steiferen Dreiecksmaschen am oberen Rand des dritten Abschnitts

31 mm

Verzerrung der Hauptringe durch die angreifenden Lasten mit daraus resultierender Biegung in den angrenzenden Stabelementen

17

| | LF 1 | LK 1 | LK 2 | LK 3 |
|---|---|---|---|---|
| **1. Abschnitt Stäbe:** | | | | |
| max. N [kN] | -29,5 | -262,8/201,0 | -389,5/306,0 | -153,8/101,9 |
| max. $\sigma_V/\sigma_{VRd}$ | 0,06 | 1,04 | 1,63 | 1,03 |
| **1. Hauptring:** | | | | |
| max. N [kN] | 19,8 | -159,1/202,7 | -242,0/300,8 | -50,6/118,5 |
| max. $M_y$ [kNm] | 0,2 | 20,83 | 31,23 | 10,04 |
| max $M_z$ [kNm] | 0,2 | 6,59 | 10,95 | 7,49 |
| max. $\sigma_V/\sigma_{VRd}$ | 0,04 | 1,48 | 2,21 | 0,74 |
| **2. Abschnitt Stäbe:** | | | | |
| max. N [kN] | -18,8 | -220,1/179,3 | -326,4/272,0 | -121,2/82,4 |
| max. $\sigma_V/\sigma_{VRd}$ | 0,06 | 1,28 | 1,92 | 0,90 |
| **2. Hauptring:** | | | | |
| max. N [kN] | 10,6 | -104,9/128,4 | -157,7/190,8 | -38,9/68,9 |
| max. $M_y$ [kNm] | 0,08 | 12,88 | 19,32 | 4,48 |
| max. $M_z$ [kNm] | 0,04 | 7,18 | 10,53 | 4,85 |
| max. $\sigma_V/\sigma_{VRd}$ | 0,03 | 1,29 | 1,93 | 0,52 |
| **3. Abschnitt Stäbe:** | | | | |
| max. N [kN] | -11,80 | -171,8/146,2 | -256,7/221,2 | -92,3/61,1 |
| max. $\sigma_V/\sigma_{VRd}$ | 0,05 | 1,02 | 1,60 | 0,41 |
| **3. Hauptring:** | | | | |
| max. N [kN] | 6,4 | -103,3/120,0 | -156,2/178,4 | -32,1/50,7 |
| max. $M_y$ [kNm] | 0,08 | 1,05 | 1,56 | 0,86 |
| max. $M_z$ [kNm] | 0,13 | 4,93 | 7,37 | 5,82 |
| max. $\sigma_V/\sigma_{VRd}$ | 0,04 | 0,33 | 0,46 | 0,20 |
| **4. Abschnitt Stäbe:** | | | | |
| max. N [kN] | -12,70 | -218,8/191,7 | -332,6/289,9 | -96,1/61,6 |
| max. $\sigma_V/\sigma_{VRd}$ | 0,03 | 1,75 | 3,13 | 0,37 |
| **4. Hauptring:** | | | | |
| max. N [kN] | 4,4 | -48,6/62,3 | -73,9/92,4 | -12,7/24,6 |
| max. $M_y$ [kNm] | 0,1 | 16,41 | 24,61 | 2,98 |
| max. $M_z$ [kNm] | 0,22 | 8,62 | 14,36 | 3,25 |
| max. $\sigma_V/\sigma_{VRd}$ | 0,02 | 2,00 | 4,00 | 0,65 |
| **5. Abschnitt Stäbe:** | | | | |
| max. N [kN] | -7,07 | -147,8/130,3 | -220,4/196,7 | -53,4/38,1 |
| max. $\sigma_V/\sigma_{VRd}$ | 0,03 | 1,45 | 2,95 | 0,33 |
| **vert. Auflagerkräfte** (Zug) [kN] | 27,4 | 245,8 (-188,1) | 364,4 (-286,4) | 142,7 (-73,9) |

18

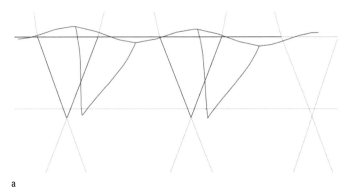

a

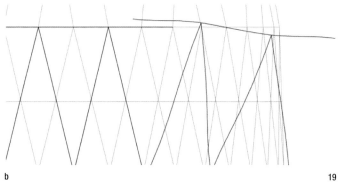

b

19

Die ungleich auf den Ring einwirkenden horizontalen Kraftkomponenten führen zu einem von der Nulllinie zu den Rändern hin ansteigenden Normalkraftverlauf. Auf der zum Wind hingewandten Seite bauen sich Druckkräfte auf, auf der vom Wind abgewandten Seite Zugkräfte. Zusätzlich führen die auf den Ring einwirkenden Kraftanteile zu Biegemomenten; in der Folge verformt sich der als leichter Fachwerkträger ausgebildete Hauptring (Abb. 16, S. 105). Neben diesen Beanspruchungen in der horizontalen Ebene bewirkt der Horizontalschub (in Kombination mit den alternierend ankommenden Zug- und Druckkräften) auch eine vertikale Verzerrung der Ringe. Diese ist von der Anordnung der darunter liegenden Vertikalstäbe abhängig. Schließen diese – wie im Regelfall – einzeln an den Ring an, so bilden sich offene, trapezförmige Maschen, die sich stark verformen (Abb. 19a). Die Biegemomente um die y-Achse sind in diesem Fall um das 1,5- bis 3-fache größer als die Momente um die z-Achse (Abb. 18). Eine dreiecksförmige Ausbildung der Maschen hingegen, die sich durch das Zusammenfallen der Stabenden am Ring ergibt, bewirkt einen deutlich steiferen Anschluss. Die vertikalen Verzerrungen und Biegemomente (um die y-Achse) sind in diesem Fall gering.

Die Deformation der Hauptringe führt zu einer charakteristischen Verformungsfigur des gesamten Turms. Die horizontale und vertikale Verzerrung der Ringträger zieht auch die angrenzenden vertikalen Stäbe und Zwischenringe in Mitleidenschaft, die sich aufgrund ihrer geringen Biegesteifigkeit ebenfalls verformen. An den Übergängen zwischen den einzelnen Hyperboloid-Abschnitten bilden sich deshalb seitliche Ausbeulungen, die in Abb. 17 klar zu erkennen sind. In der Ansicht fällt auf, dass beim Übergang zwischen dem dritten und vierten Abschnitt die Ausbeulung unterbleibt (Abb. 19b). Dies erklärt sich aus der oben erwähnten Anordnung der Stäbe. Die 40 Geraden des dritten Abschnitts laufen am oberen Ende paarweise zusammen, um so die Basis für die nunmehr 20 Stäbe des vierten Abschnitts zu bilden. Durch das Zusammenlaufen ergeben sich im Gegensatz zu den ansonsten vorhandenen weicheren trapezförmigen Maschen steife Dreiecke, die eine stärkere horizontale Verformung in diesem Bereich verhindern. Eine weitere Besonderheit des vierten Abschnitts liegt in der Ausbeu-

a

**17** Verformungsfigur unter horizontaler Windlast, 50-fach vergrößert (max. Verformung: 310 mm)

**18** Zusammenstellung der Stabkräfte und Stabbeanspruchungen in den einzelnen Abschnitten: Normalkraft N (Druck/Zug), Biegemoment M, Spannungsausnutzung $\sigma_V / \sigma_{VRd}$

**19** Verzerrung von zwei Maschen mit angrenzendem Hauptring unter horizontaler Windlast, 50-fach vergrößert
    a erster Hauptring mit trapezförmiger Ausbildung (Übergang vom ersten zum zweiten Segment)
    b dritter Hauptring mit dreieckigen Maschen (Übergang vom dritten zum vierten Segment)

**20** Modellierung der Knotenpunkte und Auflager
    a tatsächlicher Zustand
    b Abbildung im Finite-Elemente-Modell

b

20

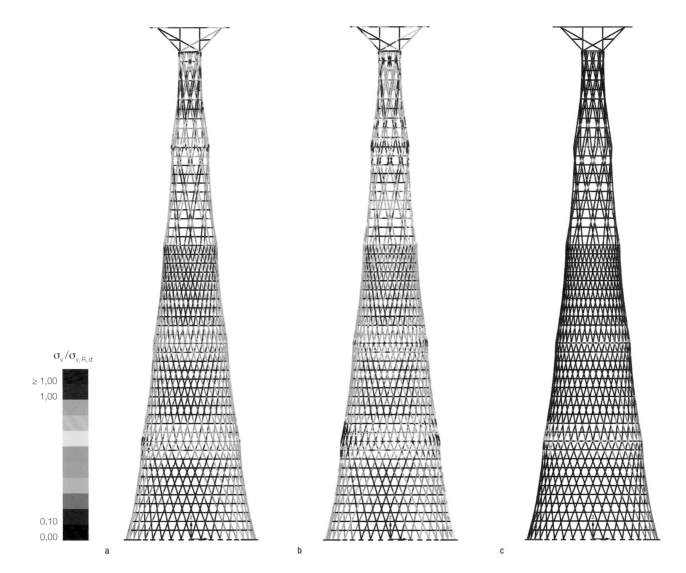

$\sigma_v / \sigma_{v,R,d}$

≥ 1,00

1,00

0,10

0,00

a

b

c

21

lung in der Mitte des Hyperboloids. Sie lässt sich durch die verminderte Anzahl der Kreuzungspunkte der Geraden in diesem Segment erklären. Da die freien Stablängen zwischen den drei Kreuzungspunkten entsprechend länger sind, erhöht sich die Biegeverformung, die sich vor allem aus den eingeleiteten Windlasten der Zwischenringe ergibt. Trotz der angesprochenen Verformungen ist der Turm in seiner Gesamtstruktur jedoch relativ steif. Die maximale Auslenkung am oberen Ende des Auslegers ergibt sich zu 310 mm, was zu einem Verformungsverhältnis H/422 führt.

### Ergebnisse der Berechnungen

Die Berechnungen wurden wie in den Parameterstudien des Kapitels »Wechselwirkungen zwischen Form und Tragverhalten« (S. 50ff.) unter Verwendung eines Baustahls der Güte S235 durchgeführt; eine Annahme, die Mitarbeiter der Universität von Nižnij Novgorod bestätigten. An den Fußpunkten ist die Struktur gelenkig gelagert (Abb. 20b, S. 107). Die Vertikalstäbe sind in zwei Ebenen angeordnet und an den »Kreuzungspunkten« biegesteif angeschlossen. Die Zwischenringe wiederum sind gelenkig mit den Kragkonsolen der Vertikalstäbe verbunden. Nach dem bereits im Kapitel »Wahl und Größe der Imperfektionsform« (S. 44) erläuterten Verfahren wurden die Imperfektionen in das System eingeprägt. Die kritische Beullast des Gesamtsystems wurde als $P_{krit}$ = 163 kN berechnet.

Im Rahmen der Berechnungen wurden neben den Lastfällen (LF) Eigengewicht und Wind drei Lastfallkombinationen (LK) untersucht:
- Lastfall 1: Eigengewicht
- Lastfall 2: horizontale Windlast nach DIN 1055-4 (Abb. 13, S. 103)
- Lastfallkombination 1: LF 1 + LF 2
- Lastfallkombination 2: 1,35 LF 1 + 1,5 LF 2
- Lastfallkombination 3: 1,35 LF 1 + 1,5 · 0,4 LF 2 (ohne Leiterseile)

Während die Lastfallkombinationen 1 und 2 die ursprüngliche Situation mit den Leiterseilen und den darauf einwirkenden Windlasten berücksichtigen, ist in der Lastfallkombination 3 nur das heutige Szenario ohne diese Einwirkungen abgebildet.
Die Windlasten, die, wie oben beschrieben, voll auf die Stäbe angesetzt wurden, führen bereits in der nicht mit Sicherheitsfaktoren beaufschlagten Lastfallkombination 1 zu erheblichen Überschreitungen der zulässigen Spannungen. Besonders gravierend zeigt sich dies in der starken Verzerrung am ersten und vierten Hauptring sowie den angrenzenden Stäben. Werden, wie in LK 2, faktorisierte Lasten verwendet, übersteigt die tatsächliche Spannung die zulässige Vergleichsspannung um rund das Vierfache. Werden, wie in LK 2, faktorisierte Lasten verwendet, betragen die Überschreitungen der zulässigen Vergleichsspannung rund das Vierfache. Die maßgeblichen Schnittgrößen für diese Lastfälle bzw. Lastfallkombinationen finden sich in Abb. 18 (S. 106). Da die nach DIN ermittelten Lasten also schon längst zu einem Stabilitätsversagen der Struktur hätten führen müssen, wurden in LK 3 die Windlasten nur zu 40% angesetzt, allerdings mit den zugehörigen Teilsicherheitsfaktoren auf der Lastseite. In diesem Fall werden

| Stäbe | LK 4 | Berechnung Šuchov | Abweichung |
|---|---|---|---|
| 1. Abschnitt | -290,9/248,9 | -253,0 | 15,0% |
| 2. Abschnitt | -235,2/229,5 | -194,0 | 21,2% |
| 3. Abschnitt | -178,7/149,8 | -137,0 | 30,4% |
| 4. Abschnitt | -218,5/185,6 | -173,0 | 26,3% |
| 5. Abschnitt | -139,2/119,2 | -86,0 | 61,9% |
| vertikale Auflagerkräfte | 269,8/-230,4 | 253,0 | 6,6% |

**22**

**21** Spannungsausnutzung $\sigma_v/\sigma_{vRd}$
  a LK 1: Eigengewicht und Wind unfaktorisiert
  b LK 2: Eigengewicht und Wind mit Sicherheitsfaktoren
  c LK 3: Eigengewicht und 40% der anzusetzenden Windlasten nach DIN 1055-4, mit Sicherheitsfaktoren, ohne Leiterseile
**22** Vergleich der Stabkräfte unter den von Šuchov angesetzten Belastungen
**23** Grundriss mit den am stärksten bzw. am zweitstärksten (gestrichelt) beanspruchten Stäben in jedem Segment auf der Druck- (rot) und Zugseite (blau)

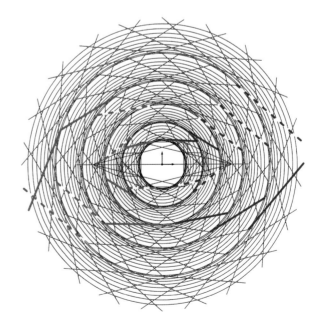

**23**

die zulässigen Knickspannungen und Vergleichsspannungen (Abb. 21 c, S. 108) – unter Berücksichtigung der nach DIN 18800 aufgrund von Plastifizierung erlaubten örtlichen Spannungsüberschreitungen von 10 % eingehalten. [5]

### Vergleich mit der Originalstatik von Šuchov

Neben den drei aufgezeigten Lastfallkombinationen wurden in einer weiteren Kombination LK 4 die Lastannahmen verwendet, die Šuchov als maßgebliche Einwirkung für die Berechnung und Dimensionierung des Turms verwendet hat.

Die Ergebnisse der Finite-Elemente-Berechnung weichen deutlich von den von Šuchov ermittelten Schnittgrößen und Auflagerkräften ab. Dies hat mehrere Gründe. Zum einen resultieren die Abweichungen aus der Vernachlässigung der Stabneigungen; in der historischen Berechnung wurden immer nur die vertikalen Anteile der Kräfte berechnet. Dieses Vorgehen wirkt sich auch auf die angesetzten Windlasten aus: Da diese nur auf die vertikale Stablänge bezogen sind, sind sie in der Summe zu gering. (Ein Vergleich der Höhe mit der wahren Stablänge in Abb. 7 (S. 100) offenbart beispielsweise für das erste Segment einen Unterschied der angesetzten Vertikalstablängen von 7,8 %). Der Hauptgrund ist aber in Šuchovs Rechenmethode begründet, die auf der Annahme beruht, dass die Stäbe eines jeden Segments mit dem größten Hebelarm in Kraftrichtung auch der größten Belastung ausgesetzt sind (siehe Berechnungen von Šuchovs Gittertürmen (S. 72ff.) analysiert wurde und. Dass dem nicht so ist, zeigt Abb. 23 (S. 109). Hier sind die Stäbe, die in jedem Segment die größten bzw. zweitgrößten Druck- und Zugkräfte erfahren, farblich hervorgehoben. Es ist zu erkennen, dass die Anfangspunkte dieser Stäbe teilweise deutlich von der x-Achse entfernt sind. Dass die Verteilung der am meisten beanspruchten Stäbe nicht symmetrisch ist, ist auf den Versatzwinkel von 4,5° zurückzuführen, den der Ausleger zu den Auflagerpunkten in der Horizontalprojektion einnimmt.

Abb. 22 (S. 109) fasst die Schnittgrößen und Auflagerkräfte sowie die Abweichungen, die zwischen der Finite-Elemente-Berechnung und der Originalstatik bestehen, zusammen. Wie zu sehen ist, nehmen diese – mit Ausnahme des vierten Abschnitts – von unten nach oben zu und betragen im fünften Abschnitt 61,9 %.

### Zusammenfassende Bewertung

Die überragende Bedeutung des Bauwerks ist vor allem auf seine konstruktive Durchbildung zurückzuführen. Sie offenbart sich in der konsequenten Klarheit der Detailpunkte und der faszinierenden Leichtigkeit des Tragwerks. Auch der innovative Aufbauprozess mit dem Teleskopverfahren, der beim Entwurf der einzelnen Abschnitte bereits Berücksichtigung finden musste, zeigt die große Kunstfertigkeit seines Erbauers.

Obwohl gezeigt werden konnte, dass Šuchovs Berechnungsverfahren die tatsächlich in der Struktur wirkenden Kräfte für die angesetzte Belastung deutlich unterschätzte, hat das Bauwerk die letzten 80 Jahre nahezu unbeschadet überstanden und zwischen 2005 und 2008, als zahlreiche Stäbe des ersten Abschnitts fehlten, seine Tragfähigkeit eindrucksvoll unter Beweis gestellt. Wie schwierig sich die genaue Ermittlung der tatsächlich wirkenden Stabkräfte unter horizontaler Windlast auch heute noch gestaltet, zeigen die vorgestellten Berechnungen. Ohne eine exakte Bestim-

mung der Windeinwirkungen durch Windkanalversuche sind realistische Aussagen zu den genauen Stabkräften und dem Sicherheitsniveau des Tragwerks schwer möglich. Dessen ungeachtet deckt die Analyse des Tragverhaltens allerdings einen Schwachpunkt der Konstruktion auf, wenngleich dieser nicht zu Schäden geführt hat. Als der kritische Bereich des Tragwerks sind die zu leicht ausgebildeten Hauptringträger anzusehen, die die einzelnen Segmente voneinander trennen und die bei horizontaler Windbeanspruchung durch Umlenkkräfte und Horizontalschub eine große Biegebeanspruchung und -verformung erfahren. Diese Verformungen ziehen auch die angrenzenden Stabenden und benachbarten Zwischenringe in Mitleidenschaft. Bei der Ausbildung von trapezförmigen Maschen unterhalb der Hauptringe sind die Biegemomente in der Regel um die y-Achse des Trägers deutlich größer als um die z-Achse. Die Vergrößerung der Steifigkeit der Hauptringe ist also insbesondere um die y-Achse notwendig. Alternativ wäre auch ein Zusammenführen der Stabpaare an jedem Hauptringträger möglich. Es ist in diesem Zusammenhang erwähnenswert, dass sich in der historischen Statik keinerlei Hinweise zu einer Berechnung oder Dimensionierung der Hauptringe finden. Offenbar wurde der Beanspruchung der Hauptringe keine große Bedeutung zugemessen und daher nur eine konstruktive Verstärkung in diesen Bereichen gewählt.

Dementsprechend stellt sich die Frage, inwieweit der erste Entwurf für den Šabolovka-Radioturm in Moskau, mit einer Höhe von 350 m und einem Fundamentringdurchmesser von 90 m überhaupt realisierbar gewesen wäre (Abb. 1, S. 9, siehe auch Šabolovka-Radioturm, S. 22f.). Der erste Hauptringdurchmesser hätte hier 72 m betragen – etwa das Dreifache des ersten Hauptringdurchmessers des NiGRES-Turms (25,8 m). Es ist schwer vorstellbar, dass der Ringträger überhaupt steif genug hätte ausgebildet werden können, zumindest in horizontaler Richtung. Ein liegend angeordneter Fachwerkträger wäre hierfür aller Voraussicht nach zu weich; denkbar wäre, dass eine Speichenradkonstruktion, wie sie auch beim Adžiogol-Leuchtturm (Abb. 17, S. 75, siehe auch Statische Berechnungen für den Adžiogol-Leuchtturm, S. 75ff.) zum Einsatz kam, die benötigte Steifigkeit in horizontaler Richtung hätte gewährleisten können.

Mit seiner harmonischeren Gestaltung und unübertroffenen Leichtigkeit stellt der NiGRES-Turm eine Weiterentwicklung des ausgeführten Šabolovka-Turms dar. Nach über drei Jahrzehnten Erfahrung mit den neuartigen Strukturen erreicht Šuchov mit den Türmen an der Oka den Höhepunkt seines Schaffens.

**24** Ansicht und Aufsicht der fünf einzelnen Segmente, Blaupause des NiGRES-Turms aus dem Jahr 1928

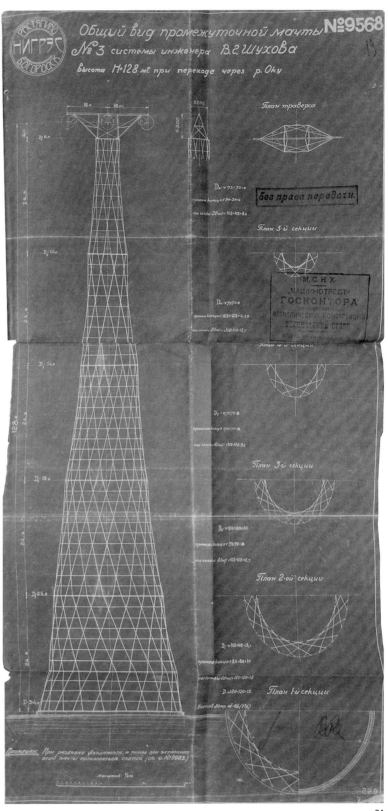

# Resümee

**1** Blick vom NiGRES-Turm über die Oka, Dserschinsk (RUS) 1929

Zu Beginn der Publikation liegt der Fokus auf der Entwicklung der hyperbolischen Gittertürme und ihrer Einordnung in den bauhistorischen Kontext sowie auf dem Werdegang Vladimir G. Šuchovs. Der erste Teil legt die mathematischen Grundlagen und geometrischen Beziehungen dieser neuartigen Bauweise dar. Darauf aufbauend wird die prinzipielle Abtragung vertikaler und horizontaler Lasten aufgezeigt. Mittels umfangreicher Parameterstudien und Traglastberechnungen werden die Wechselwirkungen zwischen Form und Tragverhalten analysiert. Diese durchgeführten Untersuchungen verdeutlichen die große Effizienz von Šuchovs Gittertürmen – auch im Vergleich zu den anderen hier dargestellten Vernetzungsvarianten. Der Einfluss der einzelnen Formparameter wird diskutiert und im Kapitel »Wechselwirkungen zwischen Form und Tragverhalten« (S. 50ff.) zusammengefasst. Die statische Untersuchung verschiedener von Šuchov realisierter Wassertürme offenbart die häufig sehr geringen Sicherheitsreserven. Einige der analysierten Beispiele bewegen sich an der Grenze der Tragfähigkeit. Einen besonders aufschlussreichen Einblick liefert die Analyse der originalen Berechnungen, die eine sehr pragmatische Herangehensweise erahnen lässt. Gerade im Vergleich zu anderen statischen Berechnungen Šuchovs, die sich, wie im Fall der zugversteiften Bogentragwerke oder des Stahlbehälterbaus durch ihre Präzision und wissenschaftliche Gewandtheit auszeichnen, erscheint der Charakter der Gitterturm-Berechnungen eher überschlägig und wenig differenziert. Die den Berechnungen zugrunde liegenden statischen Modelle müssen an vielen Stellen als unzureichend angesehen werden, auch vor dem zeitgenössischen Hintergrund. Šuchov verwendete das Modell eines schubsteifen aufgelösten Rohrquerschnitts und bestimmte die Stabkräfte über das Trägheitsmoment. Es kann aber gezeigt werden, dass die Abtragung horizontaler Lasten im Wesentlichen durch im Raum angeordnete Zweibeine erfolgt. Deren Beanspruchung ist von der Lage der Stabpaare und damit vom Drehwinkel abhängig. Deshalb werden die resultierenden Stabkräfte durch das Šuchovsche Rechenmodell zum Teil deutlich unterschätzt. Des Weiteren wurden wichtige Elemente des Tragwerks, wie die Zwischenringe, nicht rechnerisch erfasst, sondern nur konstruktiv angeordnet.

Rechenmodelle sind vereinfachende Abbildungen der Wirklichkeit [1], deren Ergebnisse den benötigten Grad an Validität aufweisen müssen. Auch wenn das von Šuchov verwendete Modell mit Mängeln behaftet war, spricht doch die Tatsache für sich, dass außer dem Einsturz des Wasserturms in Dnipropetrowsk keine weiteren Schadensfälle bekannt sind, die sich auf ein Versagen des Tragwerks zurückführen lassen – trotz einer Vielzahl gebauter Türme. Das Verfahren bewährte sich also, ungeachtet der inhärenten Defizite, und wurde über den gesamten Planungszeitraum mit nur geringen Modifikationen beibehalten.

Aufbauend auf der Analyse statischer Berechnungen und der Auswertung tabellarischer Projektlisten wird der Entwurfsprozess für die Wassertürme in dieser Arbeit rekonstruiert. Auch wenn der Prozess auf keinem vollständigen Automatismus beruhte: Das standardisierte, auf Tabellenwerke gestützte Entwurfsverfahren belegt eine sehr rationelle Herangehensweise und einen stark schematischen Ablauf. Offenkundig lag der Fokus bei Šuchov stärker auf der Ökonomie des Planungs- und Bauprozesses als auf größtmöglicher Präzision bei der Berechnung des neuartigen, räumlichen Tragwerks. Anders hätte sich die große Anzahl realisierter Turmbauwerke wohl auch nicht durchsetzen lassen. Auffallend ist in diesem Zusammenhang die oftmalige Verwendung gleicher Elemente in einer Tragstruktur. Im Gegensatz zu anderen stählernen Schalenkonstruktionen oder Fachwerkstrukturen der Zeit, bei denen die einzelnen Komponenten stets auf ihre Beanspruchung hin differenziert ausgebildet waren, führt die Wiederholung der gleichen Elemente zu der charakteristischen netzartigen Gestalt der Gitterschalen und Türme. Von etwaigen ästhetischen Vorzügen ganz abgesehen minimiert sich in der Folge die Anzahl unterschiedlicher Bauteile und Knotenpunkte wesentlich. All dies zeigt, dass Šuchov neben seiner Virtuosität in den unterschiedlichsten Ingenieurdisziplinen auch ein großes Talent hinsichtlich der Rationalisierung der von ihm erdachten Strukturen besaß. Diese ganzheitliche Herangehensweise bei der Lösung einer technischen Fragestellung ist wohl das herausstechendste Merkmal seiner Arbeitsweise. Šuchovs Entwurfsmethode wird folglich durch zwei Leitmotive geprägt. Die von ihm erdachten Strukturen zeichnen sich stets durch ein Minimum an

1

Materialverbrauch aus – ein Gebot der Notwendigkeit im Russland der Jahrhundertwende. Darüber hinaus liegt ihnen aber auch eine hohe ökonomische Zweckmäßigkeit zugrunde, die sich in rationellen Planungsverfahren, einem hohen Grad an Vorfabrikation und kurzen Montageprozessen manifestiert. Durch die konsequent pragmatische Umsetzung dieser Leitmotive entstehen radikal neuartige Konstruktionsweisen, die in der Baugeschichte keine direkten Vorläufer haben. Dass sich diese Leitmotive zudem mit einem außerordentlichen ästhetischen Empfinden paaren, macht Šuchovs Einzigartigkeit aus. Die Synthese von Ingenieurskunst, Ökonomie und Ästhetik offenbart sich bei wohl keinem anderen Bauwerk Šuchovs so wie beim NiGRES-Turm an der Oka, dessen Konstruktion und Tragverhalten das gleichnamige Kapitel der Publikation untersucht (siehe S. 96ff.). Nicht zu unterschätzen sind die hyperbolischen Gittertürme Šuchovs deswegen auch im Hinblick auf ihre Auswirkungen auf die Architektur. Gemeinsam mit seinen anderen Beiträgen gewichtsoptimierter Konstruktionen wie den zugverspannten Bögen, den Hängedächern und Gitterschalen haben sie den modernen Leichtbau mit initiiert und dessen Entwicklung bis heute beeinflusst. Wie sehr Šuchov seiner Zeit voraus war, beweist die Tatsache, dass viele seiner Entwicklungen erst in den letzten Jahren – mehr als 100 Jahre später – wiederaufgegriffen wurden, nachdem sie zwischenzeitlich in Vergessenheit geraten waren.
In diesem Sinne ist auch den hyperbolischen Gittertürmen und Stabwerken eine Renaissance zu wünschen. Durch die Variation der Basisparameter steht dem Planer eine nahezu grenzenlose Anzahl möglicher Formen zur Verfügung. In Kombination mit den günstigen Trageigenschaften ergeben sich so vielfältige Einsatzmöglichkeiten, die von Aussichtstürmen über Mastkonstruktionen bis zu Hochhaustragwerken reichen.

### Offene Fragen und Ausblick
Die Analyse der Entwicklung von Šuchovs Wassertürmen stützt sich auf das zum Zeitpunkt der Erstellung dieser Arbeit einsehbare Material in den genannten Archiven. Im Zuge eines aktuell laufenden Forschungsprojekts ist damit zu rechnen, dass die Betrachtung und Auswertung weiterer Quellen zusätzliche Erkenntnisse

über den Entwurfsprozess und die Entwicklung der Türme mit sich bringt. Dies gilt insbesondere für den Zeitraum zwischen 1916 und 1930, für den nur wenige Beispiele vorliegen. Des Weiteren steht eine Analyse der konstruktiven Durchbildung und deren Entwicklung noch aus, die durch Bauaufnahmen vor Ort gestützt werden muss. In diesem Zusammenhang sollen auch Materialuntersuchungen zu den verwendeten Stählen durchgeführt werden, die Aufschluss über deren mechanische Kennwerte und die metallurgische Zusammensetzung geben sollen.
Im Bereich der ingenieurwissenschaftlichen Forschung kommt den anzusetzenden Windlasten besondere Bedeutung zu. Wie bereits dargelegt, wurden bei den Berechnungen in dieser Arbeit die Windbeanspruchungen nach den entsprechenden Vorschriften der DIN 1055-4 angesetzt. Aufgrund der komplexen räumlichen Geometrie hyperbolischer Stabwerke ist es allerdings nicht möglich, die Abschattungsfaktoren der Norm anzuwenden, da sich diese nur auf Fachwerkstrukturen mit orthogonalem oder dreieckigem Grundriss beziehen. Insofern müssen die Stablasten unvermindert angesetzt werden. In der Folge erzielen die statische Berechnung des NiGRES-Turms zu große und wenig wirklichkeitsnahe Stabkräfte. Es ist daher geplant, mittels Windkanalversuchen das Anströmverhalten und die Abschattungseffekte der Stabwerke zu ermitteln. Erst mithilfe der genauen Ergebnisse der Materialuntersuchungen einerseits und der Windkanaluntersuchungen andererseits wird es möglich sein, das vorhandene Sicherheitsniveau der Šuchovschen Türme exakt zu erfassen.
Weiterer Bedarf besteht in der anwendungsbezogenen Forschung für konkrete Bauaufgaben. So wäre zu analysieren, inwieweit hyperbolische Stabwerke im Hochhausbau effizienter sind als Fachwerkröhren oder sogenannte Diagrid-Strukturen. Ein anderer Einsatzbereich könnte in der Mastkonstruktion von Windkraftanlagen bestehen. Da bei zunehmenden Nabenhöhen die klassischen Rohrquerschnitte aufgrund der Transportabmessungen an ihre Grenzen stoßen, konventionelle Fachwerkstrukturen aber in besiedelten Regionen oft ein Akzeptanzproblem haben, könnten hyperbolische Stabwerke mit ihrer anspruchsvolleren Gestaltung hier ein Anwendungsgebiet finden.

# Türme im Vergleich

Im Archiv der Russischen Akademie der Wissenschaften in Moskau befinden sich zwei Tabellenwerke der Firma Bari, in denen Šuchovs Wassertürme und deren wichtigste Daten aufgelistet sind. Die erste Tabelle (RAN-1508-79/1) erfasst die Daten zu 28 Wassertürmen aus der Zeit zwischen 1896 und 1914 (S. 136ff.). In der zweiten Tabelle (RAN-1508-79/2) sind die Daten zu zehn weiteren Türmen zusammengefasst (S. 140f.). Diese sind nicht datiert, aus dem Vergleich mit anderen Quellen (z. B. datierten Blaupausen) lässt sich allerdings darauf schließen, dass die hier versammelten Türme um 1915 entlang der mittelasiatischen Eisenbahnlinie gebaut wurden.

Neben den geometrischen Angaben zur Tragstruktur wie Höhe, Größe der Radien sowie Art und Anzahl der Stäbe enthalten die Tabellen vor allem Aussagen zu den Wasserbehältern. So sind deren Bauweise (Flachboden-, Hängeboden- oder Intze-Behälter), Fassungsvermögen, Ausstattung und weitere Besonderheiten wie Dämmung oder Ähnliches genau aufgeführt. Daneben finden sich weitere Angaben zu den Konstruktionsgewichten der einzelnen Stahlbauteile, Bleche und Nieten sowie Angaben zu Material und Ausführung der Fundamentierung. Mit den in den Tabellen versammelten Daten zu Geometrie, Behältercharakteristika und Gewicht war es möglich, bei neuen Wasserturmprojekten schnell die benötigte Stahlmenge und damit die Kosten abzuschätzen.
Um die Entwicklung der Wassertürme Šuchovs zu analysieren, wurden die Tabellen ins Deutsche übersetzt und die Maßeinheiten in das metrische System überführt. Als Grundlage für die Untersuchungen im Kapitel »Entwurf und Berechnung der Türme von Šuchov« (S. 66ff.) wurden die formbildenden Parameter Höhe, Stabzahl und Drehwinkel mit der Behältergröße in Beziehung gesetzt. Die entsprechenden Größen sind für verschiedene Wassertürme in zwei Diagrammen (S. 120f.) eingetragen. Die Auswertung des Materials sowie die Darstellung der Abhängigkeiten der unterschiedlichen Einflussgrößen findet sich auf S. 91. Da sich in den Tabellen jedoch keine Aussagen zum Drehwinkel $\varphi$ finden, musste dieser erst anhand von Bildmaterial (Pläne oder Fotos) rekonstruiert werden: Mittels der Stabzahl ist es möglich, auf den Radiantenwinkel zu schließen; mit diesem wiederum lässt sich anhand der Geraden-Schnittpunkte der Drehwinkel ermitteln. Des Weiteren mussten Anzahl und Abstände der horizontalen Zwischenringe gemessen bzw. – im Fall von Fotos – abgeschätzt werden. Allerdings waren nicht für alle in den Tabellen erfassten Türme Pläne oder Fotos vorhanden, sodass insgesamt nur 16 ausgewertet werden konnten. Hinzu kommen zwei weitere Türme in Tjumen und Dnipropetrowsk, deren Kennwerte dem Buch von Dmitrij Petrov entstammen [1]. Diese 18 Türme sind im Folgenden neu gezeichnet in Ansicht, Grundriss und Axonometrie (Maßstab 1:333 1/3) abgedruckt (S. 122ff.).

Es ist zu vermerken, dass zwar für den Zeitraum zwischen dem ersten gebauten Turm 1896 in Nižny Novgorod und 1915 relativ viele Beispiele vorliegen. Bis zum Zeitpunkt der Drucklegung war es jedoch nicht möglich, für die späteren Jahre weitere Tabellenwerke zu finden, sodass für die Zeit ab 1915 als einziges Beispiel lediglich der Wasserturm in Dnipropetrowsk aus dem Jahr 1930 Aufnahme fand.

Wasserturm in Nižnij Novgorod (RUS) 1896

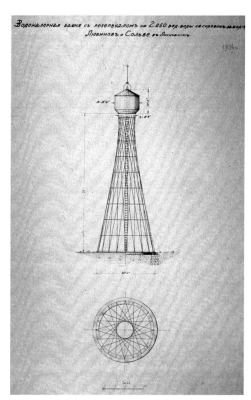

Wasserturm in Lisičansk (UA) 1896

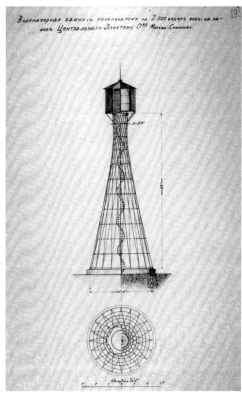

Wasserturm in Moskau-Simonovo (RUS) 1899

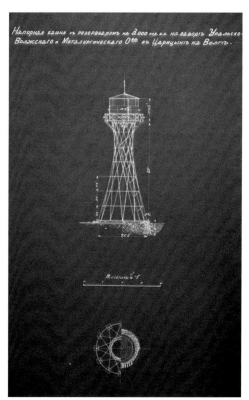

Wasserturm in Caricyn (RUS) 1899

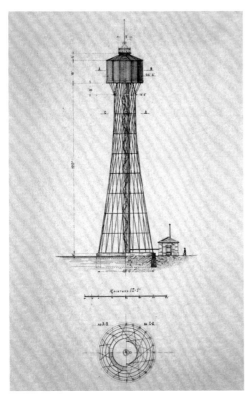

Wasserturm in Kolomna (RUS) 1902

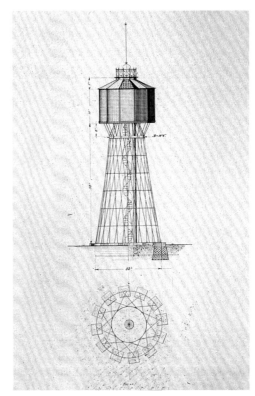

Wasserturm in Efremov (RUS) 1902

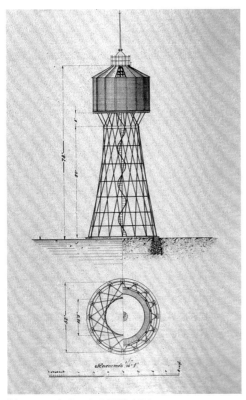

Wasserturm in Jaroslav' (RUS) 1904

Wasserturm in Nikolaev (UA) 1907

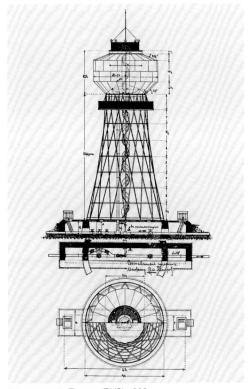

Wasserturm in Tjumen (RUS) 1908

Wasserturm in Andižan (UZ) 1909

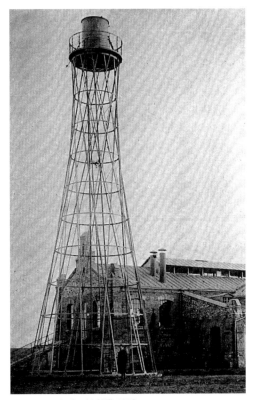

Wasserturm in Sagiri (AZ) 1912

Wasserturm in Charkiw (UA) 1912

Wasserturm in Samarkand (UZ) 1913

Wasserturm in Priluki (UA) 1914

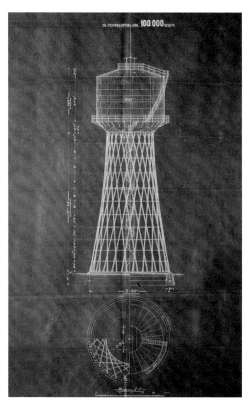

Wasserturm in Voronež (RUS) 1915

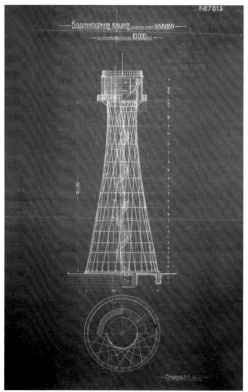

Wasserturm in Kačalinsk (RUS) 1915

Wasserturm in Tambov (RUS) 1915

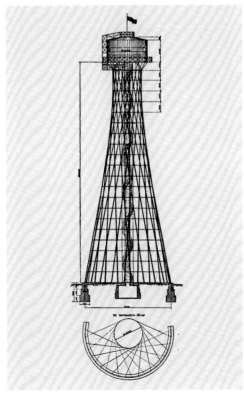

Wasserturm in Dnipropetrowsk (UA) 1930

## Zusammenstellung von Turmhöhe, Drehwinkel, Stabzahl und Behältervolumen

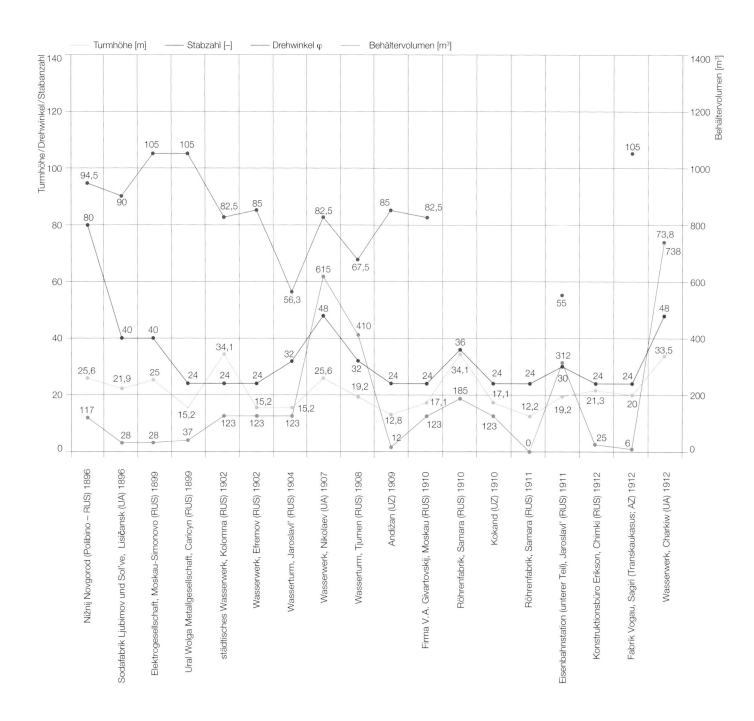

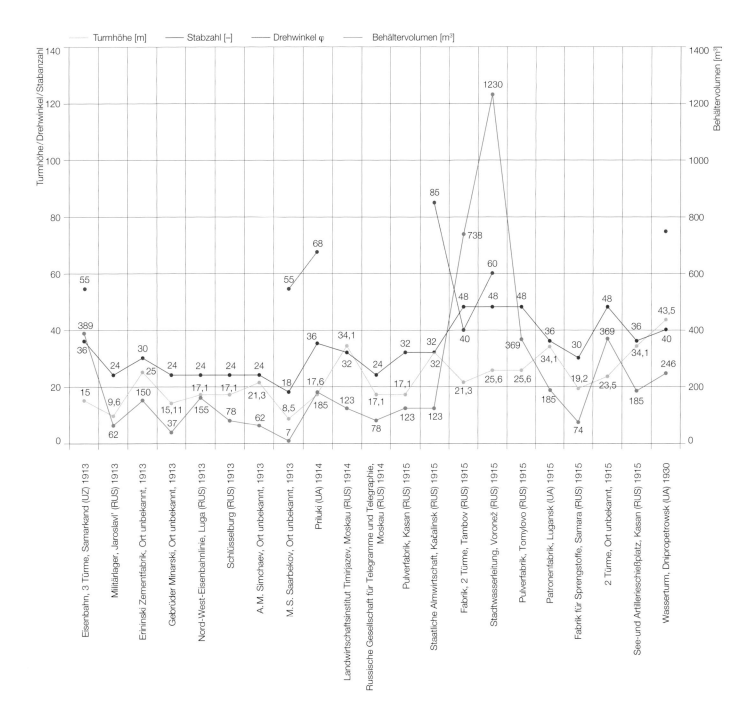

## Nižnij Novgorod (RUS) 1896

Erster hyperbolischer Gitterturm für die Allrussische Ausstellung

## Lisičansk (UA) 1896

Wasserturm für die Sodafabrik Ljubimov und Sol've

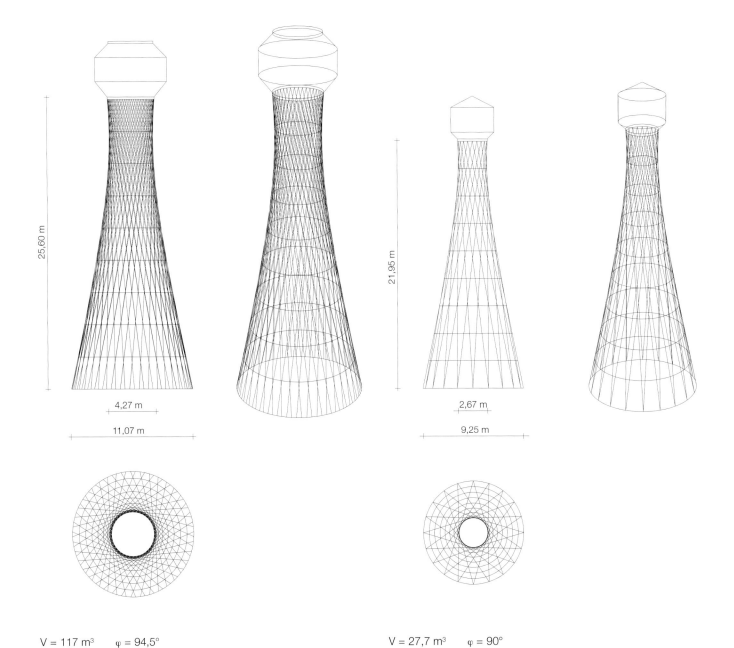

$V = 117\ m^3 \qquad \varphi = 94,5°$
$2\,n = 80\ (\llcorner 76/76/10\ mm)$

$V = 27,7\ m^3 \qquad \varphi = 90°$
$2\,n = 40\ (\llcorner 76/76/6\ mm)$

## Moskau-Simonovo (RUS) 1899

Wasserturm für eine Elektrogesellschaft

## Caricyn (RUS) 1899

Wasserturm der Ural Wolga Metallgesellschaft

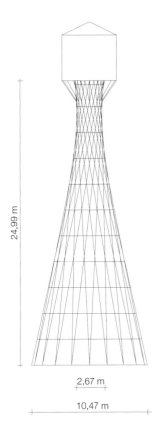
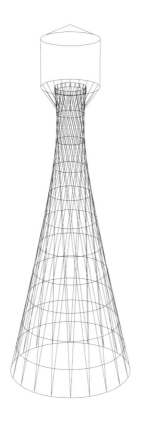
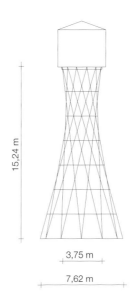
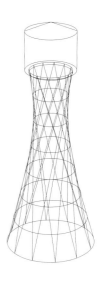

24,99 m

2,67 m

10,47 m

15,24 m

3,75 m

7,62 m

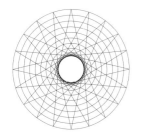

V = 28,3 m³     φ = 105°
2 n = 24 (∟76/76/6 mm)

V = 36,9 m³     φ = 105°
2 n = 24 (∟76/76/6 mm)

# Kolomna (RUS) 1902

Wasserturm des städtischen Wasserwerks

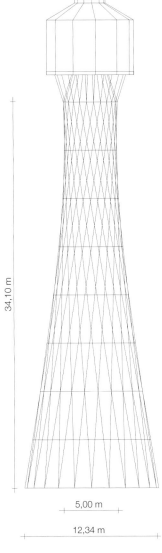

34,10 m

5,00 m

12,34 m

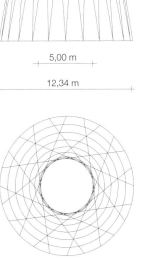

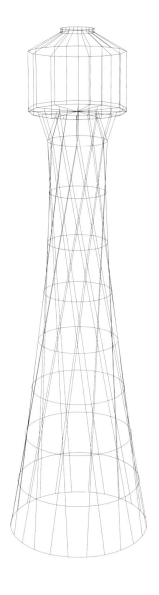

$V = 123 \text{ m}^3$     $\varphi = 82,5°$
$2n = 24$ (∟150/150/15 mm)

## Efremov (RUS) 1902

Wasserturm für ein Wasserwerk

## Jaroslavl' (RUS) 1904

Wasserturm

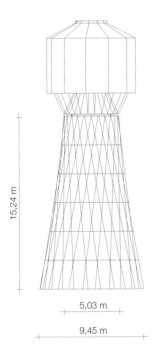
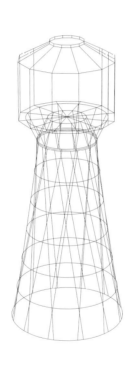
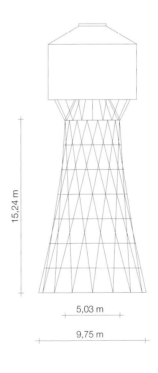
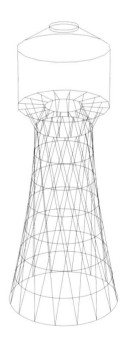

15,24 m

5,03 m

9,45 m

15,24 m

5,03 m

9,75 m

$V = 123\ m^3 \qquad \varphi = 85°$
$2n = 24\ (\llcorner 120/120/12\ mm)$

$V = 123\ m^3 \qquad \varphi = 56,3°$
$2n = 32\ (\llcorner 100/100/10\ mm)$

# Nikolaev (UA) 1907

Wasserturm für ein Wasserwerk

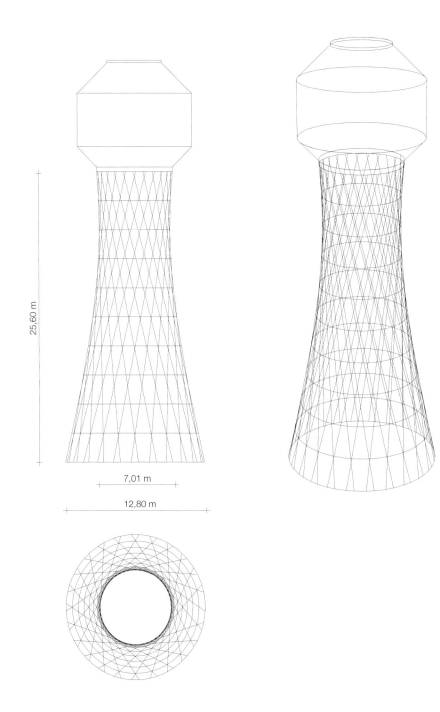

25,60 m

7,01 m

12,80 m

V = 615 m³     φ = 82,8°
2 n = 48 (L 120/120/12 mm)

# Tjumen (RUS) 1908

Wasserturm

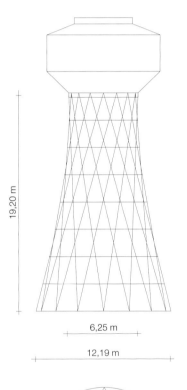

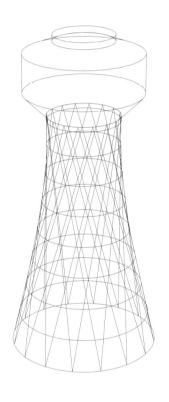

19,20 m

6,25 m

12,19 m

V = 410 m³    $\varphi$ = 67,5°
2n = 32 (∟110/110/12 mm)

## Andižan (UZ) 1909

Wasserturm

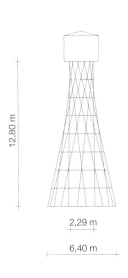

12,80 m

2,29 m

6,40 m

V = 12,3 m³    φ = 85°
2 n = 24 (L76/76/6 mm)

## Sagiri (AZ) 1912

Wasserturm für die Fabrik Vogau

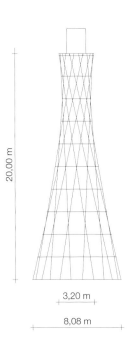

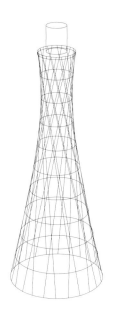

20,00 m

3,20 m

8,08 m

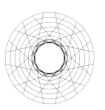

V = 6 m³    φ = 105°
2 n = 24 (L60/60/6 mm)

# Charkiw (UA) 1912

Wasserturm für ein Wasserwerk

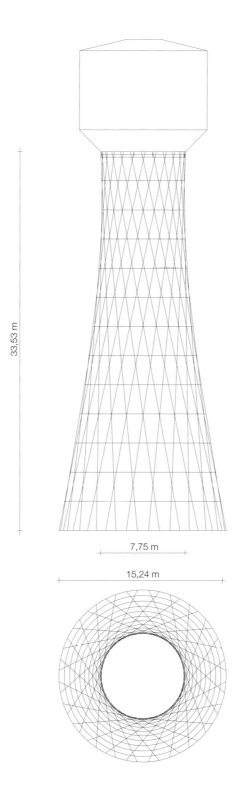

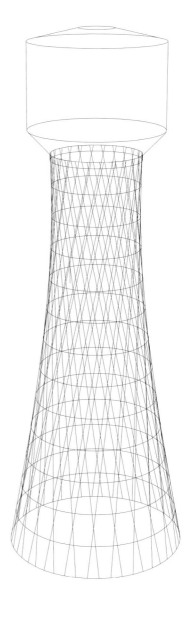

33,53 m

7,75 m

15,24 m

V = 738 m³    φ = 73,8°
2 n = 48 (2× U-Profil 140 mm)

# Samarkand (UZ) 1913

Wasserturm an einer Eisenbahnlinie

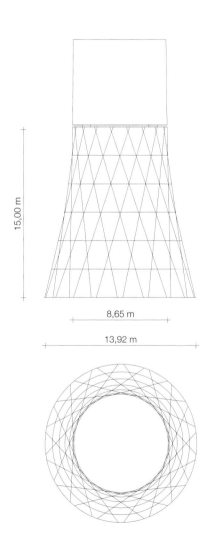

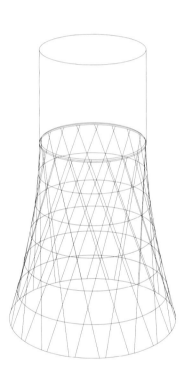

15,00 m

8,65 m

13,92 m

V = 388,5 m³     φ = 55°
2n = 36 (2× U-Profil 100 mm)

# Priluki (UA) 1914

Wasserturm

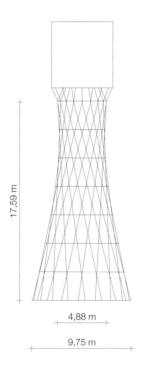

17,59 m

4,88 m

9,75 m

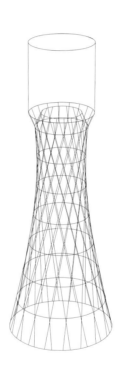

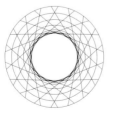

$V = 184,5 \text{ m}^3$     $\varphi = 68°$
$2n = 24$ (L100/100/10 mm)

# Voronež (RUS) 1915

Wasserturm der Stadtwasserleitung

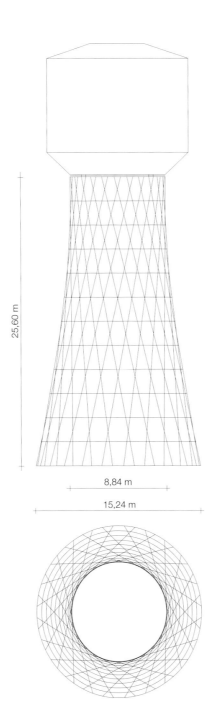

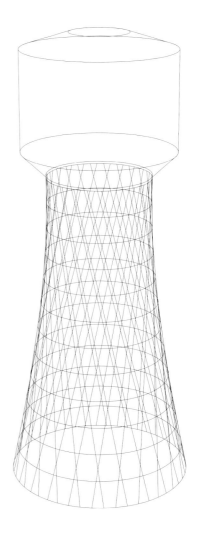

25,60 m

8,84 m

15,24 m

V = 1230 m³    φ = 60°
2 n = 48 (2× U-Profil 160 mm)

# Kačalinsk (RUS) 1915

Wasserturm für die Staatliche Almwirtschaft

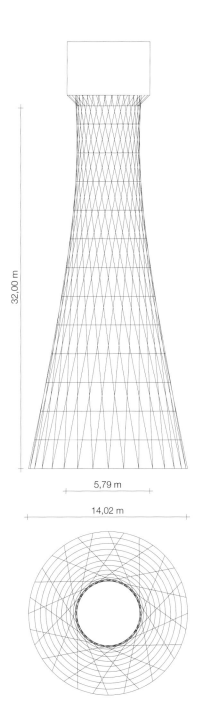
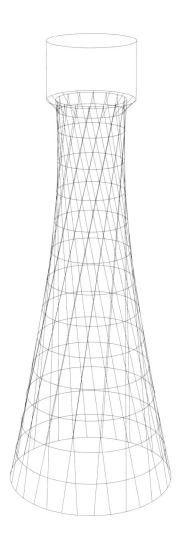

32,00 m

5,79 m

14,02 m

$V = 123 \text{ m}^3 \qquad \varphi = 85°$
$2n = 32 \text{ (L}\,100\,/\,100\,/\,12 \text{ mm)}$

# Tambov (RUS) 1915

Wasserturm für eine Fabrik

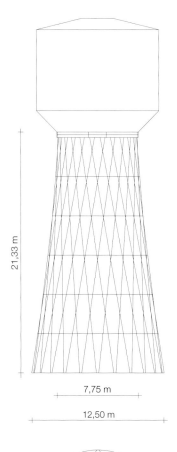

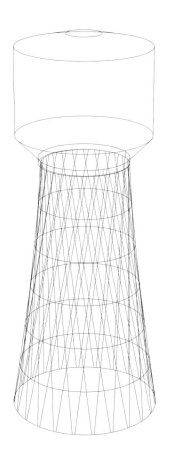

21,33 m

7,75 m

12,50 m

$V = 738 \ m^3$     $\varphi = 40°$
$2n = 48$ (2× U-Profil 140 mm)

# Dnipropetrowsk (UA) 1930

Wasserturm

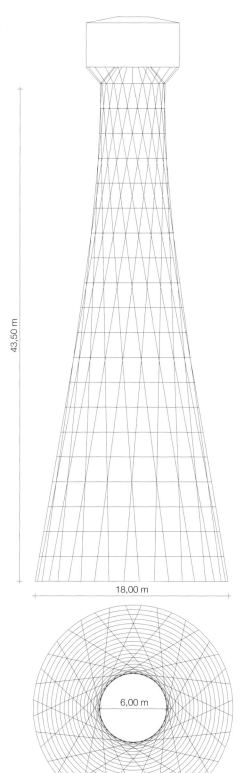

43,50 m

18,00 m

6,00 m

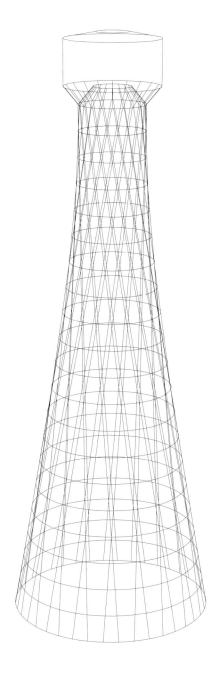

V = 246 m³    φ = 75°
2 n = 40 (L 100 / 100 / 12 mm)

Übersetzung und Auswertung der Originaltabelle RAN OP 1508-79/1 aus dem Archiv der Russischen Akademie der Wissenschaften in Moskau

| | Nižnij Novgorod (Polibino) | Lisičansk, Sodafabrik Ljubimov und Sol've | Moskau-Simonovo, Elektrogesell-schaft | Caricyn, Ural Wolga Metallgesell-schaft | Kolomna, städtisches Wasserwerk | Efremov, Wasserwerk | Jaroslavl' |
|---|---|---|---|---|---|---|---|
| | 1896 | 1896 | 1899 | 1899 | 1902 | 1902 | 1904 |
| **Höhe der Tragstruktur [m]** | 25,60 | 21,95 | 24,99 | 15,24 | 36,58/34,14 | 17,07/15,24 | 17,07/15,24 |
| **Kapazität des Reservoirs [m³]** | 116,85 | 27,68 | 28,29 | 36,90 | 123,00 | 123,00 | 123,00 |
| **Reservoir** | | | | | | | |
| Durchmesser [m]   Behälter   inneres Rohr | 6,55 1,42 | 3,89 0,76 | 3,17 | 4,42 | 6,25 1,22 | 6,25 1,22 | 6,25 1,22 |
| Höhe [m]   konisches Dach   zylindrischer Teil   unterer Teil | 1,22 2,14/5,03 1,37 | 0,86 2,00 0,61 | 3,61 | 3,63 | 4,24 | 4,24 | 4,24 |
| Bauweise | Intze-Prinzip ohne Umman-telung | Intze-Prinzip ohne Umman-telung | Flachboden Ummantelung aus Holz | Flachboden ohne Umman-telung | Flachboden Ummantelung aus Holz | Flachboden Ummantelung aus Holz | Flachboden Ummantelung aus Holz |
| **Tragwerk** | | | | | | | |
| Durchmesser unten [m] | 11,07 | 9,25 | 10,47 | 7,62 | 12,34 | 9,45 | 9,75 |
| Durchmesser oben [m] | 4,267 | 2,67 | 2,67 | 3,75 | 5,00 | 5,03 | 5,03 |
| Zahl der Stützen | 80 | 40 | 40 | 24 | 24 | 24 | 32 |
| Querschnitt [mm] | ⌐76,2/76,2/9,5 ⌐50,8/50,8/7,9 | ⌐76,2/76,2/6,4 ⌐50,8/50,8/6,4 | ⌐76,2/76,2/6,4 ⌐50,8/50,8/6,4 | ⌐6,2/76,2/6,4 | ⌐150/150/15 ⌐120/120/15 ⌐120/120/14 ⌐120/120/12 | ⌐120/120/12 ⌐120/120/10 | ⌐101,6/101,6/9,5 |
| Schraubenzahl × Durchmesser [mm] | 20× 31,8 | 20× 31,8 | 20× 38,1 | 12× 25,4 | 24× 38,1 | 12× 31,8 | 16× 34,9 |
| **Fundament** | | | | | | | |
| Bleche/Platten aus Metall [mm] | – | – | – | – | gusseiserne Platten 24× 457,2/457,2/ 31,8 | gusseiserne Platten 12× 609,6/457,2/ 44,5 | gusseiserne Platte 16× 558,8/457,2/ 31,8 |
| Höhe [m] | 2,13 | 1,83 | 2,85 | 1,83 | 3,05 | 2,44 (zwölf Einzel-fundamente) | 2,44 |
| Länge oben [m] | 1,02 | 0,71 | 0,76 | 0,71 | 0,71 | 1,42 | 0,71 |
| Länge unten [m] | 1,22 | 1,42 | 1,52 | 1,42 | 1,42 | 2,13 | 1,42 |
| **Gewicht** | | | | | | | |
| Reservoir [kN] | 83,37 | 34,40 | 19,66 | 29,16 | 58,80 | 60,61 | 57,33 |
| Konstruktion [kN] | 296,64 | 87,63 | 129,40 | 55,53 | 421,95 | 170,02 | 186,90 |
| Gesamtgewicht [kN] | 380,02 | 122,03 | 149,06 | 84,69 | 480,75 | 230,63 | 244,23 |

| Nikolaev, Wasserwerk | Andižan | Moskau, Firma V. A. Givartovskij | Samara, Röhrenfabrik | Kokand | Samara, Röhrenfabrik | Jaroslavl', Eisenbahnlinie Station | |
|---|---|---|---|---|---|---|---|
| 1907 | 1909 | 1910 | 1910 | 1910 | 1911 | 1911 | |
| 25,60 | 12,80 | 17,07 | 36,58/34,14 | 17,07 | 12,19 | 20,27 + 19,20 (oben + unten) | Höhe der Tragstruktur [m] |
| 615,00 | 12,30 | 123,00 | 184,50 | 123,00 | 0,37 | 194,25 + 116,55 (oben + unten) | Kapazität des Reservoirs [m³] |
| | | | | | | | **Reservoir** |
| 10,52 1,07 | 2,59 | 5,49 | 6,45 1,20 | 5,40 | 0,76 | 7,47 + 5,87 1,22 + 1,22 (oben + unten) | Durchmesser [m] |
| 2,74 4,80 1,75 | 2,44 | 4,78 0,91 | 5,99 | 4,78 0,91 | 0,91 | (oben + unten) 4,13 + 4,20 1,25 + 0,91 | Höhe [m] |
| Intze-Prinzip ohne Ummantelung | Flachboden ohne Ummantelung | sphärischer Boden Ummantelung aus Holz | Flachboden Ummantelung aus Holz | sphärischer Boden ohne Ummantelung | Flachboden ohne Ummantelung | sphärischer Boden mit Ummantelung | Bauweise |
| | | | | | | | **Tragwerk** |
| 12,80 | 6,40 | 9,14 | 12,34 | 9,14 | 4,27 | 15,70 | Durchmesser unten [m] |
| 7,01 | 2,29 | 5,49 | 5,03 | 5,49 | 2,13 | 8,53 + 15,70 (oben + unten) | Durchmesser oben [m] |
| 48 | 24 | 24 | 36 | 24 | 24 | 30 | Zahl der Stützen |
| L 127/127/12,7 L 101,6/101,6/9,5 | L 76,2/76,2/6,4 L 63,5/63,5/6,4 | L 101,6/101,6/9,5 | L 127/127/12,7 L 101,6/101,6/9,5 | L 88,9/88,9/9,5 | L 50,8/50,8/6,4 | L 114,3/114,3/15,9/12,7 L 101,6/101,6/12,7/11,1 L 88,9/88,9/9,5 | Querschnitt [mm] |
| 24× 28,6 | 12× 25,4 | 24× 25,4 | 36× 38,1 | 24× 25,4 | 12× 19,1 | 30× 31,8 | Schraubenzahl × Durchmesser [mm] |
| | | | | | | | **Fundament** |
| 304,8/12,7 | gusseiserne Platte 12× 304,8/304,8/ 25,4 | gusseiserne Platte 24× 508/228,6/31,8 | – | gusseiserne Platte 24× 508/228,6/1,8 | | – | Bleche/Platten aus Metall [mm] |
| 2,13 | 2,13 (zwölf Einzelfundamente) | 2,13 | 2,44 | 2,13 | gelagert auf Trägern I Nr. 32, 28, 15 | 2,13 | Höhe [m] |
| 0,71 | 0,71 | 0,71 | 0,71 | 0,71 | | 0,71 | Länge oben [m] |
| 1,07 | 1,07 | 1,07 | 1,91 | 1,07 | | 1,067 | Länge unten [m] |
| | | | | | | | **Gewicht** |
| 191,65 | 12,29 | 49,14 | 76,50 | 76,17 | 1,80 | 87,63 + 70,43 | Reservoir [kN] |
| 562,16 | 45,21 | 154,46 | 419,00 | 129,89 | 39,97 | 498,28 | Konstruktion [kN] |
| 753,81 | 57,50 | 203,60 | 495,50 | 206,06 | 41,77 | 656,35 | Gesamtgewicht [kN] |

**Übersetzung und Auswertung der Originaltabelle RAN OP 1508-79/1 aus dem Archiv der Russischen Akademie der Wissenschaften in Moskau**

| | Sagiri, (Transkaukasus) Fabrik Vogau | Chimki, Konstruktions-büro Erikson | Charkiw, Wasserwerk | Samarkand, Eisenbahn 3 Türme | Jaroslavl', Militärlager | Ort unbekannt, Erininski Zementfabrik | Ort unbekannt, Gebrüder Mlnarski |
|---|---|---|---|---|---|---|---|
| | 1912 | 1912 | 1912 | 1913 | 1913 | 1913 | 1913 |
| **Höhe der Tragstruktur [m]** | 20,00 | 21,34 | 33,53 | 15,00 | 9,60 | 25,00 | 15,11 |
| **Kapazität des Reservoirs [m³]** | 6,00 | 24,60 | 738,00 | 388,50 | 61,50 | 150,00 | 36,90 |
| **Reservoir** | | | | | | | |
| Durchmesser [m]  Behälter  inneres Rohr | 1,80 | 3,84 | 11,00 1,42 | 8,61 | 4,70 | 6,25 | 4,08 |
| Höhe [m]  konisches Dach  zylindrischer Teil  untere Teil | 2,44 | 2,13 | 1,22 7,16 1,63 | 5,96 1,57 | 3,62 | 4,80 | 2,83 |
| Bauweise | Flachboden ohne Umman-telung | Flachboden Ummantelung aus Holz | Intze-Prinzip ohne Umman-telung | spherischer Boden ohne Ummantelung | Flachboden ohne Umman-telung | Flachboden Ummantelung aus Holz | Flachboden Ummantelung aus Holz |
| **Tragwerk** | | | | | | | |
| Durchmesser unten [m] | 8,08 | 9,53 | 15,24 | 13,92 | 6,25 | 11,72 | 7,32 |
| Durchmesser oben [m] | 3,20 | 3,51 | 7,75 | 8,65 | 3,66 | 5,18 | 3,66 |
| Zahl der Stützen | 24 | 24 | 48 | 36 | 24 | 30 | 24 |
| Querschnitt [mm] | ∟ 63,5/63,5/6,4 | ∟ 63,5/63/7,9 ∟ 63,5/63/6,4 | 2× ⊔ Nr. 14 | 2× ⊔ Nr. 10 | ∟ 63,5/63,5/6,4 | ∟ 101,6/101,6/9,5 | ∟ 63,5/63,5/7,9 |
| Schraubenzahl × Durchmesser [mm] | 24× 25,4 | 24× 25,4 | 48× 38,1 | 18× 31,8 | 12× 25,4 | 30× 25,4 | 12× 25,4 |
| **Fundament** | | | | | | | |
| Bleche/Platten aus Metall [mm] | gusseiserne Platten 24× 228,6/228,6/ 25,4 | gusseiserne Platten 24× 228,6/228,6/ 25,4 | 317,5/15,9 | gusseiserne Platten 18× 533/533/9,5 | gusseiserne Platten 12× 304,8/254/9,5 | gusseiserne Platten 30× 457,2/304,8/12,7 | gusseiserne Platten 12× 304,8/304,8/9,5 |
| Höhe [m] | 1,60 | 1,83 | 3,20 | 2,13 | 1,83 | 2,13 | 1,83 |
| Länge oben [m] | 0,53 | 0,71 | 6,50 | 0,71 | 0,56 | 0,56 | 0,71 |
| Länge unten [m] | 0,71 | 0,86 | 1,22 | 1,25 | 0,71 | 0,89 | 0,91 |
| **Gewicht** | | | | | | | |
| Reservoir [kN] | 9,34 | 21,46 | 339,89 | 151,68 | 31,45 | 46,03 | 19,00 |
| Konstruktion [kN] | 66,50 | 73,38 | 911,06 | 222,11 | 37,18 | 247,17 | 61,92 |
| Gesamtgewicht [kN] | 75,84 | 94,84 | 1250,94 | 373,79 | 68,63 | 293,20 | 80,92 |

| Luga, Nord-West-Eisenbahnlinie | Schlüsselburg | Ort unbekannt, A.M. Simchaev | Ort unbekannt, M.S. Saarbekov | Moskau, Landwirtschaftsinstitut Timirjazev | Priluki | Moskau, Russische Gesellschaft für Telegramme und Telegraphie | |
|---|---|---|---|---|---|---|---|
| 1913 | 1913 | 1913 | 1913 | 1914 | 1914 | 1914 | |
| 17,07 | 17,07 | 21,34 | 8,53 | 34,14 | 17,59 | 17,07 | **Höhe der Tragstruktur [m]** |
| 77,70 + 77,70 = 155,40 | 77,70 | 61,50 | 7,38 | 123,00 | 184,50 | 77,70 | **Kapazität des Reservoirs [m³]** |
| | | | | | | | **Reservoir** |
| 6,51 | 5,04 | 4,71 | 2,31 | 6,13 | 6,43 | 5,04 | Durchmesser [m] |
| 4,81 | 3,60 / 0,91 | 3,62 | 1,83 | 4,24 | 5,99 | 3,59 / 0,91 | Höhe [m] |
| Flachboden Ummantelung aus Holz | sphärischer Boden Ummantelung aus Holz | Flachboden ohne Ummantelung | Flachboden ohne Ummantelung | Flachboden Ummantelung aus Holz | Flachboden Ummantelung aus Holz | sphärischer Boden Ummantelung aus Holz | Bauweise |
| | | | | | | | **Tragwerk** |
| 11,58 | 8,64 | 9,80 | 4,66 | 14,02 | 9,75 | 8,64 | Durchmesser unten [m] |
| 6,50 | 5,11 | 4,06 | 2,31 | 5,79 | 4,88 | 5,06 | Durchmesser oben [m] |
| 24 | 24 | 24 | 18 | 32 | 36 | 24 | Zahl der Stützen |
| ∟101,6/101,6/9,5 | ∟101,6/101,6/9,5 | ∟76,2/76,2/7,9 | ∟63,5/63,5/6,4 | 2× ⊔ Nr. 8 | ∟101,6/01,6/9,5 | ∟101,6/101,6/9,5 | Querschnitt [mm] |
| 24× 25,4 | 24× 25,4 | 24× 25,4 | 18× 15,9 | 32× 25,4 | 36× 25,4 | 24× 25,4 | Schraubenzahl × Durchmesser [mm] |
| | | | | | | | **Fundament** |
| gusseiserne Platten 24× 609,6/406,4/38,1 | gusseiserne Platten 24× 508/228,6/38,1 | gusseiserne Platten 24× 304/304/25,4 | gusseiserne Platten 18× 203,2/203,2/ 12,7 | gusseiserne Platten 32× 406,4/330,2/ 12,7 | – | gusseiserne Platten 24× 508/228,6/31,8 | Bleche/Platten aus Metall [mm] |
| 2,44 | 2,13 | 1,83 | 1,52 | 1,83 | 2,13 | 2,13 | Höhe [m] |
| 0,71 | 0,56 | 0,71 | 0,41 | 0,56 | 0,56 | 0,56 | Länge oben [m] |
| 1,07 | 0,89 | 0,86 | 2,00 | 0,71 | 0,71 | 0,89 | Länge unten [m] |
| | | | | | | | **Gewicht** |
| 83,21 | 36,20 | 31,45 | 8,35 | 40,30 | 66,83 | 36,20 | Reservoir [kN] |
| 190,01 | 135,46 | 127,60 | 27,36 | 390,17 | 221,29 | 144,47 | Konstruktion [kN] |
| 273,22 | 171,66 | 159,05 | 35,71 | 430,47 | 288,12 | 180,67 | Gesamtgewicht [kN] |

**Übersetzung und Auswertung der Originaltabelle RAN OP 1508-79/2 aus dem Archiv der Russischen Akademie der Wissenschaften in Moskau**

| | Kasan, Pulverfabrik | Kačalinsk, Staatliche Almwirtschaft | Ort unbekannt, Aktiengesellschaft P. W. Baranov | Tambov, Fabrik 2 Türme | Voronež, Stadtwasserleitung |
|---|---|---|---|---|---|
| | 1915 | 1915 | 1915 | 1915 | 1915 |
| | Zeichnung Nr. 3621 | Zeichnung Nr. 7013 | Zeichnung Nr. 113 | Zeichnung Nr. 7077 | Zeichnung Nr. 7084 |
| **Höhe der Tragstruktur [m]** | 17,07 | 32,00 | 33,53 | 21,34 | 25,60 |
| **Kapazität des Reservoirs [m³]** | 123,00 | 123,00 | 738,00 | 738,00 | 1230,00 |
| **Reservoir** | | | | | |
| Durchmesser [m] | 6,25 | 6,10 | 11,00 | 11,00 | 12,80 |
| Höhe [m] | 4,24 | 4,24 | 7,01 | 7,010 | 8,36 |
| Bauweise | Flachboden, Rohr innenseitig | Flachboden | Intze-Prinzip | Intze-Prinzip | Intze-Prinzip |
| Rost unter dem Reservoir | 16× I Nr. 18 | 16× I Nr. 15 | | | |
| **Tragwerk** | | | | | |
| Durchmesser unten [m] | 9,75 | 14,02 | 15,24 | 12,50 | 15,24 |
| Durchmesser oben [m] | 4,12 | 5,79 | 7,75 | 7,75 | 8,84 |
| Zahl der Stützen | 32 | 32 | 48 | 48 | 48 |
| Querschnitt [mm] | ∟101,6/101,6/9,5 | ∟101,6/101,6/12,7 ∟101,6/101,6/9,5 | 2×⊔ Nr. 14 | 2×⊔ Nr. 14 | 2×⊔ Nr. 16 |
| Schraubenzahl × Durchmesser [mm] | 16× 31,8 | 32× 25,4 | 48× 25,4 | 48× 25,4 | 48× 25,4 |
| **Fundament** | | | | | |
| Länge oben [m] | 0,71 | 0,56 | 0,71 | 0,71 | 0,71 |
| Länge unten [m] | 1,42 | 0,71 | 1,22 | 1,22 | 1,52 |
| Höhe [m] | 2,44 | 2,13 | 2,44 | 2,44 | 2,44 |
| Volumen des Mauerwerks [m³] | 79,57 | 59,47 | 112,70 | 2× 112,70 = 225,40 | 130,26 |
| **Gewicht** | | | | | |
| Ankerschrauben [kN] | 2,00 + 12,07 | 5,85 | 8,65 | 2× 8,55 = 17,10 | 5,86 |
| Stützring [kN] | 4,96 | 14,91 | 48,51 | 2× 41,39 = 82,78 | 47,66 |
| Vertikalstäbe [kN] | 85,91 | 216,61 | 584,96 | 2× 395,49 = 790,98 | 546,86 |
| horizontale Ringe [kN] | 15,56 | 44,39 | 73,08 | 2× 49,55 = 99,10 | 85,84 |
| oberster Ring [kN] | 6,18 | 5,57 | – | – | – |
| Reservoir [kN] | 56,86 | 40,20 | – | – | – |
| Intze-Behälter mit Dach und oberem Ring [kN] | – | – | 317,01 | 2× 317 = 634,00 | 507,32 |
| Wendeltreppe ab Geländekante [kN] | 6,98 | 33,82 | 21,83 | 15,12 | 32,55 |
| Wartungspodest unter dem Reservoir [kN] | – | – | 47,75 | 2× 34,71 = 69,42 | 49,39 |
| Übergangspodest unter dem Reservoir, Brücke und Treppe [kN] | – | 4,72 | – | – | – |
| Trägerrost für Reservoir [kN] | 43,72 | 21,89 | – | – | – |
| Umlauf am Reservoir [kN] | – | 9,31 | 38,69 | 2× 26,75 = 53,50 | 35,57 |
| Treppe, Geländer und Leiter [kN] | 6,05 | 15,85 | 22,89 | 49,99 | 34,60 |
| Gesamtgewicht [kN] | 240,29 | 413,11 | 1163,36 | 1818,94 | 1345,65 |
| Niete in der Konstruktion, ohne Reservoir [kN] | 4,45 | 11,73 | 20,05 | 26,67 | 26,60 |

| Tomylovo, Pulverfabrik | Lugansk, Patronenfabrik | Samara, Fabrik für Sprengstoffe | Ort unbekannt, 2 Türme | See- und Artillerieschießplatz | |
|---|---|---|---|---|---|
| 1915 | 1915 | 1915 | 1915 | 1915 | |
| Zeichnung Nr. 7059 | Zeichnung Nr. 7181 | Zeichnung Nr. 7241 | Zeichnung Nr. 7201 | Zeichnung Nr. 73 | |
| 25,60 | 34,14 | 19,20 | 23,47 | 34,14 | Höhe der Tragstruktur [m] |
| 369,00 | 184,50 | 73,80 | 369,0 | 184,50 | Kapazität des Reservoirs [m³] |
| | | | | | **Reservoir** |
| 8,53 | 6,43 | 4,75 | 8,13 | 6,43 | Durchmesser [m] |
| 5,74 | 5,99 | 4,19 | 7,16 | 5,79 | Höhe [m] |
| Intze-Prinzip | Flachboden, Rohr innenseitig | Flachboden | Flachboden | Flachboden | Bauweise |
| | 18× I Nr. 20 | 15× I Nr. 15 | 24× I Nr. 25 | 18× I Nr. 2 | Rost unter dem Reservoir |
| | | | | | **Tragwerk** |
| 12,20 | 12,34 | 9,16 | 12,19 | 12,34 | Durchmesser unten [m] |
| 6,10 | 5,03 | 4,58 | 6,10 | 5,029 | Durchmesser oben [m] |
| 48 | 36 | 30 | 48 | 36 | Zahl der Stützen |
| L101,6/101,6/12,7 L101,6/101,6/9,5 | L101,6/101,6/15,9 L101,6/101,6/12,7 L101,6/101,6/9,5 | L88,9/88,9/9,5 | L101,6/101,6/12,7 | L101,6/101,6/15,9 L101,6/101,6/12,7 L101,6/101,6/9,5 | Querschnitt [mm] |
| 48× 25,4 | 36× 25,4 | 30× 25,4 | 48× 25,4 | 36× 25,4 | Schraubenzahl × Durchmesser [mm] |
| | | | | | **Fundament** |
| 0,56 | 0,56 | 0,56 | 0,56 | 0,56 | Länge oben [m] |
| 1,07 | 0,91 | 0,89 | 1,07 | 0,91 | Länge unten [m] |
| 2,44 | 2,44 | 2,44 | 3,35 | 2,44 | Höhe [m] |
| 68,67 | 69,66 | 50,69 | 94,58 | 69,66 | Volumen des Mauerwerks [m³] |
| | | | | | **Gewicht** |
| 8,65 | 5,22 | 3,10 | 7,18 | 5,22 | Ankerschrauben [kN] |
| 15,81 | 15,14 | 8,32 | 18,55 | 15,14 | Stützring [kN] |
| 241,83 | 266,42 | 86,20 | 253,02 | 266,42 | Vertikalstäbe [kN] |
| 44,80 | 33,58 | 22,87 | 44,93 | 33,58 | horizontale Ringe [kN] |
| – | 6,13 | 5,03 | 8,13 | 5,80 | oberster Ring [kN] |
| – | 76,46 | 31,00 | 89,07 | 66,77 | Reservoir [kN] |
| 171,31 | – | – | – | – | Intze-Behälter mit Dach und oberem Ring [kN] |
| 17,66 | 31,43 | 11,08 | 33,39 | 47,35 | Wendeltreppe ab Geländekante [kN] |
| 24,37 | – | – | – | – | Wartungspodest unter dem Reservoir [kN] |
| – | – | 7,91 | 14,19 | 14,81 | Übergangspodest unter dem Reservoir, Brücke und Treppe [kN] |
| – | 57,59 | 28,15 | 75,55 | 46,66 | Trägerrost für Reservoir [kN] |
| 22,57 | – | – | 26,79 | – | Umlauf am Reservoir [kN] |
| 17,42 | 4,70 | 9,11 | 12,50 | 2,19 | Treppe, Geländer und Leiter [kN] |
| 564,43 | 496,70 | 212,76 | 583,31 | 503,86 | Gesamtgewicht [kN] |
| 12,92 | 12,50 | 5,43 | 11,99 | 11,93 | Niete in der Konstruktion, ohne Reservoir [kN] |

# Anmerkungen

## Einführung

[1] Konfederatov, I. Ja.: Vladimir Grigor'evič Šuchov. Moskau/Leningrad 1950
[2] Lopatto, A. E.: Vladimir Grigor'evich Šuchov – vydajuščijsja russkij inžener. Moskau 1951
[3] Išlinskij, A. Ju.: Über Šuchovs Beitrag zur Planung und Berechnung von Baukonstruktionen. Übersetzung von Ottmar Pertschi. In: Šuchov, Vladimir G.: Stroitel'naja mechanika. Izbrannye trudy. Moskau 1977. S. 4–9. Übersetzungsstelle der Universitätsbibliothek Stuttgart. Ü/247.
[4] Graefe, Rainer; Gappoev, Murat; Pertschi, Ottmar: Vladimir G. Šuchov. 1853–1939. Die Kunst der sparsamen Konstruktion. Stuttgart 1990
[5] Tomlow, Jos: Zur Formfindung bei Šuchovs mehrstöckigen Gittertürmen aus Hyperboloiden. In: Vom Holz zum Eisen. Weitgespannte Konstruktionen des 18. und 19. Jahrhunderts. Deutsch-sowjetisches Kolloquium des Mittel-, Südost-, Osteuropa-Referats des Instituts für Auslandsbeziehungen, Stuttgart und des Teilprojekts C 3 »Geschichte des Konstruierens« im Sonderforschungsbereich 230 »Natürliche Konstruktionen« am 25. und 26. Januar 1990 am Institut für Leichte Flächentragwerke, Universität Stuttgart, 1991, S.166–185
[6] Günther, Daniel: Die hyperbolischen Gitterstabkonstruktionen von V. G. Šuchov. Diplomarbeit an der TU München, 2003
[7] De Vries, Peter: Morphology and structural behavior of the hyperbolic lattice. In: 4. International Colloquium on Structural Morphology. Delft University of Technology, 2000

## Hyperbolische Stabwerke im Bauwesen

[1] Peters, Tom Frank: Building the Nineteenth Century. Cambridge 1996, S. 42
[2] Peters, Tom Frank: Time is Money – die Entwicklung des modernen Bauwesens. Stuttgart 1981, S. 223
[3] Pfammatter, Urich: In die Zukunft gebaut – Bautechnik- und Kulturgeschichte von der Industriellen Revolution bis heute. München 2005, S. 66
[4] Lorenz, Werner: Konstruktion als Kunstwerk – Bauen mit Eisen in Berlin und Potsdam 1797–1850. Berlin 1995, S. 8
[5] Straub, Hans: Die Geschichte der Bauingenieurkunst. Basel 1992, S. 206
[6] ebd. S 260
[7] Schädlich, Christian: Der Baustoff Eisen als Grundlage für die Herausbildung qualitativ neuer Baukonstruktionen im 19. Jahrhundert. In: Graefe, Rainer (Hrsg.): Zur Geschichte des Konstruierens. Stuttgart 1989, S. 146
[8] Lorenz, Werner: Die Entwicklung des Dreigelenksystems im 19. Jahrhundert. In: Stahlbau 01/1990, S. 1–10.
[9] Giedion, Sigfried: Raum Zeit Architektur – die Entstehung einer neuen Tradition. Basel 1996, S. 159
[10] Graefe, Rainer; Gappoev, Murat; Pertschi, Ottmar: Vladimir G. Šuchov. 1853–1939. Die Kunst der sparsamen Konstruktion. Stuttgart 1990
[11] ebd. S. 8
[12] ebd. S. 8
Ricken, Herbert: Erinnerungen an Wladimir Grigorjewitsch Schuchow (1853–1939). In: Bautechnik 08/2003.
[13] Graefe, Rainer: Netzdächer, Hängedächer und Gitterschalen. In: Graefe, Rainer; Gappoev, Murat; Pertschi, Ottmar: Vladimir G. Šuchov. 1853–1939. Die Kunst der sparsamen Konstruktion. Stuttgart 1990, S. 39
[14] ebd S. 43
[15] Beckh, Matthias; Barthel, Rainer: The first doubly curved gridshell structure – Shukhov's building for the plate rolling workshop in Vyksa, In: Kurrer, Karl-Eugen; Lorenz, Werner; Wetzk, Volker: Proceedings of the Third International Congress on Construction History. Berlin 2009, S. 159–166.
[16] siehe hierzu auch:
Barthel, Rainer u. a.: Ein Meilenstein im Schalenbau – Šuchovs Halle für das Blechwalzwerk in Vyksa. In: Mayer, Juliane (Hrsg.): Festschrift für Rainer Graefe – Forschen, Lehren und Erhalten. Innsbruck 2009, S. 105–122
Barthel, Rainer; Kayser, Christian: Šuchov Halle in Vyksa – Dokumentation des Bestandes und der Schäden. Barthel & Maus – Beratende Ingenieure. 2007 (unveröffentlicht).
[17] Beckh, Matthias: Von der Rippe zum Netz – die Entwicklung der Schalentragwerke aus Eisen und Stahl. In: Nerdinger, Winfried (Hrsg.): Wendepunkte im Bauen. München 2010, S. 38–45.
[18] wie Anm. 13, S. 35
[19] Bach, Klaus: Gittermasten russischer und amerikanischer Schlachtschiffe. In: Graefe, Rainer; Gappoev, Murat; Pertschi, Ottmar: Vladimir G. Šuchov. 1853–1939. Die Kunst der sparsamen Konstruktion. Stuttgart 1990, S. 104

[20] wie Anm. 10, S. 177
[21] ebd
[22] Petropavlovskaja, Irina A.: Hyperbolische Gittertürme. In: Graefe, Rainer; Gappoev, Murat; Pertschi, Ottmar: Vladimir G. Šuchov. 1853–1939. Die Kunst der sparsamen Konstruktion. Stuttgart 1990, S. 78
[23] ebd. S. 78
[24] English, Elizabeth Cooper: Arkhitektura I Mnimosti: the origins of Soviet Avant-Garde rationalist architecture in the Russian mystical-philosophical and mathematical intellectual tradition. University of Pennsylvania. Philadelphia 2000
[25] siehe hierzu auch:
Brandt-Mannesmann, Ruthilt: Dokumente aus dem Leben der Erfinder. Remscheid 1964
Burkhardt, Berthold: Eiserne Rohrkonstruktionen im 19. Jahrhundert. In: Vom Holz zum Eisen. Weitgespannte Konstruktionen des 18. und 19. Jahrhunderts. Deutsch-sowjetisches Kolloquium des Mittel-, Südost-, Osteuropa-Referats des Instituts für Auslandsbeziehungen, Stuttgart und des Teilprojekts C 3 »Geschichte des Konstruierens« im Sonderforschungsbereich 230 »Natürliche Konstruktionen« am 25. und 26. Januar 1990 am Institut für Leichte Flächentragwerke, Universität Stuttgart, 1991, S. 152–164
[26] Hinweis von Ekaterina Nozhova
[27] wie Anm. 22, S. 78
[28] ebd S. 78
[29] Daniel Günther: Die hyperbolischen Gitterstabkonstuktionen von V. G. Šuchov. Diplomarbeit an der TU München, 2003, S. 97ff.
[30] wie Anm. 10, S. 18

## Geometrie und Form hyperbolischer Stabwerke

[1] Martins, Luis da Motta Faria Câncio: Morphologie der gekrümmten Flächentragwerke. Institut für Baustatik und Konstruktion. Dissertation an der ETH Zürich, 1996, S. 40
[2] Meyberg, Kurt; Vachenauer, Peter: Höhere Mathematik 1. Heidelberg 1993, S. 344f.
Bronštejn, Il'ja Nikolaevič u. a.: Taschenbuch der Mathematik. Frankfurt/Main 1993, S. 162f.
[3] Meyberg, Kurt; Vachenauer, Peter: Höhere Mathematik 1. Heidelberg 1993, S. 344
[4] Bronštejn, Il'ja Nikolaevič u. a.: Taschenbuch der Mathematik. Frankfurt/Main 1993, S. 167
[5] http://mathworld.wolfram.com/Hyperboloid.html. Stand 23.07.2012
[6] ebd
[7] Hoheisel, Meike: Einfluss der Formparameter auf das Tragverhalten hyperbolischer Stabwerke. Masterarbeit im Fach Bauingenieurwesen. Lehrstuhl für Tragwerksplanung/Lehrstuhl für Statik. TU München, 2010, S. 11

## Statik und Berechnungsverfahren

[1] Kollar, Lajos: Die dehnungslosen Formänderungen von Schalen. In: Zerna, Wolfgang: Konstruktiver Ingenieurbau – Berichte. Heft 20. Das Problem der dehnungslosen Verformungen. Essen 1974, S. 35f.
[2] Bletzinger, Kai-Uwe: Theory of Shells. Vorlesungsskript SS 2005, Lehrstuhl für Statik, TU München. S. I–18.
[3] Sumec, Jozef: General Stability Analysis of Lattice Shells by Continuum Modelling. In: International Journal of Space Structures. Vol. 7, No. 4/1992, S. 275–283.
[4] Bulenda, Thomas; Knippers, Jan; Sailer, S.: Untersuchungen zum Tragverhalten von Netzkuppeln. In: Ramm, Ekkehard; Stein, Erwin; Wunderlich, Walter: Finite Elemente in der Baupraxis. Modellierung, Berechnung und Konstruktion. Berlin 1995
[5] siehe hierzu auch:
Bulenda, Thomas; Knippers, Jan: Stability of grid shells. In: Computers and structures 79/2001, S. 1161–1174
Knippers, Jan; Bulenda, Thomas; Stein, Michael: Zum Entwurf und zur Berechnung von Stabschalen. In: Stahlbau 01/1997, S. 31–37
Knippers, Jan: Zum Stabilitätsverhalten tonnenförmiger Stabwerksschalen. In: Stahlbau 04/1998, S. 298–306
Bulenda, Thomas; Winziger, Thomas: Verfeinerte Berechnung von Gitterschalen. In: Stahlbau 01/2005, S. 33–38
[6] Graf, Jürgen: Entwurf und Konstruktion von Translationsnetzschalen. Dissertation am Institut für Konstruktion und Entwurf. Universität Stuttgart, 2002

[7] Schober, Hans; Kürschner, Kai; Jungjohann, Hauke: Neue Messe Mailand – Netzstruktur und Tragverhalten einer Freiformfläche. In: Stahlbau 08/2004, S. 541–551.
[8] siehe hierzu auch:
Graf, Jürgen: Entwurf und Konstruktion von Translationsnetzschalen. Dissertation am Institut für Konstruktion und Entwurf. Universität Stuttgart, 2002, S.125f.
Ramm, Ekkehard: Geometrisch nichtlineare Elastostatik und Finite Elemente. Bericht Nr. 76-2. Institut für Baustatik der Universität Stuttgart, 1976, S. 79f.
[9] Ramm, Ekkehard: Geometrisch nichtlineare Elastostatik und Finite Elemente. Bericht Nr. 76-2. Institut für Baustatik der Universität Stuttgart, 1976, S. 78
[10] Gioncu, Victor; Balut, Nicolae: Instability behavior of single layer reticulated shells. In: International Journal of Space Structures. Vol 7. No 4/1992, S. 243–252.
[11] Werkle, Horst: Finite Elemente in der Baustatik. Statik und Dynamik der Stab- und Flächentragwerke. Wiesbaden 2008, S. 37f.
[12] ebd. S. 41f.
[13] DIN 18800-2: 2008-11. Stahlbauten. Stabilitätsfälle – Knicken von Stäben und Stabwerken.
[14] siehe hierzu auch:
Bulenda, Thomas; Knippers, Jan: Stability of grid shells. In: Computers and structures 79/2001; S. 1161–1174
Knippers, Jan; Bulenda, Thomas; Stein, Michael: Zum Entwurf und zur Berechnung von Stabschalen. In: Stahlbau 01/1997, S. 31–37.
Bulenda, Thomas; Knippers, Jan; Sailer, S.: Untersuchungen zum Tragverhalten von Netzkuppeln. In: Ramm, Ekkehard; Stein, Erwin; Wunderlich, Walter: Finite Elemente in der Baupraxis. Modellierung, Berechnung und Konstruktion. Berlin 1995
Graf, Jürgen: Entwurf und Konstruktion von Translationsnetzschalen. Dissertation am Institut für Konstruktion und Entwurf. Universität Stuttgart, 2002
[15] Graf, Jürgen: Entwurf und Konstruktion von Translationsnetzschalen. Dissertation am Institut für Konstruktion und Entwurf. Universität Stuttgart, 2002, S. 154
[16] wie Anm. 4
[17] wie Anm. 10
[18] siehe hierzu auch:
Hoheisel, Meike: Einfluss der Formparameter auf das Tragverhalten hyperbolischer Stabwerke. Masterarbeit im Fach Bauingenieurwesen. Lehrstuhl für Tragwerksplanung/Lehrstuhl für Statik. TU München, 2010.
Beckh, Matthias; Hoheisel, Meike: Form und Tragverhalten hyperbolischer Gittertürme. In: Stahlbau 09/2010, S. 669–681.

## Wechselwirkungen zwischen Form und Tragverhalten

[1] Hoheisel, Meike.: Einfluss der Formparameter auf das Tragverhalten hyperbolischer Stabwerke. Masterarbeit im Fach Bauingenieurwesen. Lehrstuhl für Tragwerksplanung/Lehrstuhl für Statik. TU München 2010.
[2] Beckh, Matthias; Hoheisel, Meike: Form und Tragverhalten hyperbolischer Gittertürme. In: Stahlbau 09/2010, S. 669–681.
[3] Gioncu, Victor; Balut, Nicaolae: Instability behavior of single layer reticulated shells. In: International Journal of Space Structures. Vol 7. No 4/1992, S. 243–252.
[4] Bulenda, Thomas; Winziger, Thomas: Verfeinerte Berechnung von Gitterschalen. In: Stahlbau 01/2005, S. 33–38
[5] Petrov, Dmitrij V.: Železnye vodonapornye bašni. Ich naznačenie, konstrukcii i rasčety (Eiserne Wassertürme. Ihre Bedeutung, Konstruktion und Berechnung). Nikolaev 1911
[6] Djadjuša, V. A.: Padenie vodonapornoj bašni (Der Sturz eines Wasserturms). In: Sanitarnaja technika. Nr. 2-3/1931, S. 25–30
[7] wie Anm. 1, S. 99f.

## Entwurf und Berechnung der Türme von Šuchov

[1] Kottenmaier, Eduard: Der Stahlbehälterbau. In: Stahlbau 02/1930, S. 17–22
Kottenmaier, Eduard: Der Stahlbehälterbau. In: Stahlbau 05/1930, S. 49–55.
[2] Werth, Jan: Ursachen und technische Voraussetzungen für die Entwicklung der Wasserhochbehälter. In: Becher, Bernd und Hilla: Industriearchitektur des neunzehnten Jahrhunderts. Die Architektur der Förder- und Wassertürme. München 1971
Merkl, Gerhard u.a.: Historische Wassertürme. Beiträge zur Technikgeschichte von Wasserspeicherung und Wasserversorgung. München/Wien 1985
[3] Werth, Jan: Ursachen und technische Voraussetzungen für die Entwicklung der Wasserhochbehälter. In: Becher, Bernd und Hilla: Industriearchitektur des neunzehnten Jahrhunderts. Die Architektur der Förder- und Wassertürme. München 1971, S. 349
[4] ebd. S. 351
[5] ebd. S. 355
[6] ebd. S. 357
[7] ebd. S. 364
[8] ebd. S. 367
[9] ebd. S. 378
[10] ebd. S. 358
[11] siehe hierzu auch:
Petrov, Dmitrij: Železnye vodonapornye bašni. Ich naznačenie, konstrukcii i rasčety (Eiserne Wassertürme. Ihre Bedeutung, Konstruktion und Berechnung) Nikolaev 1911
Addis, Bill: Building: 3000 years of Design Engineering and Construction. London 2007
Straub, Hans: Die Geschichte der Bauingenieurkunst. Basel 1992
Kurrer, Karl-Eugen: The history of the theory of structures. From arch analysis to computational mechanics. Berlin 2008
Kurrer, Karl-Eugen: Geschichte der Baustatik. Berlin 2002
[13] Straub, Hans: Die Geschichte der Bauingenieurkunst. Basel 1992, S. 206
[14] Kurrer, Karl-Eugen: Geschichte der Baustatik. Berlin 2002, S. 27
[15] Gottgetreu, Rudolf: Lehrbuch für Hochbau-Konstruktionen. Dritter Teil – Eisenkonstruktionen. Berlin 1885
[16] Lorenz, Werner: Die Entwicklung des Dreigelenksystems im 19. Jahrhundert. In: Stahlbau 01/1990, S. 6
[17] wie Anm. 14, S. 27
[18] wie Anm. 14, S. 391
[19] Hinweis von Ines Prokop. Vgl. Prokop, Ines: Eiserne Tragwerke in Berlin. 1850–1925. Einfluss von Berechnungsmethoden und Material auf die Bauwerke. Dissertation an der Universität der Künste. Berlin 2011, S. 466–468
[20] Scharowsky, Karl: Musterbuch für Eisen-Constructionen. Leipzig 1888
[21] wie Anm. 11
[22] Šuchov, Vladimir G.: Izbrannye trudy. Stroitel'naja mechanika. Pod. red. A. Ju. Išlinskogo. Moskau 1977, S. 159–169. Deutsche Vollübersetzung von Ottmar Pertschi: Berechnung eines Leuchtturms mit bis zu 68 m lichter Höhe nach dem System des Ingenieurs V. G. Šuchov. Übersetzungsstelle der Universitätsbibliothek Stuttgart. Ü/570.
[23] Archiv RAN (Archiv der Russischen Akademie der Wissenschaften, Moskau). Op. 1508-83.
[24] wie Anm. 11
[25] Belyi, J., Charičkov, I.: Pamjatniki nauki i techniki. Moskau 1981. Deutsche Vollübersetzung von Ottmar Pertschi: Ein Šuchov Turm in der Stadt Nikolaev – ein Denkmal der Ingenieurskunst. Übersetzungsstelle der Universitätsbibliothek Stuttgart. Ü/311
[26] Nowak, Bernd: Die historische Entwicklung des Knickstabproblems und dessen Behandlung in den Stahlbaunormen. Heft 35. Veröffentlichung des Instituts für Statik und Stahlbau der Technischen Universität Darmstadt, 1981
[27] Petrov, Dmitrij V.: Železnye vodonapornye bašni. Ich naznačenie, konstrukcii i rasčety. Nikolaev 1911. Deutsche Vollübersetzung von Ottmar Pertschi: Wasserturm aus Eisen der städtischen Wasserversorgung von Nikolaev mit einem Behälter von 50 Tausend Eimer Fassungsvermögen. Übersetzungsstelle der Universität Stuttgart. Ü/626, S. 7
[28] Petrov, Dmitrij V.: Železnye vodonapornye bašni. Ich naznačenie, konstrukcii i rasčety. Nikolaev 1911. Deutsche Vollübersetzung von Ottmar Pertschi: Wasserausgleichsturm aus Eisen mit einem Fassungsvermögen von 33350 Eimer und wasserundurchlässigem Grundlauf. Übersetzungsstelle der Universität Stuttgart. Ü/625, S. 9
[29] Petropavlovskaja, Irina A.: Hyperbolische Gittertürme. In: Graefe, Rainer; Gappoev, Murat; Pertschi, Ottmar: Vladimir G. Šuchov. 1853–1939. Die Kunst der sparsamen Konstruktion. Stuttgart 1990, S. 82
[30] wie Anm. 23
[31] wie Anm. 22, S. 2
[32] wie Anm. 22, S. 3
[33] ebd. S. 3
[34] ebd. S. 5
[35] ebd. S. 6
[36] Šuchov, Vladimir: Rasčet bašni vysotoju 128 mtr (Berechnung eines 128 m hohen Turms). Stadtarchiv Nižnij Novgorod
[37] Beckh, Matthias; Barthel, Rainer; Kutnyi, Andrij: Construction and structural

# Literatur

behaviour of Vladimir Šuchovs NiGRES tower. In: Sixth International Conference on Structural Analysis of Historic Constructions. Bath 2008, S. 183–190.
[38] wie Anm. 36, S. 1
[39] Vgl. z. B.: Akademischen Verein Hütte, Abteilung I (Hrsg.): Des Ingenieurs Taschenbuch. Berlin 1902
[40] wie Anm. 25, S. 182
[41] wie Anm. 36, S. 3
[42] Djadjuša, V. A.: Padenie vodonapornoj bašni. (Der Sturz eines Wasserturms) In: Sanitarnaja technika. Nr. 2-3/1931, S. 25–30
[43] Popov, G. D. (inž.): Rasčet bašen sistemy Šuchova. (Berechnung Šuchov-scher Wassertürme) In: Stroitel'naja promyšlennost'. Nr. 7/1931, S. 375–376.
[44] Dinnik, Aleksandr N.: Ustojčivost'uprugich sistem. Glava VII. Različnye slučai ustojčivosti. § 61. Moskau 1950, S. 128–130. Deutsche Vollüberset-zung von Ottmar Pertschi: Stabilität krummliniger Gitter. Übersetzungsstelle der Universitätsbibliothek Stuttgart. Ü/627
[45] Gorenštejn, B. V.: Rasčet prostranstvennych konstrukcij. Moskau 1959, S. 146–182. Deutsche Vollübersetzung von Ottmar Pertschi: Berechnung der Gittersysteme V. G. Šuchovs auf Festigkeit, Steifigkeit und Stabilität.
[46] Griškova, N. P.; Lyskov, V. P.; Pen'kov, A. M.: Rasčet bašen sistemy Šuchova na pročnost' i ustojčivost' (Festigkeits- und Stabilitätsberechnung der Šuchovschen Wassertürme). Charkiw/Dnepropetrovsk 1934
[47] Šuchov, Vladimir: Stropila. Izyskanie racinal'nych tipov prjamolinejnych stropil'nych ferm i teorijaaročnych ferm. Moskau 1897. Deutsche Überset-zung von Ottmar Pertschi: Der Dachverband. Ermittlung der rationellen geradlinigen Dachträger-Typen und Theorie der Bogenbinder. Überset-zungsstelle der Universitätsbibliothek Stuttgart. Ü/549
[48] Šuchov, Vladimir G.: Stroitel'naja mechanika. Moskau 1977, S. 53–64. Deutsche Übersetzung von Ottmar Pertschi: Die Gleichung Eld4y/dx4 = -αy in Aufgaben der Baumechanik. Übersetzungsstelle der Universitätsbibliothek Stuttgart. Ü/336
[49] Šuchov, Vladimir G.: Stroitel'naja mechanika. Izbrannye trudy. RAN Op. 1508-55 Blatt 1-11. Moskau 1977, S. 178–185. Deutsche Übersetzung von Ottmar Pertschi: Fabrikgebäude Lys'va. Übersetzungsstelle der Universitäts-bibliothek Stuttgart. Ü/624
[50] Išlinskij, Aleksandr: Über Šuchovs Beitrag zur Planung und Berechnung von Baukonstruktionen. Deutsche Übersetzung von Ottmar Pertschi. In: Šuchov, Vladimir G.: Stroitel'naja mechanika. Izbrannye trudy. Moskau 1977, S. 4–9 Übersetzungsstelle der Universitätsbibliothek Stuttgart. Ü/247, S. 1
[51] siehe hierzu auch:
Günther, Daniel: Die hyperbolischen Gitterstabkonstruktionen von V. G. Šuchov. Diplomarbeit an der TU München, 2003
Archiv RAN Op. 1508-82
[52] Petrov, Dmitrij: Železnye vodonapornye bašni. Ich naznačenie, konstrukcii i rasčety. (Eiserne Wassertürme. Ihre Bedeutung, Konstruktion und Berech-nung). Nikolaev 1911

## NiGRES-Turm an der Oka
[1] siehe hierzu auch:
Beckh, Matthias; Barthel, Rainer; Kutnyi, Andrij: Construction and structural behaviour of Vladimir Šuchovs NiGRES tower. In: Sixth International Confe-rence on Structural Analysis of Historic Constructions. Bath 2008, S. 183–190
Gappoev, Murat; Graefe, Rainer: Rettungsaktion für Šuchov-Bauten in der Region Nižnji Novgorod. In: Stahlbau 02/2008, S. 99–104
[2] Die Instandsetzung des Turms wurde von Prof. Dr.-Ing. Rainer Graefe initiiert und vorangetrieben und unter der Leitung von Prof. Dr.-Ing. Igor Molev vor Ort von russischer Seite umgesetzt.
[3] Petropavlovskaja, Irina A.: Der Sendeturm für die Radiostation Šabolovka in Mos-kau. In: Graefe, Rainer; Gappoev, Murat; Pertschi, Ottmar: Vladimir G. Šuchov. 1853–1939. Die Kunst der sparsamen Konstruktion. Stuttgart 1990, S. 100
[4] DIN 1055-4 Einwirkungen auf Tragwerke – Teil 4 Windlasten. 2005-03
[5] DIN 18 800-1 Element 749. 2008-11

## Resümee
[1] Stachowiak, Herbert: Allgemeine Modelltheorie. Wien/New York 1973

## Türme im Vergleich
[1] Petrov, Dmitrij V.: Železnye vodonapornye bašni. Ich naznačenie, konstrukcii i rasčety (Eiserne Wassertürme. Ihre Bedeutung, Konstruktion und Berech-nung). Nikolaev 1911

Archiv RAN (Archiv der Russischen Akademie der Wissenschaften, Moskau). Op. 1508-83
Archiv RAN (Archiv der Russischen Akademie der Wissenschaften, Moskau). Op. 1508-58
Archiv RAN (Archiv der Russischen Akademie der Wissenschaften, Moskau). Op. 1508-82
Archiv RAN (Archiv der Russischen Akademie der Wissenschaften, Moskau). Op. 1508-9
Archiv RAN (Archiv der Russischen Akademie der Wissenschaften, Moskau). Op. 1508-84
Bargmann, Horst: Historische Bautabellen. Düsseldorf 1998
Beckh, Matthias; Musil, Josef; Göttig, Roland: Back to the future – parametric design of hyperboloid lattice towers. In: Göttig, Roland; Schubert, Gerhard (Hrsg.): 3D-Technologien an der Technischen Universität München/Forum 3D. Aachen 2009, S. 63–74.
Beckh, Matthias: Hyperbolische Turmstrukturen von Vladimir Šuchov. In: Barthel, Rainer (Hrsg.): Denkmalpflege und Instandsetzung. Vorträge im Wintersemester 2008/2009. Lehrstuhl für Tragwerksplanung. TU München, S. 9–23.
Beles, Aurel; Soare, Mircea: Das elliptische und hyperbolische Paraboloid im Bauwesen. Berlin 1970
Beles, Aurel; Soare, Mircea: Berechnung von Schalentragwerken. Wiesbaden/Berlin 1972
Bögle, Annette; Schmal, Peter; Flagge, Ingeborg: leicht weit. Light Structures. Jörg Schlaich, Rudolf Bergermann. München 2003
Bögle, Annette: Zur Morphologie komplexer Formen im Bauwesen. Disserta-tion am Institut für Leichtbau, Entwerfen und Konstruieren, Universität Stuttgart, 2005
Chan-Magomedow, Selim O.: Pioniere der sowjetischen Architektur. Dresden 1983
Chudjakov, P.: Novye tipy metalličeskich i derevjannych pokrutij dlja zdanij po sisteme inzenera Šuchova. Techničeskij sbornik i Vestnik promyšlennosti 1896. Deutsche Übersetzung von Ottmar Pertschi: Neue Metall- und Holzdachtypen für Gebäude nach dem System des Ingenieurs Šuchov. Übersetzungsstelle der Universitätsbibliothek Stuttgart, Ü/361.
DIN 1055-100 Einwirkungen auf Tragwerke – Teil 100: Grundlagen der Trag-werksplanung, Sicherheitskonzept und Bemessungsregeln. 2001-03
DIN 1055-4 Einwirkungen auf Tragwerke – Teil 4 Windlasten. 2005-03
DIN 18 800-1 Stahlbauten. Bemessung und Konstruktion. 2008-11
DIN 18 800-2 Stahlbauten. Stabilitätsfälle – Knicken von Stäben und Stabwerken. 2008-11
DIN 18 800-4 Stahlbauten. Stabilitätsfälle – Schalenbeulen. 2008-11
DIN EN 1990 Eurocode: Grundlagen der Tragwerksplanung. Deutsche Fassung. 2002-10
Flügge, Wilhelm: Statik und Dynamik der Schalen. Berlin 1981
Foerster, Max: Taschenbuch für Bauingenieure. Berlin 1928
Foerster, Max: Die Eisenkonstruktionen der Ingenieur-Hochbauten. Ergänzungs-band zum Handbuch der Ingenieurwissenschaften. Leipzig 1902
Föppl, August: Das Fachwerk im Raume. Leipzig 1892
Föppl, August: Die Mechanik im neunzehnten Jahrhundert, in Bericht über die Königlich Technische Hochschule zu München. München 1892
Gössel, Peter; Leuthäuser, Gabriele: Architektur des 20. Jahrhunderts. Köln 2005
Gottgetreu, Rudolph: Lehrbuch der Hochbau-Konstruktionen. Dritter Teil – Eisenkonstruktionen. Berlin 1885
Graefe, Rainer: Filigrane Hallen – Paxton und Šuchov. In: Schunk, Eberhard (Hrsg.): Beiträge zur Geschichte des Bauingenieurwesens – Hallen. Lehrstuhl für Baukonstruktion, TU München 1997
Hampe, Erhard: Rotationssymmetrische Flächentragwerke. Berlin 1981
Harris, John; Stocker, Horst: Handbook of Mathematics and Computational Science. New York 1998
Hartung, Giselher: Eisenkonstruktionen des 19. Jahrhunderts. München 1983
Hoff, Robert: Meisterwerke der Ingenieurbaukunst. Köln 1998
Holgate, Alan: The art of structural engineering. The work of Jörg Schlaich and his team. Stuttgart 1997
Kohlmaier, Georg; von Sartory, Barna: Das Glashaus – ein Bautypus des 19. Jahrhunderts. München 1981

Königer, Otto: Allgemeine Baukonstruktionslehre – Die Konstruktionen in Eisen. Hannover 1902

Kovel'man, Grigorjewitsch M.: Trudy po istorii techniki. Materialy pervogo soveščanija po istorii techniki. Moskau 1954, S. 64–88. Deutsche Übersetzung von Ottmar Pertschi: Vladimir G. Šuchov, der größte russische Ingenieur (1853–1939). Übersetzungsstelle der Universitätsbibliothek Stuttgart. Ü/208.

Kovel'man, Grigorjewitsch. M.: Tvorčestvo početnogo akademika inženera Vladimira Grigor'eviča Šuchova. Moskau 1961

Kurrer, Karl-Eugen: Grace and law: The spatial framework from Föppl to Menge-ringhausen. In: Essays in the history of the theory of structures – In honour of Jacques Heyman. Madrid 2005

Le Corbusier: Ausblick auf eine Architektur. Braunschweig/Wiesbaden 1982

Lehmann, Christine; Maurer, Bertram: Karl Culmann und die graphische Statik. Berlin 2006

Mel'nikov, N.P.: V.G. Šuchov – osnovopoložnik otečestvennoj konstruktorskoj školy. In: V.G. Šuchov – vydajuščijsja inžener i učenyj. Trudy Ob'edinennoj naučnoj sessii Akademii nauk SSSR. Posvjaščennoj naučnomu i inženernomu tvorčestvu početnogoi akademika V.G. Šuchova. Moskau 1984

Mišin, V.P.: Metalličeskie konstrukcii akademika V.G. Šuchova. Sostavitel' I.A. Petropavlovskaja. Moskau 1990

Meyer, Alfred G.: Eisenbauten – Ihre Geschichte und Ästhetik. Berlin 1907

Nerdinger, Winfried: Konstruktion und Raum in der Architektur des 20. Jahrhunderts. München 2002

Pare, Richard: The lost Vanguard – Russian Modernist Architecture 1922–1932. New York 2007

Petersen, Christian: Dynamik der Baukonstruktionen. Braunschweig/Wiesbaden 2000

Picon, Antoine: L'Art de l'ingénieur – constructeur, entrepreneur, inventeur. Paris 1997

Ricken, Herbert: Der Bauingenieur. Geschichte eines Berufes. Berlin 1994

Ricken, Herbert: Otto Intze, in Zur Geschichte der Bauingenieurkunst und-wissenschaft. Berlin 1998

Schädlich, Christian: Das Eisen in der Architektur des 19. Jahrhunderts. Beitrag zur Geschichte eines neuen Baustoffs. Habilitationsschrift. Universität Weimar, 1967 (nicht veröffentlicht)

Schlaich, Jörg; Heinle, Erwin: Kuppeln aller Zeiten, aller Kulturen. Stuttgart 1996

Schober, Hans: Die Masche mit der Glaskuppel. In: db 10/1994, S. 152–163.

Schwedler, Johann Wilhelm: Die Construction der Kuppeldächer. Zeitschrift für Bauwesen. 16. Jahrgang 1866. S. 7–34.

Schwedler, Johann Wilhelm: Eiserne Dachkonstruktion über Retortenhäuser der Gas-Anstalten zu Berlin. 19. Jahrgang 1869, S. 66–70.

Stachowiak, Herbert: Allgemeine Modelltheorie. Wien/New York 1973

Sören, Stephan; Jaime, Sánchez-Alvarez; Klaus, Knebel: Stabwerke auf Freiform-flächen. In: Stahlbau 08/2004, S. 562–572.

Torroja, Eduardo: Logik der Form. München 1961

Wriggers, Peter: Nichtlineare Finite-Elemente Methoden. Berlin/Heidelberg/New York 2001

## Abbildungsnachweis

Nicht nachgewiesene Fotos stammen aus dem Archiv der Zeitschrift »DETAIL, Zeitschrift für Architektur + Baudetail«. Sofern trotz intensiver Bemühungen einige Urheber der Fotos und Abbildungen nicht ermittelt werden konnten, sind die Urheberrechte dennoch gewahrt. Wir bitten um dementsprechende Nachricht. Alle hier nicht aufgeführten Zeichnungen wurden vom Autor erarbeitet.

### Cover
Matthias Beckh, München

### Vorwort
Abb. 1    Šuchov Archiv von Rainer Graefe, Innsbruck

### Einführung
Abb. 2    Matthias Beckh, München

### Hyperbolische Stabwerke im Bauwesen
Abb. 1    Crystal Palace Exhibition, Illustrated Catalogue, London 1851
Abb. 2    Renaissance der Bahnhöfe, Wiesbaden 1996, S. 266
Abb. 3    Matthias Beckh, München
Abb. 4    Graefe, Rainer; Gappoev, Murat; Pertschi, Ottmar: Vladimir G. Šuchov. 1853–1939. Die Kunst der sparsamen Konstruktion. Stuttgart 1990, S. 46
Abb. 5    Lehrstuhl für Tragwerksplanung, TU München
Abb. 6    Heide Wessely, München
Abb. 7    siehe Abb. 4, S. 32
Abb. 8    siehe Abb. 4, S. 177
Abb. 9    Nachlass Reinhard Mannesmann, Archiv des Deutschen Museums
Abb. 10a    Vinogradova, T.; Petrow, I.: Nižnij Novgorod Photography. Nižnij Novgorod 2007
Abb. 10b    Vladimir F. Šuchov, Moskau
Abb. 11a    siehe Abb. 4, S. 80
Abb. 11b    siehe Abb. 4, S. 80
Abb. 11c    siehe Abb. 4, S. 81
Abb. 11d    siehe Abb. 4, S. 80
Abb. 12    siehe Abb. 4, S. 95
Abb. 13    Torroja, Eduardo: Logik der Form. München 1961, S. 250
Abb. 14    Jodidio, Philip (Hrsg.): I.M. Pei Compete Works. New York 2008, S. 43
Abb. 15    siehe Abb. 3
Abb. 16    information Based Architecture, Amsterdam
Abb. 17    siehe Abb. 3

### Statik und Berechnungsverfahren
Abb. 12    Vladimir F. Šuchov, Moskau
Abb. 13    nach Graf, Jürgen: Entwurf und Konstruktion von Translationsnetz-schalen. Dissertation am Institut für Konstruktion und Entwurf. Universität Stuttgart, 2002, S. 126
Abb. 14    nach Ramm, Ekkehard: Geometrisch nichtlineare Elastostatik und Finite Elemente. Bericht Nr. 76-2. Institut für Baustatik der Universität Stuttgart, 1976, S. 78
Abb. 15    nach Werkle, Horst: Finite Elemente in der Baustatik. Statik und Dynamik der Stab- und Flächentragwerke. Wiesbaden 2008, S. 42 und Ramm, Ekkehard: Geometrisch nichtlineare Elastostatik und Finite Elemente. Bericht Nr. 76-2. Institut für Baustatik der Universität Stuttgart, 1976, S. 71
Abb. 16    nach Petersen, Christian: Dynamik der Baukonstruktionen. Braunschweig/Wiesbaden 2000, S. 38
Abb. 17    siehe Abb. 13, S. 125
Abb. 18    nach Gioncu, Victor; Balut, Nicolae: Instability behavior of single layer reticulated shells. In: International Journal of Space Structures. Vol 7. No. 4/1992, S. 243–252.
Abb. 21    Ansys Help System, 2007
Abb. 26    Matthias Beckh, München

### Wechselwirkungen zwischen Form und Tragverhalten
Abb. 24    Hoheisel, Meike: Einfluss der Formparameter auf das Tragverhalten hyperbolischer Stabwerke. Masterarbeit im Fach Bauingenieurwesen. Lehrstuhl für Tragwerksplanung/Lehrstuhl für Statik. TU München, 2010.

### Entwurf und Berechnung der Türme von Šuchov

Abb. 1 Matthias Beckh, München
Abb. 2a Werth, Jan: Ursachen und technische Voraussetzungen für die Entwicklung der Wasserhochbehälter. In: Becher, Bernd und Hilla: Industriearchitektur des neunzehnten Jahrhunderts. Die Architektur der Förder- und Wassertürme. München 1971, S. 337
Abb. 2b siehe Abb. 2a, S. 346
Abb. 2c siehe Abb. 2a, S. 349
Abb. 3 siehe Abb. 2a, S. 350
Abb. 4 siehe Abb. 2a, S. 351
Abb. 5 siehe Abb. 2a, S. 355
Abb. 6a siehe Abb. 2a, S. 356
Abb. 6b siehe Abb. 2a, S. 358
Abb. 7 siehe Abb. 2a, S. 367
Abb. 8 siehe Abb. 2a, S. 364
Abb. 9 Merkl, Gerhard u.a.: Historische Wassertürme – Beiträge zur Technikgeschichte von Wasserspeicherung und Wasserversorgung. München/Wien 1985, S. 120
Abb. 10 Maggi-Werke, Singen
Abb. 11 Petrov, Dm. V.. Železnye vodonapornye bašni. Ich naznačenie, konstrukcii i rasčety (Eiserne Wassertürme. Ihre Bedeutung, Konstruktion und Berechnung). Nikolaev 1911, S. 95ff.
Abb. 13 Šuchov, V. G.: Izbrannye trudy. Stroitel'naja mechanika. Pod. red. A. Ju. Išlinskogo. Moskau 1977, S. 159–169. Deutsche Vollübersetzung von Ottmar Pertschi: Berechnung eines Leuchtturms mit bis zu 68 m lichter Höhe nach dem System des Ingenieurs V. G. Šuchov. Übersetzungsstelle der Universitätsbibliothek Stuttgart. Ü/570, S. 4
Abb. 14 Petrov, Dmitrij V.: Železnye vodonapornye bašni. Ich naznačenie, konstrukcii i rasčety. Nikolaev 1911. Deutsche Vollübersetzung von Ottmar Pertschi: Wasserturm aus Eisen der städtischen Wasserversorgung von Nikolaev mit einem Behälter von 50 Tausend Eimer Fassungsvermögen. Übersetzungsstelle der Universität Stuttgart. Ü/626, S. 8
Abb. 15 Šuchov Archiv von Rainer Graefe, Innsbruck.
Abb. 16 siehe Abb. 11, S. 72
Abb. 17 Oleksandr Serdyuk, Cherson
Abb. 18 Oleksandr Serdyuk, Cherson
Abb. 19 siehe Abb. 13, S. 10
Abb. 20 Archiv RAN (Archiv der russischen Akademie der Wissenschaften, Moskau). Op. 1508-83.
Abb. 21 siehe Abb. 20
Abb. 23 siehe Abb. 20
Abb. 24 siehe Abb. 13, S. 6
Abb. 25 siehe Abb. 20
Abb. 26a Archiv RAN (Archiv der russischen Akademie der Wissenschaften, Moskau). Op. 1508-58.
Abb. 26b Šuchov Archiv von Rainer Graefe, Innsbruck
Abb. 26c siehe Abb. 26b
Abb. 27 Šuchov, Vladimir G.: Rasčet bašni vysotoju 128 mtr (Berechnung eines 128 m hohen Turms). Stadtarchiv Nižnij Novgorod
Abb. 28a Djadjuša, V.A.: Padenie vodonapornoj bašni (Der Sturz eines Wasserturms). In: Sanitarnaja technika. Nr. 2-3/1931, S. 25–30
Abb. 28b Griškova, N.P.; Lyskov, V.P.; Pen'kov, A.M.: Rasčet bašen sistemy Šuchova na pročnost' i ustojčivost' (Festigkeits- und Stabilitätsberechnung der Šuchovschen Wassertürme). Charkiw/Dnepropetrovsk 1934
Abb. 29 siehe Abb. 1
Abb. 30 Popov, G.D. (inž.): Rasčet bašen sistemy Šuchova (Berechnung Šuchovscher Wassertürme). In: Stroitel'naja promyšlennost'. Nr. 7/1931, S. 375–376.
Abb. 31 Gorenštejn, B.V.: Rasčet prostranstvennych konstrukcij. Moskau 1959, S. 146–182. Deutsche Vollübersetzung aus dem Russischen von Ottmar Pertschi: Berechnung der Gittersysteme V.G. Šuchovs auf Festigkeit, Steifigkeit und Stabilität.
Abb. 32 Archiv RAN (Archiv der russischen Akademie der Wissenschaften, Moskau). Op. 1508-82.
Abb. 34 Šuchov Archiv von Rainer Graefe, Innsbruck
Abb. 35 siehe Abb. 34
Abb. 36 siehe Abb. 34

Abb. 37 siehe Abb. 34
Abb. 38 Lehrstuhl für Tragwerksplanung, TU München

### NiGRES Turm an der Oka

Abb. 1 Lopatto, A.E.: Vladimir Grigor'evich Šuchov – vydajuščijsja russkij inžener. Moskau 1951
Abb. 2a Matthias Beckh, München
Abb. 2b Igor Molev, Nižnij Novgorod
Abb. 3 Gerhard Weiss, München
Abb. 4 Šuchov Archiv von Rainer Graefe, Innsbruck
Abb. 9 Lehrstuhl für Tragwerksplanung, TU München
Abb. 10 siehe Abb. 2a
Abb. 12 siehe Abb. 2a
Abb. 20 siehe Abb. 2a
Abb. 24 Šuchov, Vladimir G.: Rasčet bašni vysotoju 128 mtr (Berechnung eines 128 m hohen Turms). Stadtarchiv Nižnij Novgorod

### Resümee

Abb. 1 Matthias Beckh, München

### Türme im Vergleich

S. 115 oben links Vinogradowa, T.; Petrow, I.: Nižnij Novgorod Photography. Nižnij Novgorod 2007
S. 115 oben rechts Šuchov Archiv von Rainer Graefe, Innsbruck
S. 115 unten Šuchov Archiv von Rainer Graefe, Innsbruck
S. 116 oben links Graefe, Rainer; Gappoev, Murat; Pertschi, Ottmar: Vladimir G. Šuchov. 1853–1939. Die Kunst der sparsamen Konstruktion. Stuttgart 1990, S. 80
S. 116 oben rechts Šuchov Archiv von Rainer Graefe, Innsbruck
S. 116 unten Šuchov Archiv von Rainer Graefe, Innsbruck
S. 117 oben links Petrov, Dmitrij V.: Železnye vodonapornye bašni. Ich naznačenie, konstrukcii i rasčety. (Eiserne Wassertürme. Ihre Bedeutung, Konstruktion und Berechnung). Nikolaev 1911, S. 72
S. 117 oben rechts Graefe, Rainer u.a.: Vladimir G. Šuchov. 1853–1939, S. 80
S. 117 unten links Graefe, Rainer u.a.: Vladimir G. Šuchov. 1853–1939, S. 80
S. 117 unten rechts Graefe, Rainer u.a.: Vladimir G. Šuchov. 1853–1939, S. 81
S. 118 oben Graefe, Rainer u.a.: Vladimir G. Šuchov. 1853–1939, S. 81
S. 118 unten Šuchov Archiv von Rainer Graefe, Innsbruck
S. 119 oben Graefe, Rainer u.a.: Vladimir G. Šuchov. 1853–1939, S. 80
S. 119 unten Djadjuša, V.A.: Padenie vodonapornoj bašni (Der Sturz eines Wasserturms). In: Sanitarnaja technika. Nr. 2-3/1931, S. 28

### Kapiteleinführende Bilder (Matthias Beckh)

S. 10 Beulform eines hyperbolischen Gitterturms in der Aufsicht
S. 92 NiGRES-Turm an der Oka, Blick in das Turminnere, Dserschinsk (RUS) 1929
S. 138 NiGRES-Turm an der Oka, Blick entlang der Aufstiegsleiter, Dserschinsk

## Autorenvita

Matthias Beckh (Jahrgang 1974)
Studium Bauingenieurwesen an der TU München
Entwicklung von Maßnahmen zur Sicherung von erdbebengefährdetem Kulturgut in schwach entwickelten Regionen (im Rahmen des Stiftungskollegs für internationale Aufgaben der Studienstiftung des deutschen Volkes und der Robert Bosch Stiftung)
1999–2005 Mitarbeit bei Robert Silman Associates, New York und Projektleitung bei Guy Nordenson and Associates, New York
seit 2005 Wissenschaftlicher Assistent am Lehrstuhl für Tragwerksplanung, Architekturfakultät, TU München und eigene Projekte im Bereich Neubau und Altbau/Instandsetzung (u.a. in Nepal und Bhutan)

# Bezeichnungen

■ Druck
■ Zug

$R_U$ unterer Radius des hyperbolischen Stabwerks
$R_O$ oberer Radius des hyperbolischen Stabwerks
$K_F$ Formparameter; Verhältnis von $R_U/R_O$
H Höhe H
ZR Anzahl der Zwischenringe
n Anzahl der Stabpaare
$n_{SP}$ Anzahl der geraden Schnittpunkte
$\psi$ Radiantenwinkel
$\varphi$ Drehwinkel der Stäbe in der Grundrissprojektion
$\beta$ Winkel zwischen Stabanfang und Taille im Grundriss
$\gamma$ Winkel zwischen Taille und Stabende im Grundriss
$\alpha$ Winkel im Grundrissdreieck
$R_T$ Radius der Taille
$H_T$ Höhenlage der Taille
L wahre Stablänge im Raum
G Länge des Stabes in der Grundrissprojektion
$\varepsilon$ Neigung des Stabes gegenüber der vertikalen Achse

$F_S$ Stabkraft
$F_H$ horizontale Kraftkomponente des Stabs
$F_{N,X}$ Kraftkomponente normal auf den Ring einwirkend
$F_{T,X}$ Kraftkomponente tangential auf den Ring einwirkend
$\delta$ Hilfswinkel zwischen der Verbindungslinie der Auflagerpunkte eines Stabpaares und den Stabrichtungen in der Grundrissprojektion

K Steifigkeitsmatrix
u Vektor der Knotenverschiebungen
F Vektor der äußeren Lasten
P äußere Belastung
$P_{krit}$ Grenzlast
$P_{k1}$ Grenzlast der perfekten Geometrie, linear oder nichtlinear ermittelt
$P_{k2}$ Grenzlast der imperfekten Geometrie, linear oder nichtlinear ermittelt
$p_G$ resultierender Winddruck auf das Gitterwerk per lf. Länge (Originalstatiken)
$F_{W,Int}$ resultierende Windlast auf den Intze Behälter (Originalstatiken)
Q Querkraft oder maximale Stabkraft (Originalstatiken)
$\varphi$ Abminderung der zulässigen Spannung beim Knicknachweise von Laissle/Schübler (Originalstatiken)
$W_{Ring}$ resultierende Windlast auf die Haupt- oder Zwischenringe (Originalstatiken)

Eimer Russisches Hohlmass, entspricht 12,3 Liter
Pud Russisches Gewichtsmass, entspricht 16,38 kg
Fuß Längenmass, entspricht 0,3048 m

# Sachwortregister

# Danksagung

Die vorliegende Publikation entstand in den Jahren 2006 bis 2011 während meiner Tätigkeit als wissenschaftlicher Assistent am Lehrstuhl für Tragwerksplanung der TU München. Ganz herzlich möchte ich mich daher bei meinem Doktorvater Prof. Dr.-Ing. Rainer Barthel für seine Unterstützung bedanken. Seine vielen wertvollen Hinweise und seine sorgfältige und kritische Durchsicht haben wesentlich zum Gelingen der Arbeit beigetragen.

Herrn Prof. Dr. phil. Rainer Graefe danke ich ganz herzlich für den großzügigen Umgang mit »seinem« Thema, die intensiven und anregenden Diskussionen und die vergnüglichen Stunden in Natters, die ich immer in guter Erinnerung behalten werde. Ohne die von Rainer Graefe seit vielen Jahren durchgeführten Forschungen hätte meiner Arbeit und dieser Publikation die Basis gefehlt. Sehr herzlich möchte ich auch Rainer Graefes langjährigem Weggefährten Ottmar Pertschi von der Universität Stuttgart für seine unermüdliche Hilfsbereitschaft danken. Seine Übersetzungen diverser Fachartikel von und über Šuchov bilden die unverzichtbare Grundlage für die Analyse der baustatischen Berechnungen und historischen Entwicklungen. Ebenso möchte ich mich sehr herzlich bei Ekaterina Nozhova bedanken, die mir bei den Mühen mit manchem russischen Text geholfen hat und eine wichtige Gesprächspartnerin war. Weiterer Dank gebührt Meike Hoheisel, die mit ihrer Masterarbeit einen wesentlichen Baustein lieferte und Matthias Eckert, der mich während seiner Zeit als studentischer Mitarbeiter am Lehrstuhl bei der Erstellung zahlreicher Zeichnungen unterstützte.

Für diverse Hilfestellungen oder Anregungen möchte ich mich bedanken bei Prof. Dr.-Ing. Kai-Uwe Bletzinger, Prof. Jürg Conzett, Dr.-Ing. Sergej Fedorov, Prof. Dr.-Ing. Niels Gutschow, Dr.-Ing. Karl-Eugen Kurrer, Prof. Dr.-Ing. Werner Lorenz, Prof. Dr.-Ing. Igor Molev, Dr.-Ing. Ines Prokop und allen Beteiligten des Forschungsvorhabens »Konstruktionswissen der frühen Moderne – Šuchovs Strategien des sparsamen Eisenbaus«. Besonderer Dank gilt meinen Kollegen Dr.-Ing. Christian Kayser, Prof. Dr.-Ing. Eberhard Möller, Zoran Novacki, Dr.-Ing. Lars Schiemann und Katharina Wenninger für die schöne gemeinsame Zeit am Lehrstuhl.

Für die großzügige finanzielle Unterstützung, ohne die diese Publikation nicht möglich gewesen wäre, möchte ich der Dr. Marschall Stiftung der TU München sehr herzlich danken. Dem DETAIL Verlag, München – und hierbei vor allem Cornelia Hellstern und Eva Schönbrunner – danke ich für die Sorgfalt und das große Engagement bei der Erstellung dieses Buchs.

Matthias Beckh
im Juli 2012